近代史資料

中国社会科学院近代史研究所《近代史资料》编辑部 编

总148号

Sources in Modern Chinese History

中国社会科学出版社

图书在版编目(CIP)数据

近代史资料．总148号／中国社会科学院近代史研究所《近代史资料》编辑部编．—北京：中国社会科学出版社，2023.7

ISBN 978-7-5227-2076-0

Ⅰ.①近… Ⅱ.①中… Ⅲ.①中国历史—近代史—史料
Ⅳ.①K250.6

中国国家版本馆CIP数据核字(2023)第106952号

出版人 赵剑英
责任编辑 韩国茹
责任校对 张爱华
责任印制 张雪娇

出　　版 中国社会科学出版社
社　　址 北京鼓楼西大街甲158号
邮　　编 100720
网　　址 http://www.csspw.cn
发 行 部 010-84083685
门 市 部 010-84029450
经　　销 新华书店及其他书店

印　　刷 北京君升印刷有限公司
装　　订 廊坊市广阳区广增装订厂
版　　次 2023年7月第1版
印　　次 2023年7月第1次印刷

开　　本 787×1092　1/32
印　　张 9.875
插　　页 2
字　　数 254千字
定　　价 68.00元

目　录

阎敬铭家书（一）

朱　海 整理

说明：《阎敬铭家书》根据内蒙古巴彦淖尔图书馆藏，张永江主编的《晚清廉吏阎敬铭手札》（北京燕山出版社2018年影印版）整理，计151通，系阎敬铭致其子廼喆、廼林、廼竹，侄廼珏、廼兟的信函，为其在外为官和开馆授业期间所写。此批家书时间跨度较长，从咸丰至光绪年间均有，其中确据可考，最早的一封写于咸丰九年（1859）其在湖北武昌粮台任上，最晚一封为光绪十三年（1887）其官居户部尚书之时。特别是其为户部尚书时所写诸信，编号连续无缺，内容丰富，叙事有序。此批信札与《近代史资料》总130号（中国社会科学出版社2014年版）刊载的《阎敬铭家书》无一重复，时间间有交错，内容互为补充，对研究阎敬铭及其家族历史具有重要的参考价值。以下按照影印版的卷次、顺序整理。

第一卷

一

喆览：

前带去格纸及信，想收到。兹买得《乡篇》一本，虽不能

整理者：朱海，安徽省宿州市政协委员。

皆精湛生新，而文笔大概光圆，不惟有笔机，且有词调，视汝之文别于霄壤矣（经文尚好）。我于初七起身。一切努力，勿玩光阴为盼。

十月初六　丹初书

二

喆、兟览：

喆九月廿三信见过。《朱子家训》讹写“家信”，荒唐不用心即此可见，字之劣不待言矣。来信面似兟所书，今批回，兟可看之，兟之字大胜于喆也。凡学在用心，如不用心，即终年不出门、不下几，可谓纯静乎。喆年二十一矣，愚钝如故，且见家中大人，无亲爱之言，不常见面，不常请教训，此大病也。汝叔父到家，喆须时时见之，须有亲爱之心，勿貌为恭敬，而心则远之也。我前所带各信，与兟时时同看。乃父无才，学问无成，做官亦毫无事业，不能在家事祖父，亦不能教训尔辈，不如汝叔父也。然尚知美恶，不敢自放自大自佚。你务要勤苦以治身，专静以治心，谦逊以交人，虚心体家，小以处事。又，将事事俱印证之于经史，久之可渐有知识。读经须知圣人之言，读史须知治乱得失之故，此立身为学之大论也。川中之业不可复存，负债又数万金，稼村之田出不敷入，吾恐汝等将来无糊口之所也。今年信中屡屡言之矣，早早吃苦力学，或舌耕，或游学，亦读书人谋生之道。天下之乱方兴未已，自立者可以免乱，此正乃父之爱汝等，故早为是之。他人之子，吾何顾哉。珏、林二子必教之以礼，有父尤贵有兄，勿令二幼弟将来不敬汝等，是在为之兄者必尽其道耳。我非专望邀求科名，孝弟、力田、读书六字箴言，勿忘，勿忘。喆须心向明白处想，勿似尔舅之昏昧，吾深虑你之糊涂也。打拳之功，何竟间断，以为有妨于写字，何字也不长进。人之好安逸不劳苦者，后日必受大累，从古为然。想喆独以我言为不然也，吾亦无如之何矣。我回家一时难定，天下至苦之事，乱世做官。你等现在福中，须自知自省。

十月廿九　丹初书于武昌

三

喆、㮊、珏、林四子同览：

离家三日万难为怀，此后我难兼顾，即以门户付喆、㮊，当念祖父积累之德，汝叔父、父不了之愿，勿为阎氏不肖子孙足矣。喆、㮊功课之余当稽核家务，此处有大学问，非谓读书人记诵之外无事也。日告内眷以勤俭为主，恐汝等不免饥寒，非我故苛刻。喆不患不安详，患其不强不明。㮊不患不伶俐，患其不谨不正。珏急求用心，先读各小文章，速求生意生词（不许出门一步，犯则重责）。林读书要缓，要真日讲虚字转折（读书之余舞拳以习劳，可无病），言语举动皆要恭敬。珏、林日日嘱对，即喆、㮊亦可对（允熙、三寿皆对之），勿误。又有川典捐输请叙之事，漏未写信，喆、㮊可写一信与刘师说明一切，令其找霍八先生（问办一切），并将呈子底真字写去（我前所起者与履历），嘱其照办。尤不可多花传费（此事可面告汝中堃叔，嘱转告）。三寿急求明白，可勿再读生书。允熙努力为之，我亦只能留你读一两年也。中途泥淖特甚，行路维艰，略要夫马已大苦民力，饮食一切概无所扰。喆母回家，问其可在省收他人奠分否（除李稼门外），须告我。知我并未收官场一分，恐其不知而误收。顷得李午翁书（十一发），言喆母将于廿八九出省，吾犹恐其不能，刻以不必急回为妥。杨四即已将午翁借字带回，喆可作一信（称年伯，下称姻年愚侄），将借（下缺）

四

迺林览：

你诗文无气（大病也），乃读时毫无气势之故（无人不笑，你不自知），须力改之，此所谓听我藐藐也。写字全无间架，短长任意，尤为可恨。你三兄于廿六日回家，我要书四套又廿本，可取出包好，五月初交本房（问李先生）带来为要。

廿八日　父字

《前汉书》四套（在上房窗边书架上格）。《通鉴》第十一本至第三十本（共二十本，在上房床北头书架中格，此书问汝母可知）。

天下万事万物皆有气乃生，若作诗文无气，万不能通顺。你立志不用心用力，吾无可如何也。

五

迺林览：

《姚恭公》帖，吾镇申氏故物，后归郭氏（上房所存书帖字画，多珍重之物，难得之品，勿慢视之，须守护也），祖父少年极喜之。汝前母受聘，郭氏以此帖为礼归于吾，汝兄既卒，你其守之，虽非稀有之帖（近亦难得矣），亦多年旧物也。家中带来我用功时诗文各册，万勿藐视，勿失，已多散失，仅余此耳。熟书须读缓，读其文气，思其义理，生书及生诗文不可贪多，总要读熟。天地圣贤之道，“无息有渐”四字也。言语举动处处留心，尤须敬兄爱弟，至要，至要。前阅你文稍有长进，用心努力为之（练气、练笔、生意、生词八字要诀）。你每晨能早起，此你随祖父所学者，即守此勿怠，亦好处也。写字悬腕仍须稍有回势，回则腕平，字有横力。你习懒偷安失其幼学，如尚有志犹可及，但你无志耳，再过数年则无及，误一生也。

贼仍在曹州一带，不知力能堵否，生民涂炭，殊以为忧。汝母咳嗽如何，一切好否？你大嫂、姊妹好否？你衣视冠履须端整洁肃，此威仪也，不可散懒。

八月廿九　丹初手书于兖营

功课有暇，为迺竹讲《诗经》数语，亦大益于己，严饬其言语举动为要。

六

迺珏、迺林览：

你等课作皆带回，略批数字，无暇细批。总之，珏之文不圆顺，林之于诗文，气势笔致太不好。读文时切切用心，天下万事万物，无无气势者。外与珏写一对，交李先生用绢边裱之（不可用绫），带回家中，常目在之。我初二至济宁与曾中堂[①]商量一切，大约十日或可回来。你与白三叔即定十三日由省起身，每人轿车一辆，计十五到东平，可面言一切也。路上带李金奎使用。

初一　东平书

七

丙戌三月廿四约庵示迺珏知之：

雷小石所带信已到，申树典已付市平银四十两，可兑交隆号带解州付迺林家用，我入项不多，不能时顾家也。据申树典云，你又兑以梅卿处存你廿卅金，其银已为雷三借去，你之帮人可谓厚之至矣。然节省浮用，分已有余，以济人可也。若利债累多而

① 即曾国藩。

又博周洽之名，则不可。你之性情不改，年将四十，自立无定，至以为虑。大寨当铺事未成，甚好，甚好，维叙荫开钱铺恐不能止，然万不准出钱票。若做外庄，更无把握，此千金决其必掷，必为维叙之人所怨。我积之多年，掷于一旦，长吁而已。至广元之事亦不为妥（我令你在汉中买田）。天下万事，得人为本，己不能亲为，而欲市井之徒，为之立业，必无之事。我多年苦口切告，你不谓然，不过以现有可匀挪之钱（多债可谓有钱乎），而又欲致意外之富，遂多开店铺，以应佞谀辈之巧说，可谓惑矣。此性此病不改，过时你必大窘，无以立家教子，大为之惟。吾年弱冠，祖父训曰：万事守定以约鲜失一语，可少尤悔。吾遂名所居为约庵，在官在家，处人持己，谨守此一字而不敢违。虽无才无识，尚少意外之虞。屡以告你，何竟未入耳耶。吾年七十，去汝又远，诸不能时时管你，在你与林、竹二人自省而已。吾前告你寡交、节用、读书、教子诸事，早为刻意力行，或可及也，否则吾不知之，亦只好委之家运而已。吾所刻《格言》各书，当静心思之，用力行之。即万万不能深入，《宰嘉训俗》一本，常目在之，庶不多大谬之行也。川典各账便为寄京。吾精力大差，无日不思乞身，虽归无以自养，亦不恤也。终日忙碌，拨暇书此为谕。汝子现读何书，东院诸子读书如何，先生可恃否。

八

迺玨入目：

王西堂先生家亲事，你既打听的确，即可央媒。正月底，本与段先生说明，令其世兄（段先生之子）候同州考试，见王西堂面定。今考试无期，且段世兄远在华州，一切不便，我意即央郭老先生作媒，不知肯否。你可到稼村，面恳郭老先生应允，你即写我名具帖（愚弟），照蒲城乡下备酌，求其入城至王府一问恳。如王府果允亲，可择日过礼。但有一言，此时将收麦，夏天河涨水发，亦难过事。我家定于八、九月择日迎娶，娶时烦王西翁送至解州，车脚钱我送，初至解州寓所。我写此层，烦郭老先生此时即说定，至要，至要。如王西翁欲竹至蒲城迎娶，缘我不能远至蒲城（我不去亦非礼），此层未敢预定。再，我无钱，一切不能从厚从丰，只要大礼无欠而已。我决不论嫁装［妆］有无、厚薄，一概不问。竹系戊午正月初二寅时，我也不论命相合否，一切请王西翁定之。如西翁允亲，你可作主人，再请郭老先生一席，央其定亲，即行定礼（咱处叫行允礼）。诸（下缺）

九

同治丙寅四月寄与迺銧省览：

桐城张氏为海内鼎族，垂二百年，子孙多巽者，以能遵守家诫也。读书、谋生、立身、治家之道，銧亦可以悟矣。然非有真心至性，日读百遍亦何益耶，或果有家运耶。

丹初书于东平军次

十

课册三本，多日以生气未批，你之不用心不用力，如何。吾以“庸愚昏懦”四字批你，尽之矣。先生批语，亦谓无气（句句真切），何不自改自悔。天下古今，无你读文读诗之法。

庸愚昏懦，天下之无志无耻者，至此极矣。是立志不用心不学好，吾无法也。字，你曰“立仲”①，你之不立何哉。以后作文，限定八比，或十比，字数至少限四百五十字，或五百字。违者重责。

八月初六

---

① 此札系写给迺林，迺林字“立仲”。

十一

为人无志无耻，作文无意无气，与去年诗文直出两人，遑言长进。吾无如何也，长叹，长叹。有意学坏甘为不肖，不意我有此子，是我罪过太多之故，任你不用心，我无法矣。

八月十二晚

多日生气不能下笔，不知你将来何以自立（字，你曰“立仲”，吾早见之）。昏庸愚懦，你之定评，读书读诗文之声调，天下古今之所无，不意自你出之。

十二

逌林再览：

闻你喉症为念。顷闻洪蕉雨、沈禹翁言今冬无雪，开年一防春温，一防喉症云云。用药不可太凉，须用芦苇根、牛旁［蒡］子、苦桔梗（即山豆根）为要，若太凉，恐生他症。日间用青果，以砖头搥极烂（连核与肉搥之，其妙尤在核也，切勿去核），熬汤频频服之为好。适运城有卖者，以二百数十文买半斤，为你带去，即如此法熬服。两孩子亦可饮之。两孩子想皆热炕，切不可令其过热，再三谕老妈为要。闻潼关有卖青果者，有便人去，可托买，存家备用。三冬无雪，山陕两省皆同，又未知来年如何。传闻西域与俄人生衅，亦意中事。你诸善自调理。

廿三晚　约庵书

十三

林、竹入目：

接你初四稼村来信，即为借车，今借李省斋家一轿车（刘车拉炭去了）、二牲口，令赶十一到赵渡，十二从容收拾办理各事，十三东渡。昨初八王盛儿带去之信，内言终南之事，至为急要。缘川典不能久存此项，即福永、思贻、田家等等亦必早为之所。此事我踌躇十年，以不得人而缓。我年已老，典又不能存，迫而为此，为你们谋生之本，你兄弟切勿视为寻常。珠公早已心不在焉，如刘八可用，你到关即与说明，令其来解见我。如刻下他能辞盐店，即令今冬先入中号（或住解寓），开年与林同去终南如何（渐为熟悉，与我谈几次）。兴公究如何，常相公前云愿西去，或令与现在隆号之崔相公西行（其人如何，问隆号）。开年令仝与吉祥皆赴隆号，即隆号亦必储才为后来用。天下第一至难在用人，非圣人，不能用人，只好留心试之。东院承嗣事，你不必问，古今家国坏于妇人。吾宗衰颓不堪，你兄弟须自力为振作，万一无我，犹可将就自立，否则一败不堪矣。力学力品乃可立家（八字至真至要之言），不在有钱，只有吃有穿可矣。我每岁确有五百之入，不如此，老而谋馆，老而谋产也。与赵奎章同去之王跟定（此告隆号）若回，令即送回信至解，并带坛子为要。晏征月初已至运，尚未来此（败家之子百般百样，总之，“不自立”三字耳）。王念先来解，其赵城现有紧亏空，来此借银。宦海茫茫，你等知之。马世兄闻于中旬由西安回解，吉栋已回去。关上粮价时时问之。诸详前信。振华话同你十叔面为切告，若娶女人不织布，我定不付银，此银须娶后方付也。

十一月初九晚　约庵书

十四

迺珏暂住家中（你还有脸胡跑、找拜兄弟否），刻下不必来馆。（切要，切要。不可出门。）因我急欲西移馆舍，往寻地方，无人看守你（我真害怕了，任你所为，乃前生冤鬼来找我来了），等我寻地方回时，令车接你，可回明汝母照行。（林亦回明你八婶及庶祖母。）林、朋、竹三人（三人来带袿、帽），初六亦不必来（省车少走一回，如此读书，牲口也对不住），等初八约同王先生（沂志）于未刻到馆，初九日辰刻上学。（我心烦气闷，亦不愿教书，故令迟来。）来时看前小房内，有零物，搬家可带者带之。（王沂志允为你三叔寻馆，是否成局，即著人赴沂志家要一信。着此人于初六带来馆，不成，即令其初七过河。）林、朋、竹三人，初六开读生书。林读生《赋》，朋、竹读生《国荣》（《荆轲传》）。林于初五日即为讲之（先一日讲），初八日可不读也（初八早起，即食即行）。来人系张老翁族弟，留住一夜（吃饭），初六令带回信来。吾家五十年来，只除日、元旦不读生书。（五十年无散学之说，令你等廿六回去，初八始来，在以二幼子，否则可不读矣。）我依家训，以教汝辈，竟至流为匪人、穷凶极恶之徒（我生平未闻见者）。我之不德，得罪祖父，亦无心于读书矣。积闷气四十余日，近旬日尤为大病，真愤不欲生，亦无颜见人（我一生为人败于此矣，从此对人不开口矣）。惟念吾阎氏各支，五六十口人赖我以立，勉强进餐，真所谓天运如此，非人力所可为也。天之所废，谁能兴之，自今以后，吾一切任命，不复言教子之事也。（我去年因生气而大衰败，不能于朋、竹工夫外，再刻刻搜求，你故至此极，我罪大矣。）犬豕尚可以绳槛闲之，忝然五官皆具之人。我不敢住解州（在解即风闻不妥），特乡居以防闲，竟大有百倍出于绳槛之外者。（今年即叫学生，亦无人愿与此不肖者同学，若赖教书养家，必饿死矣。天下谁要此先生乎？言之泪下矣。）吾阎氏自得姓以来，子孙未尝无不肖，而如此行事，可谓无出其上者。（略知天伦之重，尚无刻私之念，故我尚不弃汝。）所少者，未骂我来搅生意，未在门内搅事耳。吾何怪人，自愧自怨。近日诸生来拜年者，责我以不应住此（去夏我微窥之，故早欲移去，为家里耳），我谢罪而已。

初五晨　丹初书

十五

林览：

汝妇病如何。朋病，日夕忧念，无计可施。我归家更为伤心，兼书房无督，实在为难。朋病若重，你留家数日，日夜视之，代尽我心。家境如此，你可不敬慎自持耶。

凉席一卷。可否在家。

初四日　父字

十六

迺林览：

我所读《左传》六本带来。再，我书房书架上，《四书》六本，书头子上写有《论语》《孟子》各字。你与李先生寻之，一并带来。

七月朔

十七

我近两日大为想开，一切任命。昨晚与王沂志谈，亦豁我意，（闻割耳一事，大以为快。）家中可勿虑也（饮食如初），即告汝母知之。汝母虚寒郁结，用药须慎。时时乘便为我带信。刻下风寒好否？表散药亦须慎之，房内须暖。我须大暖方西行，刻为止拜年者，故言欲西行耳。

初八晚

车来旋带东西。

十八[1]

祖父母生平不祝生日，吾与汝母亦不祝生日，已多年矣，在家在京皆如此也。此后子弟过自己生日，具衣冠拜父母兄姊，而不可受人之拜，亦不可另作吃喝。如遇我及汝母生日，不必拜祝，一切照常，此礼也。吾师闰生[2]先生，不准家中言生日，可以为家规，其告汝玨兄知之。（你诗文随后批回，如已作论，带来一看。）迺林字，汝曰“立仲”（一字“次野”），取林立义，其思所以自立，欲自立，须振奋也。

十七

十九

林览：

伏天酷暑，搬家定于立秋后或处暑前后，再定。立秋后或先迁汝母也。今午屯车载去空木箱，车到，能装一车先送来亦可。折子须下月初十递回来。山西蝗灾，云有者不一处，今世真是日日防饥荒也。关上人切切阻之，与王师一片，切告其阻之。迺竹立秋后回关。

廿六午刻　约庵字

二十

林览：

我到稍好，即欲十八日回馆，因竹病嗽，彼无医药，今着车特叫竹与朋回家。车到稍歇，即起身赶黑可到，十九可请郑先生一看。廿日李熙镗用屯里牲口，拉书房大车到家。廿一日大车送

---

① 此为在迺林、迺竹祝寿函上所批字。

② 路德，字润生，书中又作闰生，阎敬铭师。

灵到屯，我即于廿一二日到馆（与二子）。廿三歇一天，廿四你送大车过河也。朋、竹来，带《文选》《苏诗》《左传》、字帖、仿纸、笔墨合、红格纸、《正鹄集》，不带铺盖。你与诸同学谨守规矩为要。

十七日晚

父谕：你母全好，其光景大胜去年也。

二十一

迺林览：

解州屯里各事如何？《十八家诗》各件可以缓带。日内有便，可将《历代年表》先为带来，有应查之件。或在永济赈局时时问之，如有妥便，可一并带来（不必专送）。孝抑已全好否？京城年底止停外省，夏间将一律停止。我因感风，十二不赴解州，随后再看。

二月初十申刻　约庵手书

汝母风寒好后，即日服燕菜二三钱。令汝妇择之，有火炉甚便，燕菜大宜于汝母（勿间断）。往年咳嗽见好，实此之功。特专万成回送此信。你来时坐车来（节后亦可，即候大好）。磨面。万成十三四日令其步来。

饬车夫好喂牲口，牲口殊苦也。

二十二①

凡吾阎氏同族实系贫苦，男女老少身故，无钱买棺木者，赴福盛隆号说明，查问确实，取用棺木一副，棺木或不【付钱，

① 此为阎敬铭为光禄堂起草的启示。

或】付钱五串。【十】岁以下童【幼，付】钱一半。惟【有】力之家不付。此为定规。特启。

光绪六年十月　光禄堂白

二十三

竹再览：

家欠桑局，除今冬还一千七百外，下欠若干。又，家存桑局银若干，除念闻①借二百外，开单告我，以备还款。隆号必停，年内切切告其勿添买一货一物，尽所有者卖之。账尽力收回，诸令清结，即诸本家事亦各清结。粮店、炭厂亦如之，告以家急等现银。你即与雷瀛翁②函，告以隆号因杲明远之欠（原本止四百），百计支吾两年，无本再开，今已歇业。尚欠外数百两，专赖其还项清完，求其设法云云。终南事，非开铺无照应，而万无妥人，真为穷矣。前函我欲仍以千金为之。熙镗或暂令看守，缓以求人，可乎。万事在人，人必忠信明达，你可信经训乎。我为解州书院，立背经书课，给口食钱，其不能背者，听其空应课，抢膏火而已。月半请开缺。

十月初五　又书

二十四

晏征尚无行期，吾亦无可告之。正言凡人须自责自勉，他人无可为力，即父兄亦不能代谋。若自谓百事明白，凡人所言，吾已知之，而泄沓如故，且又甚焉者，乃下愚之尤。某某者乃倚亲戚，知无可虞，有意为此，旁人不好意思，而不知耻耳，汝等切

① 李无逸，号念闻，陕西虞乡人。举人。

② 雷榜荣，字瀛仙，陕西朝邑人。咸丰六年进士。曾任刑部四川司主事、福建延平知府、延建邵道。

切为戒。张日卿[①]选庆阳知府，年迈地苦，亏空数万，无可收结，仕官累人，终必上负公家。耕读之计，勿忽，勿忽。

三月廿八日又书

朝邑差局信，看过封，托便即带。

谢信即转带。八号。念闻书即交。

正封信间，柴德彰[②]来京，想为其父事，不知如何。峰虿有毒，诸必谦逊慎惧，小人勿刻，谨其始，勿与为缘。

又书

二十五

迺林、念闻览：

五号信言刻《司马集》，用六裁堆纸，我意即尽六裁纸用之，不必剩纸，剩亦无用，不如板放微大，书印体面为好。且原书行多字多，亦须如此大，此言为定。即令刘悟冈[③]写之（如《樗谱》为好），不必莆二。令悟冈先用六裁纸，写宋字样子，带京一看，并告玉藉详慎校其原书之字，至要，至要。明年专先刻此书，一气赶成。李相公宋字写一张带京。《稽古录》各书如完，各带京一部。运城利银四百八十两（是此数否），可收回，作来年刻书用。《司马集》每卷后刻校书人姓名。原捐八千刻资（有账在上头），各字号、东家、县分、姓名，念闻详查问开来为要。专此再告。

十一月廿八　丹初手书　又五号

① 张元鼎，号日卿。

② 柴德彰，山西河津人。光绪元年举人，阎敬铭门生。

③ 刘悟冈，刻印书行家，徐士榖荐。

二十六

再，我敬人，人必敬我，我不取人利，人更美我，此定理也。我即一时不归，然家产万勿求增，他日能将账还完，能得王家庄之房（你随后缓看），屯里盖房一院，终南添地少许，吾为子孙谋，如此足矣。然即此已大不易，故我切切于屯里之桑、枣及杂树，林须加意于此，以为日后计。勿听俗言，勿存俗见。欲子孙耕读传家，极为不易，并以此等道理，时常晓谕妇女为要，孩子有知，亦即切告为要。近陕藩、甘藩（潘伟如[①]）皆有别仪，一切却之，并有送出帖者，亦并却之。而外人已多知者甚矣，不可不慎也。

仝日再书

二十七

林览：

托玉山[②]由太原所带木书箱今日已到。带去《邹讽广义》（随后还带）十五部（卅本），分给李无逸及有心桑事者，此陕人因得利而著此书，亦豪杰也。我苦口苦心，奈人不勤，何其愚其懒，大为可恨。屯里开正，必种过一千方可（你必亲看），能多更好，洋人今年至山西上府买丝矣。

腊十五　约庵书

① 潘霨（1826—1894），初字燕山，后改伟如，号铧园，江苏吴县人。曾任山东登莱青道，浙江、山东盐运使，山东按察使，福建按察使、布政使，湖北布政使，湖北、江西、贵州巡抚等职。

② 马丕瑶（1831—1895），字玉山，河南安阳县人。同治元年进士。历任山西平陆县、永济县知县，解州（今山西运城）、辽州（今山西左权县）、太原府知府，署理山西按察使及山西布政使。

二十八

迺林入目：

弥月不接来书，去终南未回耶。你病近果何如，时为念切。汝姊可能排解不至病否，其体弱命艰，殊可怜也。你往言李让之好，何你前信言，明年先生仅请张乎？此事一切由你酌定，或别请生人亦可。竹回家总在二月初，婚期亦未定。近又传言，明年加乡试者，似未必也。时事日难，久住必误政事，吾无日不思归。日间自卯至酉无片暇，又奔走为劳，戌后则一事无精神为矣，勉力支持。惟颇念尔病耳。

十一月二十七　约庵书

二十九

林览：

接廿、廿一号信，不收剑花[①]六百，是极，是极。你坚守我言，必为君子，所取亦万不至少衣食。兑砝来京尤好，开年我即寄还山东永兴通。月利一分太重，出重利者必不稳妥，如令我承情，亦可不必。解州只此号与永盛源为大铺，然吾谓可暂不可久。竹开年正杪二月初回来，令带回银两亦须觅一存放之所，你可早计之。粮车所带书箱，尚未由太原转到，百合二小箱已到。借用同善公利银六百，开年由京带回，不必从川典兑，川典各项须积存为要。魏子健可怜之至，家中为送一蓝哈喇幛（上款官御大兄，下款愚弟我名）。山长先请雷鸣叔[②]，

① 吉灿升，字剑华，陕西韩城人。拔贡出身。曾任山东平度知州，济东泰武临道，山东盐运使、按察使。

② 雷在夏，字鸣叔，号西溪，陕西朝邑县人。光绪九年进士。曾任翰林院庶吉士、广西泗城知府。

如不愿，即请韩城郭鸿宾①，令竹为一函。如雷已定，则此信付丙。青果膏常饮为要（多熬一些）。士材病大好否？批玨信，你细看过带去。

十二月初七 约庵书

再，郝、樊、朱三人及运员带书册、百合二箱均到。屯里秋租已完，实在今年赔若干，开一单来。（地全租出，除仝、李外，一粗人足乎。）终南之银陆续付之，想在解或可生利，但非久计。然终南不得人，终不可多付。你目疾，以谨嗜欲为主，勿吃药，用《桂花馆杂录》药方洗之，晚勿写字。新刻书错字单此次未带，错处多，校书无人，即此无可靠者。近议开大捐，照例定银数，上一允，不折不扣。又有各省劝捐之议。兵饷已告绌也。

十一月十六 约庵又书

三十

竹再入目：

汝兄三月半前到家，诸事妥商半月。四月初你即起行，赶四月底到京。节令较早，迟则山路多大雨也。要要。所要塾规十二条一小本，与他小本订一厚册，你即将原册带来。起身或住慎五②处，告以川弁来往至运城，带有家信，属即饬人送解。并求其告安邑令君，转饬其北相管号人，切留心来往家书。法事未了，日本又启口舌，诸多不逊，信乎，今乃大战国也。

二月十二寅 约庵书

① 郭鸿宾（1859—?），陕西韩城人。光绪九年进士。曾任山东招远、新泰、嘉祥、海阳知县。

② 丁体常，字慎五，丁宝桢长子。

三十一

竹再览：

卅号、卅一号两函到否？菊圃[①]曾否至解？汝兄十月廿一所发廿一号，于本月初三接到。家存书局千数百金，除还张瑶卿外，汝兄可交付清楚否。汝兄年来诸不明白，事事你用心清理，勿贻后累。你若无用款，即借用书局之项，提取若干，随时告我筹还。兑湖南共二千七百两，此利银腊月收归家用，可告念闻。外与念闻书，付之。（孟起凤昨带到百合，五十斤一箱。闻张日卿苦况，可怜。此求利得大害者，赖其不听吾言。）

十一月廿二　无不悔翁书

万事不离“清楚真实”四字，要必自己勤谨。勤乃五官与心随处用意，非专劳力之说也，谨可防他日之累。吾往屡劝日卿勿做生意，你切切记之。

三十二

竹览：

伯恺之子[②]闻不唯还款，必使其祖母知之，倚以为养其家，他人之言不可凭也。在我以不欺为主，尤必善以处之，乃朋友之义。屯里秋租十月杪方完，究竟赔若干（亦不得人），再为开出。你斥其短工甚是。李熙镗[③]姑令赴终南，得人万难。闻孝悛

① 李用清（1829—1898），字澄斋，号菊圃，山西平定州人。同治四年进士。曾任翰林院编修、贵州布政使、署理贵州巡抚、陕西布政使等职。

② 马映奎（1834—1884），字伯恺，山西永济县人。历任兵部主事，山东武定、曹州知府，四川川北道。马据德，马映奎之子，曾任东河候补同知。

③ 李熙镗，下文又写作“李熙鏞”。

入学，何你未言及。何日回自终南，彼事详言之。

十月廿三　约庵手书

三十三

竹入目：

吾精力十分勉支，无日不思归，若开正能得假为幸。玨尚未至，大约二月初令玨、林同归（刘凤山），俟其到家，再定你北来之期（汝妇或可不来，此再计）。我即能归，亦在秋间，此则有非我所必者。总之，壬午出山，生平莫大之错也。陕抚奏改陕差，似纸上尚好，究不知行之如何。中云盩厔以从前余钱应差，并永远不收差费云云，果真能行乎？可问雷三，路宅之差是否抄得抚文？甚矣，子孙不知事之可叹也。二孩读讲勿间，你功亦不间不苦可也。

腊二十三　约庵书

三十四

再，京员津贴章程带回，不得者必怨，无可如何。时事日难，恐外省或不能解，则此事亦虑不能长也。剑花之六百，昨已与梅翁说定，夏间伊捐过班，即用此项，早清为妥。万仲轩①回家应小考，而院考已过，昨路过来京小住，即赴夏县。家信一封，或交州署马封递去，或交妥便均可。我前所言，付平轩②钱石刻银如何，其原手卷可能借留，照刻为妥。兹我并复平轩一函，一并递去。法越事，仲轩到夏，必来解州，可面问一切。时事真是沧海横流，而洋人夺利，百姓皆穷，一二十年后不知成何

① 万仲轩，万启钧弟。

② 万启钧，字平轩。曾任山西崞县、安邑等县知县。

景象，何胜叹愤。不必有心人，俗人亦知此。

三月十三又书

三十五

林入目：

久不见你书，接二三号为慰。张公[①]折当时即收回，无从抄寄，其措词尚讲理，以人臣致身责之也，然退志仍未一日去怀。材、抑须教以举止言动，并粗俗讲字义为要。曹先生如赴太原，或送四金、六金程仪。晋锡不过将就一时，万不可靠。家中书帖字物，尤防为人窃取。京中至今未得透雨，秋禾极旱。法事已结，一切所费约六千万内外。《二曲集》、燕菜、虎骨，有妥便缓带，便不易有也。

五月廿二日

三十六

竹再览：

将封函，得宫子行[②]济南来信，书板已刻完，下月半由东起身。原信抄寄，批明一切，并印出三样本。此九刀毛太纸印者，嘱念闻即以此纸印之（可买得否？官堆似太贵且亦厚，可印否）。《窍》分八本（或六本），《开》《向》各分四本，每部合价钱若干（或合银若干，书贾即卖银），稍令有余（每部余一二百文），以防银价，并作他用（此要要）。皮纸书皮，好线，不

① 张廷燎（1846—1924），字光宇，号莲衢，河南舞阳县人。同治十三年进士，翰林院编修。曾任陕西道、广西道监察御史，礼科给事中，工科掌印给事中，广西按察使，浙江、广西、云南布政使。

② 宫本昂（1821—1874），字子行、紫珩、千里，江苏泰州人。历任山东掖县、历城、兰山、商河知县，德州知州。

包角。竹写刻书签，印于书皮，只《时艺》、窍、开、向三字。官堆毛太印成，各合钱若干告我。有纸即印卖，并发各处。（各书发过皆卖银，并合平。）诸即切告念闻。

无不悔翁　四月十九

三十七

又，林为家带布衫二件，查糕一匣。我恳练翁[①]到太原，先将信递回，其一包一匣，练翁回任再带交也。

约庵又书　十月初五

三十八

再，申树典觅馆事，闻姚练江为难，或告姚公，不可期于必得。你可知我不荐官馆书院之意乎？闰生先生门人（数百举人），数十年未荐一官馆书院也。李峻臣[②]为山东抚，调赴河工，月内即行，所依未为得人得所。吾只取其幼年自力自苦，实则学识太浅小也。赵展如[③]与你二纸，此人的是陕人之最，可以交好。邢开益，吾取其能改洋烟之过，尚知看书，但不知能力学否，抑来京，吾拟延以教读。峻臣之侄曾从学，峻臣谓其认真，不知果然否。你每月须发两信，勿少。开年天暖，再为西行可也。

十一月初六　约庵又书

---

① 姚官澄（1834—1895），字譬工，号练江，满洲镶黄旗人。咸丰五年举人。曾任山西朔州、解州知州。

② 李崇洸（1854—?），字峻臣，陕西延川人。光绪三年进士。曾任山西忻州、霍州、蒲州知州，潞安府知府，广东廉州、潮州知府。

③ 赵舒翘（1847—1901），字展如，号琴舫，陕西西安人。同治十三年进士。曾任安徽凤阳知府、浙江布政使、江苏巡抚、刑部左侍郎兼礼部左侍郎、刑部尚书、总理各国事务衙门大臣、军机大臣等。

告刘悟冈，明年要刻《唐鉴》《课子随笔》《弟子箴言》，字亦不少，须留匠人，要要。展如谓固心志，要言也。至裕经济，尤在经训，不过看史稽古以知今，勿涉驰骋。

三十九

竹再览：

此函到，你若未起行，内与石臣①、子常书，即将与差局要函，专人速为送去，即要差局回信。《传家集》多带两三部亦好，《福永丛抄》二本能即带乎？年来刻书一事，令人可怅，人必忠信为主，至难，至难。十五之一号到否。

正月十九又书

四十

谕竹知：

家中无事。我肚腹总不稳实，张医加故纸一钱，炮姜二钱，日服两遍。杜蒲州复函，言你十二已收前件云云。德荣事不就，自不说，若说定，所有四典收回一百及赵渡六十余。或刻下勿付，恐其以此或填复兴元之空也。俟彼交清刘事，再为付之似妥。然义庄切不可令彼垫发，必即填清。腊月应散各钱，亦即付之。朝邑钱价小（河工故），勿多买钱。你带去邕去年查户口单，交孝俊手（付德荣交之，你与一信），令照样开单。今带去草定义庄规一本，添七八两条（年节钱），余字句小有改添（八条，即现时采吉是），交与德荣、孝俊，腊月初十照此新本行之。去年所付德荣旧本子，你要回带来。德荣所不解者，令就俊讲说明白为要。卜菜若贱，买廿卅斤带回，亮［晾］干备用。县城西酒、糜子酒价各如何，问明你回告我。两山长何时下馆，

① 黄鹗，字石臣。曾任陕西朝邑知县。

你可于十九、廿日先回来，初三四再去。南寨西边究拓地若干（菊前云三十丈）？宽仓之南面空地，除留前后两巷外，实留院底若干长？略为量之。

十一月十五晚　约庵手书

德荣若决不就，则四典百数不必收现，此百数改捐寨工，加于已捐六百之上，为七百，利仍前。背书本月卅止利，寨工下月初一起利。止换写两票四典，共背书本银四千一张，寨工本银七百两一张。告丙翁寨工七百本银，俟明年钱价大时，工局再提用。寨工六百应交利若干，坐本可乎？或即提入利银于工局用之。买砂火锅二个，不要大了，一次小，一极小，否则同小。

十六卯又书

赵渡收件初间再收取亦可。

四十一

谕迺竹知：

十二带县一函见否？家内一切无事，抑亦见好。柳村坟地你必亲看（我从前凡过河，无一次不至坟地）。近闻看坟人已故，是否其家属代看，或另雇人看。想南院必无人管此事，你须妥办，或另雇人，或留玉林在县耽阁数日，缓觅妥人。我意，外来人似难用（山西人尚可），以久于咱处者为妥。至坟丁一年付钱、付麦若干（桑叶有无出息），我一时忘了，问明体仁号。并告体仁号，柳南阡（封粮）及坟丁一切钱文（伏天浇柏树），我家与南院，一替一年轮出。去年我家封粮（若坟丁钱未出，可我出），今十七年令南院封粮（定二月初七全封），并出坟丁一切钱，十八年我家轮出。余事言之不尽，你详酌之。（十七车接朱先生，带此。）

辛卯正月十六　约庵手

四十二

竹再入目：

坟丁事至要，须妥办，或留玉林为之。又告赵渡族人，定于清明日上坟。一河之隔，我家人能赶到与否，不敢预定，令其不必专候。又，去冬所添阎徐氏，是否再醮，查问。若谢发第之妻乃原配，确非再婚，诸事一切详缓妥酌。即西关粮店修门面，亦详计之，并告德荣，此亦义庄要事，令其详实为之（账要明实）。家中诸皆照常，你稍耽阁一二日亦可。你十叔家必一去，并告其妇勿胡放账做生意，即买地，亦必亲看地亩，人言难信也。此谕。

正月十六晚　约庵书

四十三

再谕迺竹：

昨遇李在中店内人，写信，令带。适德荣十四晚来，再写此，统交德荣带去。德荣修房，果工坚料实，不谓其多费，你可亲看，其钱合银，即填还为妙。否则，五月半后必为全还，切勿久悬。彼言县西关有粮店、客店数处出典，你亦详看，可典即典，胜于存永隆（非远计）。若再有可典买者，即将五月半之收项，全行用去亦可，或写术省、写柳南名下皆可。此两名下，或全买房亦可，即将已入终南者抽回亦可。俟一切办完，再裁分各各累限，勿使不肖者为此后日争吵。德荣言，王于村黄姓人可交，若逅邂［邂逅］遇而相识，你即往其家一拜，从此来往亦可。既欲在彼住家，一切必详问亲看，为立业计。勿似我之买屯里地，徒以张、李之言。我至今悔之，我一误，你岂可再误。

又，王于村东有一废城，闻中有廿卅亩。何为而废，切切问明，徐徐图买，置自住一小城亦良得也。但诸必问明的确，详看地势为要。紫阳山一带地势，非一次所能定，你切时时留心。你此次多住县数日，方可详问访查，勿急回也。此谕。

四月十五酉　丹初手书

振甲之妇，折内添月支钱三百文，自正月至四月补付之。凡有应变通者或前舛误者，诸事你酌行。又书

余朴臣闻工课颇严，再三致言，推重勉励。

四十四

竹即回：

我十六辰至十七辰，稀泻四次（十六夜二次）。张君开方先收潋之，自辰至今未泻，而精神极乏，脉亦虚弱，几不能行动。你即刻东渡，十八夜可到家，代理医药也。诸事暂置之。十一月十七日戌初，专赵相公送此信。

父手谕

今日药方带看。

四十五

谕迺竹：

万二于十四辰回安邑。家中无事。顷接申峨峰书亦无要言，寄与你看（看过焚之）。你可游西门内文会屋内（闻钥向右东邻铺），看果复立此碑否，也不必告一人也。（非争此碑，以观人之心术，不可测度。）到赵渡须至义学看先生，送以食物，并至申峨峰家亦送以物。到南乡须至刘静轩家。遇寒士乡人（老亲

戚），切切格外加礼，《易》所谓劳谦也。若果修仁让义学（何人督工，恐无人也），而文庙之九十余两提不出来（此可问伯清及众人，若有九十余两，可免众捐），你可对东街众人说，咱家出银十两，随后带到（若有九十之项，则不再捐），诸为言明。我必提九十余两者（此项早用为妥），以吾父六十年前独立所修（道光戊子、己丑之间），今仍承此志，亦明告之。此谕。

四月十四　约庵手书

四十六

林览：

屯事须耐烦，细心为之（天下要事，皆粗事也），一一考核清楚，立一薄，分条记明，至要，至要。冯师诸事已交明否，一切作何办理，便与我信。凡典地，此后封粮、纳差，我们自交，不交地主，亦不拘每亩二钱之数。若谓原字如此，以彼时有兵差，故定此数。今无兵差，安能拘此。且典地皆写五（几）年赎回，他过期不赎，不依原约，独欲此二钱依原约乎。此告李师、曲相公、金奎，切切言之。四月开粮后，何时封纳，一切皆听我信。常营有课户封者，亦必令按期交纳，不许迟缓，勿令县衙谓阎姓抗粮也，此为要语。曲相公已来否？廿三日派李无逸、张文藻及武巡（李千总）、戈什四人，在解州西街，借铺户，卖布袋。如有信，托上会人带解州，属李无逸、武巡转带，亦便也。

廿二晚　约庵书

四十七

林览：

昨晚已写信，交朝邑来勇仝相公。至银、米、书册，一一如数收到。今交仝相公带回运市平银一百五十一两四钱六分六厘

（平不足问仝），与前戈什解去之五百廿五两余，均交谢手，诸详谢信。川中兑回之银一散而尽，明年诸事为难也。时事日难，家计日难，你为长兄，诸须自勉。冯师与我言屯里事，我无善策（田地有如此之累，真无法矣），经营十年，坏于一年，我心真用尽也。家事你须格外谨饬，隆号即用胡姓，但其人地两生，且不知其身价若何，令冯师转商之。冯云，你前留天顺兴四十两又带回去，然否，亦可行也。汝二姐何必急回，青年孀居，大为可怜，你须善处之。偶用小钱、食物稍为看宽，并教其二子，乃你之事也。赵渡散钱，每人一千乎，抑千二百乎，便为告我。我今年精力大差，如七十余岁者，强自努力，然废事已多，无可如何也。此谕。

腊月十八　约庵手书

四十八

林览：

廿三日仁义合人送到卷苏［酥］及你与竹信，知悉一切。

一、你病殊念。凉下药勿多用，调理饮食起居，尤养性情，能以静字治心治身，则品学俱进，岂止养病。然岂易言哉，然不可不如此用功也。你知此之好则有成矣（我自恨知之晚而浅也）。

一、关赈年前须放一次，以后则至二月看光景。

一、有高粱六十石，即以五两二钱买之，勿迟。此外再有他样杂粮亦即定买。万一无可买，或搭买黑豆若干，与杂粮平半放之，如何？此与上条，请谢老卿定之。

一、屯里用雷二师似可，然即雷到彼，人地生疏，非二三年不能明白。虞事总以无人佃地为大累，此非可以人力为者。雷之为人深明庄稼，而其人深沉不任事，且伊自有地土、家眷，又或不肯舍己芸人。论做庄稼，以雷为好，论事理明白，或李永兰亦可将就（上等人用不起）。吾家以后之事，非半农半商不可（小为之）。永兰或其可两用乎，冯则无用之人耳（与奎章同）。虞事仍以觅佃为要，而觅佃非人熟不可，此事开年再说。雷亦老矣，亦未必为我用也。你可与一信，暂与之商，吾恐其未肯离家也。新买《朱子全书》缺第一本，亦应写补，你将家存旧《朱子全书》带来一本，查明所缺（从何叶起，何叶止），我令此间诸生，无事时写之（以后无人写补）。与你所买，共有此书三部矣，而无一人精研者。

一、汝母之柩，既定寄中号，即可停在上房。另于铺内西边自盖数间，以为铺内之用，土房将就而已。

一、来年至解，你与竹当专意读书、作文，数年太为荒学。屯里事，时为一去稽查。急切无善法也，自己万不能多做。

一、王念先家房，已以百金典之（已交），写三年。

一、汝姐何日回关，须早来也。

一、世事万难，官路尤难，耕读为主，兼以小商，以此为生。读书、立品、作文，三者为业，或不为人所贱。世俗事，世俗人，切要看开，勿自甘混同也。

一、刻下无出息，我勉为砚田，能匀出稍还债果为好。我在运，除买便宜书及吃药外，不放花一钱也。昨买《唐鉴》六本（百五十文），求之数十年不得，无心遇之矣。

廿三日　约庵手书

四十九

迺林览：

今午送菜［蔡］相公回，带一纸，所云请李老先生为汝妇看病，你意若何。朋病若过伏天渐愈，实为天幸，刻下似以羊汤泡馍为好。吴参将（德馨）困住此间，无可如何。伊欲赴山东，你即告中号李吉祥，付吴德馨文银贰拾肆两正，见信若有银，即速付之，早走一日，少累一日。汝母十七入省，路上可带棉衣否？诸令人念虑也。

六月廿一日申刻　丹初手谕

吴参将持此信，至大庆关见四少，即面交为要。

五十

迺林览：

汝三兄事如何？以必有为好，为债所困，似知愧悔，悔而能改，则吉矣。见字付吴鳌（蒲州）平元银陆两玖钱捌分叁厘，平兑好，勿令奔走。又，付钱壹仟五百文正，勿误。此二项或先记水牌亦可也。此谕。

七月十六日晡　约庵书

问候孙先生。

五十一

迺林览：

汝母赴省，即如你所言照行。顷王荣绶来，接你信知悉一切，朋病至为可忧。明早（如你今早到时）令万成送驴来书房（万不要车），我明日回家一看，即回书房。骡子令歇一日，十八日好走长路。贤娃病，大似虚寒，我前回家，见其脸黄唇白，或痘后未调理好。我意万不可吃凉药，亦不在止泻，有治漫脾风方子，内系热药，有公丁香、母丁香，并有肉桂，即你幼时，李午翁与贾老大为你所开者。问你母药书内有此方否，再问药铺有否。有单散此书者，曰《福幼编》，可遍问觅之，或请北巷李老先生一看亦可（早请为要）。

十六日戌刻灯下　父书

付送信人钱一百文，即写回信，令与连儿即时回来。

五十二

林、竹览：

药方有沉香钱半，我谓万万不可用。此物破气之甚，我上年在县气逆，服了一钱，大下不止者一日（十八次），几几气脱。据医者数人云，此物即用，不过数分，若一钱，必误事，况钱半乎，切不可用。若为行气，仍用木香为妥。药方仍是大热，此为脉象应如此。若你母素疾，亦宜热药，但热药服之不少，随时反复（或不调理之故）。自你昨去后，我心如悬旌，老来诸事一无好怀。你与竹用心侍奉，一切听天，亦无庸过虑，只好你二人恭俭自持，一切谨饬，吾愿足矣。

沉香切勿用。原方带回。

七月廿三午刻　约庵书

仝送信好极，但近日奔走过劳耳。川朴一片似少油气，可用否？或付铺子。

五十三

林览：

前带去三信付隆号，候交你手。今日太原文书尚未到，不知上谕究竟如何。我想到京面辞，此意已定。屯里事，你路过略查问之。（可恨万分，不必见于言色。）一切面告。从赵渡两日到解。为属。

正月廿八晚　父字

廿九巳刻行。

五十四

迺林览：

由同州兑回川典平银一千两正，除隆号留四百两外，余六百两并还，你带回运市。平一百五十两，想已收到。今为条开各事：

一、由此典平六百，并还你运市平一百五十两内，提出运市平一百五十一两四钱六分六厘，（平与关平较之，告我以大小）交付谢老卿，与前月两戈什带去运市平银五百廿五两四钱一分四厘，共运市平银六百七十六两八钱八分，全为平粜银价，所余一宗，皆为大庆各村春赈。此外，则有豌豆一万九百余斤，钱六百六十七串零，约计可有银一千二百两之谱。

一、你信言买谷价贱，极好。或竟不买黑豆，全行买谷，可多几石，你可告明谢老卿，即行收买。刻时各路粮贱，恐开春即贵也。运城粮价开单付看。闻蒲州一带较运尤贱，可即买之，勿迟。

一、除过以一百五十一两零付谢老卿备赈外，下余银典平不足六百两，年内有便，可全为我送至运城（家勿挪用），以便归还前借库款。若年内人忙无车，或你正月来运城带来亦可，迟早不为限定。

一、大庆赈事，一切你可暗中帮忙办事，不必在县里出名子，此可告谢老卿。

一、你一切处事，切要以忠信为主（一生为人之本），如此，则道路愈走愈宽，人人逢你。家计寒素，尤必如此。若一事为人窥破，则人不来惹矣，要言，要言。我不敢言道学，非强你为道学，乃教你以自立成人之要也。

一、族人散赈，系每月一千二百乎，抑一千乎？

一、你二姐能过廿日回去否？开年何日来？

一、家无主妇，童仆、乳婆尤要内外严立规矩，要言，要言，亦非讲道学也。要约仆媪，先从己身，言笑毫不苟妇。

一、寄厝汝母柩事，你定计否。

一、独柏檄板已送到否？吾恐此事或不妥也。

一、震初先生之夫人，闻竟饿死，可伤可怕。你兄弟及你姐要知此义，人不可罔利，要不可不勤俭以治生也。吾生平服膺四语，曰：调和怒中性，堤防顺口言，谨慎忙里错，爱惜有时钱。望尔等心口以之，实力行之，勿以为易而忽之。便寄回信。此外与谢老卿函言明一切，你看之更当明白。函即送去。

腊初十晚　约庵手书

五十五

迺林入目：

昨晚谭抚院①来文，另抄你看。此粮乃有六百之多，又不知是李之如何捣鬼。总之，你不听我说（我不令作此事），而听小人之言，故有此事也。此粮现交袁营②看守，船到后即报袁营，令其派兵，以还公事，令袁营即速以公文报我，说明系思盛福号所买（即告袁营，将粮起于福盛中号铺内收存，船到雇车发之），共粮六百石云云，听我札文办理。此粮我定意在大庆关平粜，只准卖回原本。船一到岸，着李熙镳单骑星夜带咸阳原发单（全带来，至要，至要）及一切用账单，速来运城，我面定平粜价钱。你督饬二李不可捣鬼石数（再若不实，我定逐你），再为

① 谭钟麟（1822—1905），字云觐，号文卿，湖南茶陵人。咸丰元年进士。曾任江南道监察御史、杭州府遗缺知府、河南按察使、陕西布政使、陕西巡抚等职。

② 袁营，指袁洪业，游击将军。

我嘴下支砖。我前月曾严饬临晋姚万新各家，而吾家所为如是，夫何言乎。刻下船不日可到，你一切须听我说，二李不是你父亲也。吾闻勤俭以谋生，未闻剥饥人之口，谋重利以生财也。此之谓糊涂妄为。即望李熙鏞来。

初五辰　约庵书

五十六

林览：

屯里秋禾仅可得十余石，尚不足屯里之食，家中应早筹之。霍生现回屯里，我令其日内至关与你商定中。买食粮，小麦、大米各半（新米须到九、十月有），何时何人去买，如何凑银，与霍生、熙鏞商之，设法可也。雇妇可减去旧奶子一人。告你二姐，我家内事一切交他管之。贤娃你可交［教］其读书，先要成句。

十七晚　父字

与玨一纸，便为带去。

五十七

再，你到关，次日即来书房。琐琐姻亚，荒功废事，你一生如此耶。即你自甘居人下，谁为你供费用耶？你自思之，吾切为你忧也。吾生平拘迂，晚景所遇违心，此亦命为之，家运为之，吾此后自了而已。你到家，将我巴缎羊皮开叉缺襟袍、天青缎乌云豹马褂、你穿的哈喇羊皮大褂、黑皮帽一顶（带顶子翎管）、小毛皮领、貂皮领，都与我带书房。你坐车来，屯骡留家，即日赶碴面。

五十八

林再览：

你为关赈买谷六十石，甚是。赶为分路再买，尽所有之银全以买谷（不买豆子），至迟正月半买齐，以后或恐涨也。此情转致谢老卿，切切为要。关上一带丁口，求谢老卿费心查确，庶不负其盛德也。

约庵手书　十一晚

五十九

林览：

十四冯师到，接你信，物件俱照信收清。当铺票，冯已付之，随后另换七百借票也。你可告玨。玨来时，可将我所写分产后记、原字据带来，缘老账已还完，我将于原字据内批写明白。并告你三兄，将家中欠老外账之账本也为带来，我亦要批明也，此为要事。山西赈事万分难办，任劳任怨，直束手无策矣。我去秋出山，真十分坏运，急欲五、六月卸事归山也。

二月十四　父字

六十

迺林入目：

再，为我即缝半厚薄棉袜一双，成了先为带来（怕冷），其余衣服有便旋带来。抑儿应已好。天冷，孩子们不可常在门上为要。粜局余钱存中号，有票子可即借用，怕关门现钱可不挪用。为思训写信，十月间榷关赵渡小米多钱一斗，时时告我为要。

九月十三晚　约庵手书

六十一

汝母病系风寒，你们去后即日见好。正月杪郑医来时，已好五六分。我于初二回家看医，住家十余日，初十送郑医回解。本定十三令车过河，为你们来往同州及拜客用，忽于今日申刻，徐老七自运城来信，大老姑病不好，其家无人，甚为焦急。其子可为不孝之极矣，好富贵之心，一至于此。我明日即赴运城，七八天能回来，即令车接你及马先生也。再，马先生应先拜一回，林片：教弟；竹帖：门生。或刻下雇车去，或候咱车来去，汝等酌之。锥峰之侄（李三，不知其名）为李家账房，正月回去，至今未到运城，着人快叫他，即日速速赴运。徐七来信寄与你看。解州闻于十五六开考，李无逸府考第三，或可入学。若发落时学院或言及于我，对以“生员父亲，承大人厚爱。惟年老多病，不能教读”云云，他勿及也。我托学台写篆隶字，他若面交，他可领回，否亦不必问及，要要。我因大老姑事，又焦急，又生气，言之不尽，特专人为你送信。如见黄公①，也说我因看姑母病，又上运城，约须旬日云云。省应酬，省闲钱，每日定要写字读书，以收放心。至要，至要。

二月十二日晚　丹初手谕

十一日，黄公专信来道喜，我即写回信道谢，言令汝二人往拜见，如此，愈不可不拜矣，切切。杨五②先生取第一，无人不服，此以见天理之公。

---

① 指黄壁川（1834—1890），字照临。曾任陕西朝邑知县。

② 杨树椿，字仁甫，号损斋，陕西朝邑人。

六十二

林览：

家中所雇女人，必去一个，即去孙姓旧奶子，善为遣之。你二姐来，仍是三女人，我养不起。非刻苦你们，吾母生平未尝使婢媪，今即为小孩子，留二人足矣。必依我说，不准回话。各女人终日满巷东游西走，即偷窃之路，此必禁之。并严查厨子、娃娃（切防切查）。

黄石臣先生来信，名上有亏字，何事也？问之告我。

西安藩臬、粮盐道、首府、潼商道，各向李损翁、谢蕉翁处打听，字号开来，中秋要通信也。

府学张老师丁忧，你先去，第一次你必打听开吊日，亲去送以冥资，四事微体面些。

为我雇一小孩子或雇一做饭的（河西寻人），我处无一钱，下半年直无一钱之入。家中百事省之又省，只要不饿就是了。此意告知你姐，他以后必一切知艰难，方可自立，方可教子，不然其二子亦其父亲之流也。张才娃若可离女人，以后稍缓也。去此女人，或令小孩子看之如何？吾幼时无专雇人看我也。

初一做一席献你母，不可收礼，不待一客。

二十七辰　约庵书

六十三

迺林览：

你过河可于廿边或廿一二日去，即住差局。你买饭吃，不可吃局饭。到堤浒村，拜李八师，与他同到刘儿坡，看村庄地方如何。你言祁先生举荐，我们为祠堂买地，地价若贱，地土若好，再与族人商量，但要大片子，不要零星几亩的。第一要看地垆不垆，第二要井浅水甘，看那地方，可买多少亩。你候贺三回来，与你三兄及东院人来运，交代一切。各样字据及去冬兑银花账，一一带来。柳术备记票，要紧，尚不知其能还否（怕不能）。你到堤浒看地亩须得几日，故令你早去。看地已完，即可约众上坟，不必定是三月初一也。诸事你须详酌处之。时事可危，一切慎之又慎。

二月初二晚　约庵手书

六十四

迺林览：

昨由屯里寄一信，为张师取丽参，并任车夫所带各信到否？张师泄泻颇重，今年此病最多也。解州绅士已为我送关聘，来年在解梁书院尽老力，以砚田养家，无如何也。此情告汝姐知之，今后一切更要俭省，总不要顾门面，顾虚排场体面，如衣饰零费之类，只图饱食暖衣，终可勉图。如你三哥之自受窘急，皆以好门面体面之故，今人多如此也。你切戒之，并戒家中男、妇为要。我以欠账太多，终为家累，笔耕固属无多，或作数年补苴之计，使尔等将来易于自立，姑尽我心力为之而已。丁宫保①在川有人参劾，已派星使查办，不日即过蒲西去。人言可畏，安贫守拙或寡遇也。李损翁如付钱，无论多少，请谢老卿收之，仍即由你督同李师、王四、王师全买新谷、玉谷二样。闻潼关玉谷贱，或专人买亦可。赵渡族人之粮，须你过河一为料理。下月你来运一次，面告一切。汝母灵柩，我欲暂寄，你妥计之。明年仍可同尔姐住解，兼照屯里各事。近闻王昔尚知过日子，此非奇才，你并王昔不如乎。我不期你富贵，期你读书明理，不妄为，能自立而已。

十月廿日　约庵手书

---

① 指丁宝桢。

六十五

林览：

李熙鏞仍令入隆号掌柜，我与伊有信（你可要信看看），劳金卅六两。胡姓或就与否皆可。关赈所存店豌豆（斗）万余斤，能卖九两即全卖去，买谷子、高粱放之，计可得粮二百廿卅石。放至四月初，匀作五赈（或四次亦可）放之，此可转告谢老卿。中号修房可请人看，今春可动与否。如不可动，即停汝母于上房亦可。你亦不必急来运，我一切尚好，但精力、饮食不如前耳。

十三晚　约庵书

我欲令金奎在屯里领做庄稼。

六十六

太太照

黑皮箱内存银十四封，共泾布平银七百两。全行面交与屯里张师手，兑到西安府去。

四月初四日　阎丹初手书

福永堂照

钤：福永堂、福永堂阎氏印

六十七

林览：

孙先生可请到否？汝母脉象如何？饮食、二便如何？亦可时请教谢老卿。我日思回看汝母，一无车马，一以无人看门。今定廿五日下午，赶天晚，车到书房（带麸草料），廿六早我回看病，廿六午后我仍回馆看门（家无宿处）。你诸事小心畏谨。粮价又大长，亢旱酷暑，竹必欲应考，殊令我悬系一切。三原点心甚酥（微烤），令汝母食之，糖饼尚微费牙。廿五早令连儿回馆，来信言明病势（详细）。此嘱。

又，银鱼、京冬菜可为汝母做汤，泡饭或下薄面片吃之。昨二药方带回。

廿四日酉刻　约庵书

六十八

林、竹览：

昨见林信，汝母稍痊为慰。我谓气虚脾虚，则水道不通也。【值】此炎暑峻，补药亦勿急服。（竹药亦切须酌服。）前人有专服车前子者，林可借谢处方书及黄氏医书，细细查酌，或专服此数日如何。一切饮食起居，尤须慎之。你二姐已好否？抑儿已好否？

差局事非我亲去不可（既应事，不可不忠其事），车如回来，定于今日（初一）日落后送车来馆，我今晚即行，天明至河边，至多二日必回馆。任车夫迟回家三两日，今日车来，带麸料两天，草数斤。车带帐子、灯笼、蜡烛二支。至书房东房书架下，有醋一坛，车带来（放好绑住），系送黄公者。

家中尖靴带来一付，不论新旧，要微宽大些。竹在家也可，但无坐卧之处，或坐车来馆亦可，竹自定之，我二日必回也。竹来可将纬帽顶子带来（先生来要上学）。林于初四为王家道喜。连儿午间先回，写一信来（车夫再写一信），言明汝母昨夜今日光景，诸令人在念也。

初一寅刻　约庵书

六十九

迺林览：

廿五日可回赵渡否？我本欲廿五起身回家，乃十八九日谢老卿奉道台太尊之委，专来约我回河西，办同州各处及潼关差徭。此事我不能管，已以病喘辞之，因此不好即回。中心恨仄何如。你廿八能回住关上否？中号有小木卓［桌］一件，漆的，从前在栖岩借用，此件可带在车尾，带至解州，为闲儿读书写字之用。若见谢老卿，他临去时，我自写下八行书一单，说差徭事。此单你为我要回，或烦祁先生另抄一纸留谢老卿处，此单我尚要添话也，勿误，勿误。学台有信否？若无消息，孝邕开正可来解。隆号开年算账，将为朱师所送十六两，归于借项（无利）开除，俟朱家有葬期再为送之，此告李三照行。福永现长使隆号银若干，为我开一单来。此谕。

十一月廿四晚　父谕

七十

林、竹入目：

昨朝邑马夫带一信到否？初五夜解州得雨一耩，不知屯里如何。今有解州种桑之老王（河南人），本花匠也，今将赴同州担菊花，恐回来时河上水夫留难，或作践菊花，求谢老卿一言，吩咐水夫俟其来，速为渡送，船钱（五十文）照旧付他。谢老卿能写一条子更好，此亦无碍也。新雨后路不好走，车想难雇，或中旬家属再来亦可。可令竹先来，随带箱只。

八月初六晚　父书

前年九月借谢老卿例三本，今为带去，即刻送还为要。

七十一

林览：

关钱所买之银，万万不能买回原钱之数（此数太欠妥当）。此不惟为关人所议，必为谢老卿所嗤，原买银既一失，钱价大又一失。闻刻下杂粮颇贱，可将所买之银，与刘永昌带交之银，全行买成谷、豆二样，以备来春放散。粮价须切实考究，比己事尤要省要实。凡人为一事，勿为人看破，令人不当人。我生平于公事、于他人事尤为尽心，故不为人所贱。你切须从此做人起，以后路途愈宽。此项谢老卿他日必得报销，缘已通知陕抚台，切不可令我再丢人。

十一月廿六晚

七十二

林、竹览：

连儿初一已去，刻日诸凡将就。闻万成现在河西，或叫来做饭可乎？你们酌之可也。我连夕不寐，饮食亦少，大便稍不如常，每日两三次，皆不能多也。

初一酉初　约庵手书

第二卷

一

林、竹入目：

赵车夫廿四到关，廿五来馆。接林廿三日书。我因黄邑侯[①]来馆，且闻运城已开课，课卷即到，亦不能去运城，即于廿六日专车至解，迎郑医矣。汝母之病，亦以心境不好之故，且迎医服药，俟郑来，我当回关一看。廿六晚，府太尊[②]专人送学台[③]一函，刻又欲如河东寄文批阅，已作复函力辞。前交蒲老师一函，

① 黄邑侯，指黄照临。

② 府太尊，指饶应祺。

③ 学台，指吴大澂。

属其学台到后即为送上，勿迟，万无就此馆之理也。学台初一下马。汝等荒唐数日，至念。勿游荡，勿妄交，市井细民皆能笑人，特无人肯面斥耳。若以无面斥者，而遂放意为之，且自谓得意，乃下愚之下愚也。考试最荒人，如《国语》，正、二两月，少读数千字，此是真躭阁者。昨黄邑侯言，吾邑童生可入学者不过十本，亦可耻矣。即使幸得，何足算哉。日日写字作文，勿间勿慢，先使妥贴完场，无笑话足矣。

廿七日午刻　丹初手书　栖岩寺

百合二包收到。

二

竹览：

昨晚你十叔过此，知汝母病仍旧，另请一李先生诊视，有月半回来之说。任车夫想初十未过河，昨日应去，今日应归。顷间朱西山①学使来顾，谈二三时之久，并送我书。其人恭俭谨慎，朱临川先生家风可敬也。我告以汝兄侍汝母病，你在家看门，我不能去回拜，你即刻速至城内考院谢步（明早即行）。今午府县公请，想亦不能见。若见，称西山先生为妥，其年已五十。带回我之袍褂，将就穿一时可也。连儿令明早来，带肉半斤。官堆二则各二合，若到中号，有便带馆。外写就大帖。书籍有《微波榭丛书》四大函，取出着全相公送与府学张老师。家中书箱，五年不开，或生虫，你在家可打开一看，晾过仍钉了。

十二日申刻　约庵书

① 朱福基，字西山，江苏无锡人。同治四年进士。曾任翰林院编修、山西学政。

三

迺林览：

我精力勉支，事忙万分。张雀生说明初四、五来，何以至今不到？罗吁翁①先生今日已到，李菊蒲②诸人一二日即来。抑儿已全好否？有便寄一信来。

腊初六　丹初手书

四

迺林览：

吉明府③（知县称明府）为你写扇一把，其字颇整，你可学之。吉公年十六，即出小馆教读，岁得脩金十几两，以此养家，藉以用功，无师无友，学于乡曲，竟能有成，极为难得。汝可知读书之难，并可知你等今日之享福，可不及时自勉哉。天下苦人多，而惟苦人乃能有成，所谓生于忧患也。若安乐而能自奋自勤，更为易矣。熟书、熟文、熟诗，万不可滑口读，用心思之为要。

廿三

五

迺林览：

迺珏生子，亦十六年来一好事。珏告我命名，名曰“绳儿”，官名曰“孝绳”，欲其绳吾弟恭俭之德也。可转语之。

二月十二　约庵手

---

① 罗嘉福（1812—1884），字吁廷，顺天大兴人。道光二十五年进士。曾任翰林院编修，山西太原、汾州知府。

② 李菊蒲，即李用清。

③ 吉明府，指吉灿升。

六

迺林入目：

汝母渐好否。昨带药方已见，惟开气之药不可过服。数日可收麦，便开问张师今年麦课怎收，分别地方酌办，勿刻急也。外账可能少收否，柿子初生如何。兑川会票属张师在心。运城银号可试商之，钱砝对否，若须补平当告我。内有祠银、我银，不皆赵渡者。

十五晚　父字

七

林、竹入目：

我十五至运城，大老姑老病，衰弱垂危，掩延时日耳。有子不肖，今日方知，可叹可恨，非人类也。只愁穷、思子二病耳，然二事虽天命，岂非人事，吾愈以信吾闰生师之禁子孙捐官矣。其李账房廿二日尚未到，此亦无心肝者。隆号去一人，坐在他家，厉令即日起身，看他过河，万不准违。我在运见李氏光景生气，又有应酬，于十八日大病（如去年在县），延医服药，三日小愈（未全好）。廿二力疾归，廿四至书房。你二人荒唐一月矣，车到可即回书房，不必到家。县城各客及马先生想已拜过。马先生即专车请到赵渡，你同先生前来。或行李多，再雇一车，或到河东岸雇大车亦可。县城各客必得往拜，勿误（我为官有信）。尔等此旬日内，尽可雇车拜客也。如尚未拜，即速赶拜。切切。十五你多回家一次也。

黄大老卿　门生

郝二先生　愚侄

李云卿先生　晚生

樊先生（差局） 愚弟
李锥峰 愚侄
吴八先生 门下晚学生
马伯源先生 林教弟
竹门生

廿四日申刻 约庵书于栖岩寺

馆中人齐，只翟士吁丁艰，路氏叔侄亦到。

八

林 、竹览：

连儿来，见林信，知汝母稍好。饮水即水泻，仍是脾弱不运之故，腹胀腿痛，似气不运之故，现饮何药？一切起居，切切谨慎，勿受暑、勿贪凉为要，十余日立秋后或渐好。近日差局事多，日日写信长言，至为费心。昨为麦儿交回信，后半夜又想起一事，挑灯即写，而为有法所误，麦儿未带，特专有法送信到关。看张业、乡约及各店（仁义合），今明日有人赴县，即速带去，速速觅便，四处打听为要。令有法早吃午饭后即来馆，并带一信。娃娃四位好否。

十六巳刻 父谕

九

林、竹览：

你母病如何，眠食如何，详以告我。连儿秋冬工钱五串，可付之。与四川信，着吉祥或熙璧送永济马号，确问四川差官已由京过此否，何日可回，此信再四嘱其转交带去，勿误。面见管马号二卿（问其姓名，开一条记铺内），交其手中，他日有误，即以问他，切勿随意妄交也，切切。日来粮价如何，人情如何，吾深以为畏也。谷麦硙，韩杨镇斗两石，即为送馆。屯里有回信否（先送交屯存数）。吾为合县捐《毛诗》一部，亦不得已之计也，自恨无余耳。我日来服药稍安，但申旦不寐，心气终不定安，亦事事扰心，非药所能治也。今年腿脚大软。连儿令明早来馆。汝等在家，须常看书写字，今岁废学半年，亦多年吾家未有者，家事、时事日迫于你，你等勿悠忽也。

七月初十　约庵书

十

迺林览：

改门一事，据马玉翁云，改艮门不如不改。必不得已，可于上房西南，一间累一小砖座（房脊上），如小宝塔，作为坤，主乾门亦可，你即如此行之。阴阳家信［言］，吾素不信，姑如此行之可也。张东川看地一事姑且从缓，我无钱办此，且卜居未定。居定而后求葬所，相去不太远，后世或可照料。东川一时不能去蒲，缓议为定。灵泽坡之可住与否，你过河亲看一次，不必告人。灵泽坡地价如何，地土如何，井水如何，切实打听。言欲为祠堂买地，此时地价必不能贵（此事清明回去，再为办理）。堤浒有李八师者（问差局人，李子廪生李丙炎，吴八先生孙婿），与祖父相识，可一拜见，详问切告，或即办亦可。灵泽事清明过河，住数日看定，刻下先问祁先生地价。

十一

迺竹入目：

盐事，村人公求谢老卿转告永济县，其禀已发，再三言之，允为写信转弯，不知能否，一切听之而已。省车未回，至以为念。我因无车，又畏热，且初五仍即回家，因留家数日。你初五早吃午饭后，可同连儿步归（日后影至西墙根即回），只带纸笔（生古文带来），到家写字，衣被皆不必带。一切禀明两先生为要。

初三申刻书

省车初三酉刻归来，汝兄廿七至省，一切皆好，只省城亦旱。初五、六，永济如送卷子，请滑先生收下，为写一收条（红纸写）：收到道台信一函，课卷一包。八月初　日。栖岩山馆具。

初五叫剃头的来，付钱票壹串（连儿带去），写在折上。

初四辰刻　父字

十二

林览：

冯姓又私买常营地亩，私典柿树，又私行放账。将去秋他所收之谷一二石，借与某人作银几两，今秋交还。此言虽无的据，大约不伪（金奎、曲相公皆言），他长支以营私，大为可恨。诸不能与张锡龄比，张锡龄在常营买地，系与我说明，我所准者。此事你须平心静气，设法诱众伙计（金奎系闻于伙计者），暗地问明，有八九分，然后再和气以问冯姓，亦不可生气。令将各地、各树、各账为号中留下，算有多少银两，扣抵长支。此不独为冯姓之事，当立号规，从此永不准做私事。凡查人毛病，须与旁人无心闲谈，用言打动，徐徐闲为，旁敲侧击，则事可得其略，凡事皆如此也。金奎言，丰北峪口程姓账，折地四十亩，此地我决意不要。可告程姓，账可勾则勾之，不必惜也。其余他人之地，万不必贪为要，甫田之诗，所戒极明（粮差尤累）。曲相公约于廿七到屯，昨晚、今晨微雨，不知曲相公能到否。我与他面说活话，或暂管数月，或停长活，令其自酌，并与李树敞商行。曲相公言（此是能干，人亦不好管，用人至难），在李铺长支银十几两，须为填还。此又是难事，我未之答，你斟酌之。曲言西吴阎地，李林林等意在卖水（或水由我们卖），未必种地，恐银四十两是白借。此情我早见，你妥酌之。昨晚、今晨运城得雨一寸。

廿七巳刻　约庵书

十三

迺林入目：

闻你十六从赵渡西行，想走北路，何日至省？何日至终南？王家之地是否可成？若稍有狡展，即不必办。缘焦家楼恐去黑河不远，防淹没也（切告号内人，凡河边地不要）。附近终南各村，你可周游细看，其方向、水路一切在胸，此后有人说地，伙友来信，你即明白。总之，终南立业，既为义庄，并为你兄弟养生之赖。（省记隆号一无所利，惟屯里稍有所入，你可信地利矣。）你须十分在意，处处留心，事事问人。我一无才学，只肯留心及问人。若做错一事，力图改过耳。千古惟富贵豢养者万无一用。此辈叨幸数年（沈家现吵分家），终必困穷败坏，目前不胜其数也。终南管事人极难，卯金难恃，此为要务、急务。然妥人之难，何从择起。此后你令永记须带月账，分开四种，你为立一账样子，一钱一米亦须开出，此为要也。我已面告郑相公，他亦不懂，我令诸凡听你吩咐。（郝家地方能买即买之，契写光禄堂义庄。）每月月账单及信，带至杲明远即送赵渡，由隆号专人送解，你回来可切托杲明远及切告隆号。九月底如使银子（吉祥可回），可专人至解，当与义合成一信，在西安妥收也。一切我无从悬定，你用心为之。此时用心，胜你他日受窘求人，年已三十，犹不懂乎。你读书既是忽笼局，你此后即专以教子谋生为事，勿为闲荡游民可也。竹于廿一，夫妇一轿车西行，限其初

一、二回到家。家中大小平善。我近日虽愈，然小腹犹时痛，小便频数，精神不好（恐余不多），老态日增，你早为自勉。何时可回，或先带一信来。赵姓尚未从运城来。

八月廿九辰　父手谕

十四

《教家七种》大抄本（《聪训》抄本在京）

《教谕语》（我照他本添入叙文，并首叶添语者）

《词禁》一本

《颜家庙》粘帖二册

《小楷帖》四本（一木匣）

《快雪堂》两套十余本（木板皮）

钱南园　读书有味　对饮酒此心

油纸钩好汪退谷字四大本

油纸钩好钱、汪对一本

皮纸粘《南园》刻字一本（有百家姓）

《争座位》一本（详前信）

《段注说文》（并《说文检字》）

我旧念《诗经》四本，《左传》六本

汪秋泉帖二粘本

旧折：《十家文》《文选集评》《眉诠》《古文集评》全带来，我暇仍欲选成一书（京书颇贵）。

何义门七言对：松窗试笔　石鼎烹云

你存朱朵山小行书册（妙品勿失）

田碧翁泥金屏十二条（备你看）

旧《皇甫》一本（或在你兄处）

修城本（叶亭）薛稷临（叶亭）《十三跋》（汝大兄本，叶亭，似在林手）

昔年粘存他人写大卷曰折各字，系好看样存，笔墨全带（大漆合墨亦带），大扁笔亦全带。《桂花集》十部（错字改否），并各书（不要《弟子规》）及家中书装一箱，仍托日卿先生交钱引便带。我与日翁信，看后粘封，并书箱送去。

陈刻《资治通鉴》全部（你所看者）

钦定《五经》（山东带回，内有抄本）

《四书汇参》

董书《心经》一本，并山舟、梦楼

《朱子全书》（林在关所买，抄一本，无套）

川刻《史记》（《前后汉》）

《五代史》（我所看者，《汉书》有字）

《三国志》（蓝布二套）

川刻《杜诗镜铨》（有我写字）

所借广灵纪批《别裁》，已过、批过、圈否？已过，即还书于丙南。如尚未过笔，留交林办，必过一部带来。所抄《艺海珠荃》各书（《耻言》《古诗十九首》各种），凡抄本皆带来，为三孩选唐宋绝句。

套板《文心雕龙》

《史通削烦［繁］》

冯注《苏诗》二函

《苏诗选》二函（蓝布二套）

《庄子因》《庄子句解》《四家律赋》《律赋汇海》《汇海诗》（《有正味》《桂花》）及《诗赋》之好者皆带京，一切诗文皆带，俗劣者不要（顾文山所刻不要）。

以上就我所记者开之，多有遗漏，你再酌。择其要者，你能带者。零册零件，如《通鉴》《五经》《史》《汉》，可留交你兄明春带来。读书为要，不能惜盘费。应寄存书物，你兄酌行。

带解各书：

《时文》(无论大小文)、《试贴》《四书》各样讲书必全带。

钦定《七经》

《朱子大全文集》(卅余本,无套)

《朱子全书》布套八函,其写书头一、二、三、四者,仅四套,此川板不好用以动笔。

你去年新买《朱子全书》,补抄之,卷一、二已写完,应定一本、二本,即来信告明,候候。

《五百家注韩文》二函

《韩文考异》二函

《韩文点勘》(似十本,无套)

《通鉴》(竹所看者)

又,湖北寄来胡刻《通鉴》十几套(白纸者)亦要带来,并有《考异》各种,不可遗下(又,旧有竹纸胡刻《通鉴》,夹板,此须晾之,原板也,今无之),一部十套可存箱寄关。

何义门《读书记》

川刻《史记》《前后汉》《五代史》

《三国志》二函(布套)

布套批点《史记》二套

《史记评林》

《汉书评林》

《杨园全集》(我所看大板者,你与竹所看东板者,亦带解,此书你须日看)

《韵府》百本,此亦带解备查,《渊鉴类函》可不必带。

《子史精华》八函

《曾文正十八家诗》(水湿者)

《曾文正杂箸》(亦水湿)

《欧阳全集》

冯注《苏诗》二函

纪批《苏诗》

《黄山谷集》

《古诗笺》

《周易朱注》

阎梦岩注《易》一函

《诗地理考》一本，另有一本，不记名，皆尹姓著。

此外，凡我前数年在馆常看，如《名臣言行录》各书亦必带解。

《养一斋诗话》（四本），又有零本之好而常看者，亦带之。旧有之字典二部可不带，我在此五百文买一大板也。

一时记忆不齐，略为开出，大约宁可多带几样。下马［码］头回车脚不至贵，或将书装好，随后缓缓运带亦可。

三月十四日书

十五

迺林览：

文章字句尚明白，但多空疏，意思既不多，笔致复少曲折。作文如说话，有前后，有起有收，中间有转折顿宕。读文时先于此处留心，再看其生发意思，又看其用书措词，数者缺一不可。汝文空疏，如小儿学语，不过粗成话语。先生奖劝之，加之以圈点，非以此为好文，汝其知之，勿自以为好也。空疏可笑处，如某篇，人一已百，人十已千，分作两者用。此如贫家作席，红萝蔔一碗，白萝蔔一碗，在以为两碗，不免为人所笑。如此者多。汝其用心读书，读熟书极要思其义理，勿滑口读之。经书非认字本，亦非令人唱口歌也。寒到雁点一狂之诗，恐有蓝本，切戒此病，致自误也。一切须爱好，学好为要。

九月廿一

各诗内多对仗不妥处，不惟不工征［整］，竟有虚实不对者，此乃明知而故为之。凡人如此读书作文作事，即谓之昧良心，此人生大病也。读书、立品、行事，切不可如此，戒之。外与汝母信，交之。

廿二

十六

林览：

留郑先生一宿，明早为我看脉。连日半夜大泻，白日又数次也。带去急用药一纸，明日着赵车夫带来并接先生。汝妇方带去，利水沁湿之后，仍须固元气也。莲子、各面收到。

十八午　父谕

十七

林览：

昨晚又小有不适甚矣。吾衰而诸事纷难，此心殊无定见。今令李熙鏞送衣箱至省出售（你带去），应如何运送，你与李相公商之。又，与薛月翁书，送去赵墨迹一本（在朝邑县），王石谷山水大轴（在李云卿处），二物非李所能卖，专交月翁卖之。我与月翁信，你可看过交李，明日面交。你明日至赵渡，耽阁半天，借车并县里交代东西，即赶不上栎阳初九之期亦无妨碍。若李午翁奠期不远，你可告小山，万不能来，即好送礼而已。你留钱几串于终南雷蔭护手（在街上问住处），嘱其打听李家过事之期，送羊一只，再送乡礼几样，照盩厔乡风，不照官场。川典信，交蔭护设法即带，至要。小山信（未封）面交。盩厔县砂药买三四钱，百钱一钱。你今年大荒，速去速来。吾终日劳心，专为招呼妻子，殊令君子笑我，你有心，须自力也。

廿九　父谕

十八

林览：

你去后，三车儿忽然不停了（向后车来，带钱两串），决意即行，只好听之。前赵车夫言，他处有十二三岁小孩子可雇，或令赵伙计别雇一孩子为家中用。令长命换到书房，或关上别人有荐雇的小孩也好。家中有郑先生，刻不必令长命即来，孩子雇下再令他来，此间须两僮也（不可太迟，即须雇觅）。

十九未刻　父谕

付李显恭二百文，转付三车儿。

十九

迺林入目：

初四宿七级店。轿车二层褥，托李丙卿典内带回，虽刘勇之物，家中或暂借用亦可。书房、小房杂物，我日久未检，你逐细整理。泡菜一坛，盐蛋一罐，家中用之。诸事谨慎寡交，尽谢闲事。读《礼》之时，尤不可管外事也。我此番之出，实无可如何，以早归为幸也。猗氏亦获匪多名，亦平定矣，事在人为也。

十月初四晚　丹初书

二十

迺林览：

七级当铺带回车褥、一函到否。初六日水头道中（夏县地），遇吾镇杨柱臣少府（白家寨杨五先生世兄），由太原带到博之[①]先生函，并马伯恺世俸银两。我即可用此作川资有余。原借文会银，原封布平银五十两，即托为你带回，或即还文会，认一分利一月，交差局杨（丙山）先生转交。若家用不足，中号无可挪，留家存用，但不如还文会之省利也。沿路面卖八十六七文不等，饥民遍野。汝等饱食暖衣，可不知惜福乎。此信托杨公带临晋县，求方季方先生专人送大庆关。到日，酌赏酒资二三百文为妥。我与竹行已三日，一切皆好。

十月初六　丹初书于水头旅店

二十一

林、竹入目：

孩子已全好否？解州以东下雨数日，深无二寸，闻灵乡不过一锄，种麦太为勉强，日为危虑，放恣者真下愚也。河西得雨一犁，幸赖四面得雨耳。初九之期想不能及，迟速你酌行之，定日先为带信。廿七日江道台处送来六数银两，此备还陈玉章先生。各项皆非己物，刻在闲存，或令中号、隆号暂作买卖亦可（不要利），可与李师商之。竹来可带中号一人，携银回去，应与隆号二数、三数，令李师酌之。开春完姻，又须借用也。

八月初五巳刻　父谕

二十二

迺林览：

我前月见你信，带话与冯恒升，令去会娃，亦未言其故。后又问一次，终不肯去，亦无回信。冯娃遂于三月初八急行回去，十五至屯，将黄相公辞出。廿二日，我令金奎前赴屯里管庄稼，

---

① 王溥，字博之，陕西蒲城人。道光十八年进士。曾任山西平阳、太原知府，冀宁道，署理山西按察使、两淮盐运使。

又与一信问会娃事（亦无回信）。冯姓知其事露，以为黄相公所谮（王四之婿），故早去黄。乃冯姓（并闻带去二十两，不知是屯是关）廿五日又行回去，并闻至关铺，带银廿两回去。关上棉花专备封粮，此人恐不能待至麦后矣（已大胡来）。冯姓万无可用，本欲麦后去之，家至解州，就近自己提调（令永兰去），刻有急不能待之势。李永兰正在要紧，万不能一日分身。其事之熟者莫如曲相公。然张锡龄云，曲亦为此事而去，刻亦难叫回，暂管数月。我现在无法，若关事不忙，或令熙鏞到屯，暂管数月或半年（时来往于关、屯之间），如何，此不必以我言为定。刻不知冯姓已到屯否，你可与熙鏞同来运城（路过屯里，细察一切，商明一切），即同至屯里令冯姓交代一切。你并将地契及马家地契俱已一齐带来。账包袱内，屯里七八年以来账单同为带来（惟去年账在运城）。若冯已回屯，你可即来，或其回屯，不走关上亦未可必。总之，忠信人万难遇，你可不思立乎。（中号再不必付银，要要。）世上惑人，惟财色二件也。

又三月初五晚

即写回信，交勇先回。

二十三

共银一百五十两。将三支大小亲丁人口算明，每支若干，照口均分，不得笼统分作三支。三位内侄合算年纪七八十岁，平日不思自立，且吃洋烟，随手胡用，遇荒年自然饿饭。今必欲将令祖母变卖衣物之银以为度命之资。吾不意碧川先生理学循吏，其后如此也。既已坚要，迺林即设法全数还完，以清此事。我看吃完后又将有何法。林、竹二人切宜猛省，早图自立，是皆前车之鉴也。

十一月廿四　丹初手书于信后

二十四

林览：

随时想有数事开后：

一、你去年所买《明诗别裁》，托永济赈局崔先生带来。

一、《国朝别裁》二套（未写书头，或不易觅）与顾氏《日知录》（二布套，写书头），并往年借张子铤之《十驾斋养新录》（似四薄套或二套），亦为带来。

一、闲时可买木板箱，将书渐渐收拾，分别带解州。与不带者须订一册，将入箱者一一注于册内，并列字号。箱面大书，与册内勿错，倘或取书，按册而取，此为要也。

一、字画可少带，但数年以家中无屋，久储箱内，必致生虫。或一一晾过而后收之，亦必记一册，以便查取。

一、带解之书，我就所记开一单，你可再酌，或多带数部亦可。你与竹今后须切实读书，以为此生噉饭之具。无论如何时候，有学品者到处有人逢也。你须切信此语，不可以乡愚自了。

一、屯里之事，收麦以后另作料理。今夏收麦，须令中号仝、何、常及任车夫一去帮忙，并要收解麦也。

一、闲儿（改为此闲字）读书，须定一定程日，或十句八句，切须念成句，念遍数，切告汝姐督之。

一、山东《五经》及《十一经音训记》（并甘刻《礼记》《左传》）皆两部、三部并各经书，我早存为子孙读者，妥存，以备数年后之用。

一、《快雪堂帖》二套，必带解。我精力若好，犹欲学字。（《颜家庙》二本，《忠义堂》各帖亦要。）

一、迁汝母之柩须四月初十间，届时当令竹回。其余他事，随后示及。

三月十四　约庵书

二十五

迺林览：

朋病昨日如何，详为告我。汝妇病如何，李老先生言二病人脉如何，详告为望。

三十日字

二十六

迺林览：

三场可不违式，不染恙否。本令你出场即回，你信言田宅廿七葬事，若葬期确定，你小住十日，送葬栎阳，即日由栎阳回赵渡。此十日应移住何处，或田宅，或张姓面房，你自酌行。总之，寡交止足，或作南门外山下之游亦可。告车夫到终南歇一二日，廿一二到省候你亦可。彼处牲口好喂，无妨多住一二日也。若田宅葬期有更改（先三、四月定期，即与吾家信，好备银两，切告田宅），即令车快从终南回省，来往四天，须二十日到省。你廿一日乘车即归，诸皆因你有此话，且再无车马。你母万不能来（家又有女客，今年已数十金矣），兼盘费实难接续。李四太太七月廿三由汴梁来，我坚留其候你回来一见，而客言必欲三四日即回汴梁，不知果何如也。家中诸皆如常，我精神心景，你可想而知。田宅过事送礼，一羊、馍馍、纸蜡各物，配成四样可也。再，其葬期猝定，何田宅无字告知。其银皆铺中占物（铺中闻此无策，我尚未计定），无不赔者，一时何得银两。你告张姓，限定银四百两（多了不认），嘱其九月二十边或九月底，他着人来取为妥，咱实无人送。下余一百五十两，即如你母信告汝表兄，但九月来取，实难猝应耳（十一月取）。你既小留，即令你四哥与他友搭伴搭车先回，以省旅费。今再为你带银八两，尽足用矣，缘车马须喂养也。回过赵渡，可迎庶祖母同车过河小住。若其恶寒等等，高年人亦不可强定迎接，你面请示而行。午山先生葬期何时，由省致函小山一问，并告账事。

八月十一日　修治园主人手书

思训照三场可顺适否？此事任命可也。林如暂留十日，你可另搭车先回，以省旅费。（到家停一日即来尤好。）到家后，于八月内可来栖岩（到此住三数日），有要言面告你也。来时查明五甲各粮差。

八月十一日　修治园主人手书

林再览：

你如留住十日，于南院门各大小书摊子上，看有《养素堂文集》（张澍著），买一部，此甚不贵，贵则勿买。

八月十一日又书

汤邑侯①公馆在何街（问明开一条来），是否内帘。

二十七

林览：

汝母感寒，切不可吃补药，至要，至要，特着人为你说此话。火炉可移至里间。你可在家多待数日，不必急来（灯节后亦可），令车回来，或延医用。万成可留家三数日后（十三四日），令其先来，来带元宵四十个。玨既病，病好再来（不定日），亦不必与林同来也。

初八晚

① 汤铭新（1825—?），浙江诸暨人。同治七年进士。历任山西朝邑、安康知县。

二十八

林览：

今晨你走后，马大先生即来。缘观音阁山庄，当初以二百金典马家官业。去年我将典字退与马家，未要他一分银子。马家云，一分不取，使我们不好看。我云，如此年光，何在乎此，你若不过意，或将南背贴水地六亩，与我写一卖字，以此为典价可也。然此乃贵族官业，若贵族人不肯，亦不必勉强，我就以此白送亦可。后张鹤生①至解，马大先生曾告隺生，即将背贴之地写成卖契，彼此两好。今晨马大先生来言，定写卖契，但不知此地四邻四至，仍要冯师将背贴地丈量明白（马姓约略地数，不能细指），共地一块、二块，现在实有地几亩几分（南北畛，东西畛），地内有井几口，有柿树几株，杏树几株，每年纳粮正银若干（要要），仍求冯师一一查明，开一单子，他照写卖契云云。你到屯里，可如马言，令冯师即速查明，为我开一单来，我好转与马家。若冯姓闹不明白，叫他速叫曲相公，一同查明的实，共地几亩几分（四邻四至），正粮若干，尤为至要。倘此地我们要不着或无利有害，也告我知，我就不要马家的卖字，不取的一分，着他原物一齐白回去。你诸事须要做明白，限二月底冯姓与我一信（人太糊涂，须切切告之），或他亲来亦可。

二月初六午刻　约庵书

二十九

林览：

庶祖母去世，哀悲之至，诸详与珏书，便为带去。天暑河涨，你相时酌定。搬家以前，过河一吊，定于处暑后白露前，搬

---

① 即张隺生。

至解也。屯里封粮事急应打算，我随后叫曲相公来商。你与竹须力学，若写作可及人，他日依笔吃饭。今世无论何官，万分难为矣。我愈看愈厌，一入其中，恐非徒无益。万成告假回家，留何相公在书院暂住。

六月初四　约庵书

三十

林、竹入目：

我廿二日晚至县，廿三具公禀，廿四日官发禀。专人至省，须候藩台批示，至今日尚未批回。一半日批到准行，即买谷换仓，然买谷亦非易事。（初一辰刻批禀已到，诸皆批准，即日当妥办一切，大非易易。初一日辰刻又注。）甚矣，民力之苦，如不遇此邑侯，则累无穷矣。我精神尚支持，须数日后方能回馆。尔等须照常用功，恭听师训，勿荒唐嬉玩。伯源先生家信已带去，初七、八日如我不回，必遣车至馆，专送先生。两先生代我问好。

三十日晚　丹初手谕

三十一

迺林览：

饶[①]函公文，诸皆照行。（人、已各号单共八张，何相公带回，即分付清楚。）惟谓德盛兴、兴顺源二字号系在夹马口交卸。查夹马口非陕境，应遵宪示交山西练军袁游击[②]看守，请示办理云云。你即传我言与袁游击说，此两家字号并无丝毫不是，不必该营看守。（船到老河口，并速告明，将其号单付之，万勿留难。）即时告明两家，一切听其自便，要向何处，任其所往，

① 指饶应祺。

② 指袁洪业。

官不为管。阎福永堂粮交与福盛中号平粜，亦不必烦劳该营。四月间，原恐此中大有情弊，故派该营。今一切查明，可以无事。福永之粮与赵渡酌留外，其余你令运至关上，照市价或减若干（此你酌）。你可知会乡约定期出粜（告明谢老卿），或仅买与河东八垛，或并卖与蒲州人，妥酌行之。据我言，不如照市价减一成、二成，数日内卖完，了此一事，省得闲心。至卖完后如何报官，我随后有信也。屈三有一轿车去秋出卖，其价若何，可暗问之，亦尝令崔生留心也。你此后闭户寡交，勿专听市井之言，不用心读书，则闲言闲语皆来矣。此你应一生留定者。

二十申刻　约庵书

三十二

林览：

汝姐于初六下午回董村，伊家来车叫，云其大娘有病。不知实在如何，不知一二日即来否（汝妇照应孩子）。麦买多少，任熙璧为之。惟其回村时，可拉黑炭千五六，后即安排过河也。昨玉翁[1]之大少来自河南府，言洛阳以东以北，面卖四五十文。吾家亦为家食计，不尽图利，时事常变，诸须有备无患也。

十月初六晚　约庵书

三十三

林览：

顷有人芮城来，言灵宝麦每石几长一两，以河南府以东麦贵（在意中），来卖者多。可令熙璧即速至关买之，议买一百五十石亦可（即二百亦可），勿迟（可挪伯恺之物）。

初三晚

---

① 指马丕瑶。

三十四

逎林入目：

李三一事太不好看（前贤云，贵显人家尤须格外谨慎。以人指摘者多也，你今亦可信此言否），在他人万不紧要，在我则为丢底。我本不欲与谭中丞[①]书，今因欲圆饶太尊[②]之信，勉强写信，在我亦只好如此去言耳。你来时将对本（三本）《争坐位》《送刘太冲序》各帖带来，并他人求写的纸卷亦带来（在一箱内，多带来些），大小笔多带几支（即将白皮箱带来也可）。你须时时小心谨慎，世路极难行，在自己刻苦自立耳。

廿九晚　父字

再者，将去年买的柏木小方子，为张师做寿木一付（厚些），聊为备此，但欲不用。若无匠人，即托王师厂中一做。你诸事到你身上，你须处处用心，否则，以后你有大为难之处也。张师病似热药不相宜，我令吃鸭蛋子，高丽参亦付之，但刻下勿用参。

廿九晚　父再书

三十五

逎林览：

有委员来，知你廿四西行，冯师未知你廿六回家。张师泄泻病重，你可即到常旅营一见，即与面言田地一切事情（账项诸凡大小事，你在彼住数日），并地之方向、印契，诸必一一早为

① 谭中丞，指谭钟麟。

② 饶太尊，指饶应祺。

问明。你之饭碗即在此，我管不到，勿靠我也。马伯恺各事及地契一切亦交代明白，否则我无以交代马家也，至要，至要。家中令何相公住夜守门为要。

廿九晚　父字

屯里事完，你可来运城耳。与河西信，有照五张，有妥人即带去，无妥人，先将信带去，随后带。勿忽为要。

三十六

林览：

冯来，接你信知悉一切。我意欲卜居于堤浒村西之灵泽坡（去坟不远），你先亲看，详审一切。李八师人尚不坏（与祖父相识，其先世在川买皮货），或可与言，打听地价，察看水泉，至要，至要。（问其井有多深，地可浇否，向来何以不浇为要。）柳术备记票已还八百，原票二张，你亲交冯师。冯带去布平银三百一十五两，即专李熙鏞坐车送还文会。你与杨丙山一信（定要杨一回信），言我去秋借文会三百以作捐项，一分行利，五个月（九月至今）共利银十五两，缘我又借一友无利之银，故还此也。典事、家事一切字据检点齐全（勿遗），亦交戈什带来。（还有我去夏写珏事，一本子，本子面上写有四大字，有一愧字，必为带来。此本或在白皮箱内，记不清。）我偶有暇时，即将各事算计妥贴。贺三到，一半日即可清楚，你要同贺三同来。隆号事你尚细心，东家大不易为，你亦可知人情矣。然此事亦勿操之太急。朱师年高，勿以小事或生他事，朱与李师兄弟不和，偏听则暗，兼听则明。天下惟忠信人最为难得，你亦知处世之难乎。总之，隆号事以后恐不能久开也。你谨慎门户，谢绝外事一切为要。昨与张东川面言，于上房祠堂一间房上修一小单砖楼子。伊言甚好，较开门尤妙云云，你即如此行之。我近日过劳而病，刻下无脚运粮（非无钱也），万分无法。《宰嘉训俗》切切告人积粮，你平日必以为常言，今亦知为要言乎。你一生及你之子孙，当时时念此，或少妄费。

二月初九　约庵书

约庵《养悟园》板能带来否，借票交冯师，诸物交刘戈什，包一总包。

三十七

迺林入目：

廿八日，武乡道中接你廿一日来信并邑侯、伯恺各信，知悉一切。我廿五日出太原省，令迺竹走驿站车路先至运城（带金奎及戈什一人），赶初十以前到关上（初八、九到）。我改走山路，稽察沁州、潞安、泽州各处，约十一二日可到运城（或十三日），即住运城办买粮各事。竹到家小住一二日，你可与竹同坐家中车（大车亦可），来运城见我。竹多带书数本，即在运读书。你可来往于运城、关上，两处照应，或一处住半月亦可。时事万分可危，你们诸须留意。你为张雀生买包谷五斗，大为有见，你能知艰难可成人矣。今日接谭中丞咨文，又奏令我于查晋灾之暇渡河（同州众绅禀），兼顾同州办赈，如此又多事矣。然精神殊不足也。川典兑回，先付给各家支使及房租，余银再说。你与竹来时，将训哲今年加本数（资本薄）查清开单，以便核算。又，账包袱有每年长票单，共粘连一厚折（皆长八行写者），亦必带来，勿误。我诸尚平安，惟沿途饥民可怜可畏。天寒，你二人诸要自爱。庶祖母前请安。

十一月初二晚　潞安府城　约庵手书

三十八

林览：

顷穆大老卿专人来告，丁大人[1]十三可到。你十三早饭时，并着人到县门上一问，若有八九分可到，你明日午后即到寺坡店里（不必在路上接见，一到，即在公馆接见），或小铺子一候（到晚不到，你可回来，十四午后再去候），一切如我昨所示者。你用大单帖，上衔写名子，不用全帖，字不可大。若明日到寺坡，必不能迟，缘上站路不远。或即请丁大人在公馆稍歇，即时坐轿行十几里到书房，则在此可住一日两夜，可久谈一切。你说明，请其酌之，但如来，须与我信。你即十三不能来，十四早定要来，或十三令仝、何先来一人亦可。今着连儿回家买东西，我有单子。十三一早，速令来馆，即赶做菜，催其早起为要。送丁大人四物，皆贴红纸。若丁大人肯住馆一日，请其吩咐，令支差、夫马送到书房即回城。（请各带襆盖，止带留二三从人。）到十五日，夫马赶天亮到书房，丁大人从书房起身，家眷一切从寺坡起身，到渴河候齐，住潼关为便。你可回明，请丁大人酌之，若丁大人能多住一二日尤好。但眷口行李久候，且累永济耳。闻陈四来，若丁大人在此住一日，令他十四来，在书房吃便饭（晚令仍回寺坡公馆，若他要在此住也可），你与竹陪他，远来亦不可不礼之也。他若送贵重东西，不可收，小吃喝无妨。我已备回送陈四路物，点心、酱菜之类。昨芸阁[2]一饭即去，亦以茶叶等物回送，虽薄，不可无也。若贪收人之物，而不回送，则非礼矣。你来带现钱二串。

十三午后

---

① 指丁慎五。

② 潘骏文（1823—1893），字芸阁，安徽泾县人。曾任山西按察使、福建布政使。

三十九

迺林、竹览：

你明日来，带紫豆蔻数十个，鲜猪肉二斤，菠菜四五斤，有苜蓿、野菜也买一笼，勿误。

十二日申刻字

四十

林览：

昨田五去后，迺竹方从包袱内寻出你母所书云云。我实不知此情，故因田五急求，而不能不借银以应之。我谓皆田姓人，何意如此，且葬期在即，岂得不理。至云靠长门长孙，田四较为稳妥，实则无用昏人，吾恐其有钱也不会花。你信云，十月只带五十两，此外果不用丝厘乎。衣服虽刻日而售，实在无钱，早知如此，此银押在家中，不与中号也。我卖衣专为此事，缘中号所买粮石，刻若速售，大赔本钱，此事又得吃亏数十两。你告我明切一言，田家十月再用多少，下余之数何时要用，定一准期，我好变卖预备。我心境太不好，来的无一事顺意。你与汝妇何时西行，田家送何礼，盘费连办礼共用多少银两，告我，我好备办。我心血已枯，终日劳，劳于妻子妇孺之闲事。汝等有心，稍为体恤，亦未始非你们行好之一端。我廿四赴朝邑也可，但无人看迺竹读书，先生不来，又愁明年无先生。你意中有先生否？你何日过河？你必得去，万不可效法田家，即百分不愿，也得勉行。一生不但此一时也（我已忍二三十年矣）。若廿四我去，廿三晚，即着车（单套）来（车上缝夹板帘子，要要），带麸料草（多多带）。或你廿五六骑白驴，跟兴娃过河亦可。我须停三四日，有事情也，能早回来更好。

你们何日西去，一切安排日期。明日定来瓦匠一人，不要土工（此间雇下）。兴娃带回杜居实银十二两，过平收入福永堂账上。有便买菜、菠菜及一切杂菜。或我过河，你领迺竹回家数日。如何，明后我再定。

二十一日　父谕

四十一

林览：

为奶奶说，廿三四着午儿为运城李老姑送寿礼，蒸馍馍、挂面、红行蜡（曲相公会上买）、肉一条四样，可不去人。你三哥若稳当，你眼若好（你全是吃的病），你亦可以来书房矣。乃父精神心景，日见衰颓（我今年有自危之心，特以告你，你不为我，你亦当自为，人不明白如此乎）。你年二十，不思自立，而悠忽胡混，他日有你窘辱之日。我已灼见后来，而不忍不以切告，若在他人则置之，若告之而你不听，亦不能不置之也。通夕不寐，晨兴书此。

十九辰刻

四十二

林再览：

顷午后，令连儿回家取各物，路遇何相公来一同折回。何来甚好，各物未备，令何仍回取，即令其来，你午后往坡府。接芸阁及永济信，皆言住数日，抑或有他事耶。果尔，你所说之话，请他住一日云云，相时言之。若住数日，则十四早请他来馆，或十三晡时来亦可，令其自酌，但恐扰地方耳。你并云，舍间去此十余里，因房屋太小，不敢请姨太太及从役云云。闻娃娃发烧，一切如何，或再请先生一看。若丁大人住二三日，你十四迟早来馆可也。娃娃如何，何未写一字来。

十四晚字

四十三

光禄堂现有棺木数付（问明数目），可为族祠门首出一帖，写明凡吾阎族贫苦老幼男妇，身故无力买棺木者，赴福盛隆号说明，查实取用一副。有力者不付。如棺木不现成时，付钱四串（或五串），十岁以下童幼付钱两串。光禄堂白。

此事告李三及你十叔、迺珏三人，查实付给，写明账簿。

付振华银三十两，令在老北乡一带（必穷苦人家，两女），或远南乡定亲。总要织布的，如不会织布，我不付银。或刻下旋旋打听，明春再娶。告李三、你十叔必定的亲妥当，娶时方才付银。惟娶后必振华自养，我决不再付一钱。三十两出光禄堂账。告李三，即为光禄堂买麦十石为要，勿误，勿迟。凡领棉衣各本家，腊月二十后（二十五六），每家付钱一串。族祠堂门出帖子，告你十叔及迺珏写帖子，帖尾写光禄堂白。振华如定县城以南柳村市子、南北阳洪、赵渡连三城西乡之亲，我决不付一钱。此为切切说明（同你十叔说），勿得学振家也（振家乃你六伯之意也）。

四十四

迺林入目：

添箱二件亦可将就，你明日带去。若风大冰大，或至三日去，但又未知三日如何。外点心一匣，柿饼一包，送呈庶祖母。《育英源》一本付你四兄思训，为他教义学，勿误人家孩子也。信三封，差局、霍宅二信即送去。张师今日若到，今晚我还有信回。若你初二独去，单套可也，衣服穿厚。初五从华阴到赵渡，初六天好即过河，否则小住亦可。告体仁堂各家，说本欲叫他们使人来取银子，现在两家都婚嫁，想必无人。廿七闻其过事，廿七即专信令张师催收银子，收到，即速送去应用。汝母寒症虽少好，饮食必要少，饿不下病也。信内令朱师买佛手、木瓜，若现成，你可带回，否则俟之后来。

初一日午刻书

四十五

雷、李写《双节堂》样本，宋字，每百钱廿文，出桑局账。以后不再写宋字样本。与刘悟冈商，样本写完，可否即写宋字正本。书仪刻完如无可刻，即刻《双节》。《樗茧谱》原刻本如圈句，亦照圈刻。《京信要编》一、二、三、四号，挨次编列，须记一簿。屯里今秋仍分栽桑秧，一二年内足千树为好。枣树来春惊蛰后仍种二百余。材、抑《四字鉴》完后，读《训蒙》《千文》(能八句否，《千文》完后读《诗经》)、《闲诗》，此本完后读唐五绝（稍删）、七绝（再稍删）。仝相公切记地段、地址、粮数、放账。若西厢食物太多，逐渐用之。上房整点心三匣，或自用、送人。西厢茶叶多，告家不必买。即日说断定桑树，令仝、崇二人认明原树上画记号，日日采取。

四十六

林览：

初二晡时，屯里人送来你信并珏书、川典各信。今将川典各件仍带还体仁，你看后即专人送赵渡，或者着车即去，好运银回关。

一、今从川兑银典平一千两，从此内交与隆号典平四百两，令他收入术省堂，专为散族人（不作他用）。从此四百两，兑出运市平一百五十两，交还林手，清还前借运城百五之项。下余银典平银六百两，全带大庆关，暂存家中，随后听信办理。林见此信，可著中号妥人坐车赴隆号收银回关，我与隆号一信可令带去。此信到，你即专车去，因脚子候回信也。

一、关上散粮诸事，须以谢老卿为主，因他将来要报销之故。昨县里来文想已通禀，他日必禀各上司也。

一、黑豆现价七两零，我意将损翁留钱所换之银，并刘永昌带去之银，腊内全买成黑豆。约可买店斗一百五六十石，合之莞［豌］豆约二百石。腊月二十后放一次，二月、三月、闰三月放三次，尽此粮数匀四次放之，算每口应几斤，均分为便。银子断乎难放，以后钱价又不可知，不如买粮为妥。即买本地黑豆，不必远出。

一、谢老卿应已回关，以上各情可为达知，请其妥酌。总之，先要查人口，择极贫者，人多恐不足用也。

送信人到，即写回信，令其回运城。

初二晚　父字

四十七

林、竹览：

廿六日至县，仓谷皆已办妥（省民钱一万四五千，省板子数千）。现在拟定以后章程，诸凡妥后，即回河东。我精神尚可，汝等一切谨守规矩，勿令人笑。馆中如有他处信函，要紧者着赵伙计带来。我已恳定马先生，腊内不必到馆。惟马先生要书籍、衣物，特着赵车夫来取，即交赵伙计带来，以便送交。此谕。

马先生原信、要物，照信点交赵车夫，捆好。汤先生问候。《刘懿墓志》我记不得在何处，寻不着即不必带。

腊初三晚　父丹初手书

四十八

林览：

珏病殊为操心，郭先生药不知如何，恐其阅历不多，或请侯七或请刘锡元之尊翁。你可打听即请之，万勿耽阁，并可为滑莱雅一诊。无人前来，特烦张振卿一行，明晨即著振卿骑牲口来告我一切。十八日着你三叔坐单套轿车来告我一切（来时可到王沂志家，如能来，与同来），我时刻悬心。天顺兴会银之事，令你三叔问明告我。屯里无人回来办事，一切你须自为之。家中茶叶零物，所短者何物，告我可买之。

十六辰　丹初书

带参六支一两四钱，送聚兴药，研细末，分作一钱一包，中安带回。

四十九

林览：

你三哥病果见轻否，或侯七先生或刘先生（达），你与三哥商量行之。神药固好，究不辨寒热虚实，恐万一有微差也。送邱先生（士麟）银五两，问明住处，妥交为要。曲相公一切生疏，你为说之。若你三哥病已稳当（病未轻，你缓来几日，代我分心），你眼好，可同曲相公来。车如轻，可拉广东书一箱。我愧不知医，你们病，徒为操心，是亦不慈之一端。告你三哥，切切忌口为要。

十八晚　丹初书

五十

林览：

车夫送到二书箱，知玨病未见愈，极为念念。我不知医，亦不知药方如何。适监院董八先生来言，邱仁甫多用热药，不如侯七先生（静山先生之婿），或即请侯七先生亦可。但侯七春间与玨有小嫌，不知肯来否，你与乙鸿酌之。再，杨先生（向在程大老卿看病）在西门开药铺（路北），或亦可请，兼可与奶奶看也。你暂在家招呼。玨病眼须避风，忌口，慎用峻药。起居尤小心，我操不了多少心也。此谕。

十四未初　丹初书

滑文海今早亦病，送州中药铺，张士秀、张觐堂送去。明早他来，将玨今日病况写来。无时不操心，风寒最为可畏之症，虚实寒热万难办也。药方仍带回。仇方凉热药兼用，我不甚解。

仪若日记（四）

邹嘉来 著　张易和 整理

宣统二年庚戌

正月元旦丙午　余年五十八岁。日丽风和，气象甚好。因停止朝货［贺］，未进内。至那相、庆邸、梁、联数处投帖请安。到署，同人来者甚多。

初二日丁未　晴。至洵、涛、朗三贝勒，伦贝子、肃邸、泽公处投帖。到署。借梁伯尹家，约震东、燕生、正叔、君立、子廙、兰初、斗瞻、伯尹看竹。

初三日戊申　晴。蔚若、向之来谈。到署。粤督电，营兵变乱，抢军火，在东门外高冈抗拒，云系革命党、三点会勾结。偕子益、霁生、砚裔游香厂。归已晚，燕孙约未赴。

初四日己酉　晴。凤老招饮，看竹，夜归。

初五日庚戌　晴。蔚若招饮。到署，那相、梁、联及同官咸集。接苏电，缉叔一病不起，怆痛良深。

初六日辛亥　晴。过端午帅。晤升吉帅。到署，接粤督电，叛兵已击散，并擒斩首要，招抚大半，地方渐安谧。

初七日壬子　晴。到署。

初八日癸丑　晴。皇太后万寿，赏绸料二匹。各官亦进奉，余进尺头四卷、果点四盒。到署。寄六弟、耕生书。

整理者：张易和，北京大学历史系硕士研究生。

初九日甲寅　早雾，雪花数点，旋晴。早进长春宫谢恩。就单束笙诸君邑馆之招。饭后到署。会晤比使，将于三月间派专使来京，告其君主即位。又法使议设领事，英参赞谈零事。晚就梁震东招。

初十日乙卯　晴。到署。是日隆裕皇太后万寿，因国服，停朝贺。祝钮伯雅姨丈六十寿。

十一日丙辰　晴。偕蔚若、式之、赓夔、孟鸿、苍侄公宴同乡于三邑馆。德使来照，德皇因皇上万寿，送玩物四箱。见那相，商定明日进单，后日呈进。苏州征兵因观剧，于初二、初四等小哄，即平。

十二日丁巳　晴。就杨亮甫诸君邑馆之招，壬午公宴天津道谢履庄，在石桥别墅。到署，川兵进藏，达赖出奔。寄三弟信，送缉叔挽联、奠份。

十三日戊午　晴。早就张紫东等招。到署。晚就张君立招，戴少怀枢相因病出缺。

十四日己未　晴。早就秦佩鹤诸君之招。到署，夜拟斥革达赖之旨，那相所嘱。

十五日庚申　晴。见那相，交昨拟稿。到署。王胜之等招饮，未赴。晚就梁燕孙招。

十六日辛酉　晴。就汪芝房诸君招。到署。达赖革去名号，另选，已奉谕旨，并照会英使。英参赞麻哈穆适来会晤，以其政府电询此事，经梁尚书面告之。电驻英李使告外部，又电各使。

十七日壬戌　晴。到署。电旨温宗尧开驻藏帮办差，由打箭炉入川。御史江春霖攻讦庆邸，罗织多人，内言陈夔龙为邸干女婿，朱家宝之子朱纶为振贝子干儿，语尤荒诞。谕令明白回奏，仍复强辨，奉旨回原衙门行走。现因枢府需人，外议将用陈督，该御史极力攻讦，实有所受，真有愧言职矣。新闻纸谓余将入军机，不知何自而来。生平不作妄想，一笑置之。就胡绥之诸君招。

十八日癸亥　晴。早就潘仲樵诸君招。到署。吴蔚老奉旨在军机大臣上学习行走，往贺之。晚就周子廙昆仲招。

十九日甲子　晴。卯刻到署，行开印礼。义使文吉辞行，在养心殿东暖阁觐见，梁尚书感冒未到。贺徐菊老得协揆喜。午后复到署，藏事答复英使照会。

二十日乙丑　晴。进内奏事，美还赔款预算游学用费，并以存息作机要股用折片，均奉旨：知道了。贺王胜之放江西提学使喜。就叶叔荃诸君招。到署，英参赞甘伯乐来，言南斐洲派船送华工回，该处已无华工矣。

廿一日丙寅　晴。到署。晚就文博亭招。

廿二日丁卯　晴。余生日，署中有送礼者皆璧。到署。崧生有恙，小憩，走视之。

廿三日戊辰　晴。早谢客，过伯唐谈。午后到署。复三弟书。公宴义使文吉，因其调任饯行。

廿四日己巳　晴。到署。复六弟书。英参赞麻哈穆见那相，论达赖事。夜就桂月亭招。

廿五日庚午　晴。到署。就周子廙、梁伯尹招。

廿六日辛未　晴。在本馆请王聘三、钱干臣、谢履庄、徐悦陶、王胜之、陈小山、袁仲默、于子升午酌。到署。夜就程绍唐、书畬之招。送义使文吉回国。

廿七日壬申　晴。到署。昨备安婿、兰女移居椿树胡同。

廿八日癸酉　晴。到署。晚就胡仲巽招。

廿九日甲戌　晴。到署。子静来，渠官报局差又被裁，专管临城矿务。敏伯得贵胄陆军教习，电催之。

二月初一日乙丑［亥］　晴。早进内奏事。巳刻陆砚香家成主，请凤老点主，余与钱干臣襄题。午刻赴会馆，与蔚老诸君补请同乡。到署，昨驻藏电，藏中安静。拟旨，照发。会晤法、葡两使。夜公宴洵、涛两贝勒，与邮部合局，到者四十余人。与子静谈。

初二日丙子　晴。到署。就梁振东招。

初三日丁丑　晴。文昌诞日，至会馆行礼。公宴王胜之、徐赞廷、严子猷、侯星伯。就阮斗瞻招。

初四日戊寅　晴。到署。与子静谈。就正金银行招，主人实相寺贞彦。

初五日己丑　晴。子静赴临城。到署，会晤美、和二使。

初六日庚辰　晴。到署。昨就刘绍岩招，今晚丙戌春团公宴谢履庄，俱在嵩阳别业。

初七日辛巳　晴。那相约往，以荫午楼升陆军部尚书，使德一席拟派梁诚，嘱沈砚裔告德馆，电其政府，并由部电荫使。到署。杨采南来。

初八日壬午　晴。到署，会晤英麻署使。少楠赴山东，至车站送之。夜有雨。

初九日癸未　晴。到署。冯文卿来，为彭心安求调事，作沈方伯、李梅坡信与之。夜在新公所公宴各驻使及参译、武员等。曹仲恒来。

初十日甲申　阴。至车站，送涛贝勒出洋，时甫黎明。午刻偕伯唐在石桥别业宴客，到者李荫墀、张振卿、陆凤翁、绍越千、陈瑶圃、桂月亭、俞廙轩、凤禹门、吴蔚若、林赞虞、郭椿榆、乌恪谨。晚就沈砚裔、夏地山招。张采南放浔州府。

十一日乙酉　晴。到署。晚仍在石桥别业偕伯唐宴客，到者吕镜宇、王觉生、陈梦陶、宝瑞臣、姚石泉、瑞鼎臣、刘仲鲁、朱艾卿、朱小汀、李牧斋。梁振东补驻德大臣。复雷谱桐书。

十二日丙戌　晴。到署。复余尧衢同年书。

十三日丁亥　晴。到署。晚就绍越千、陈瑶圃招。

十四日戊子　晴。到署。以吴寿全调古巴总领兼代办，孙士颐补小吕宋总领，由丞参回明邸相，电复张星使。就冯佑伟、周兰初、孙正叔招。派各馆通译生，多系译学馆毕业生及本署翻译学生，丞参中如子益之子、剑秋之侄、霁生之婿亦在内。敏伯由苏到。

十五日己丑　晴。到署。晚就绍越千、陈瑶圃招。

十六日庚寅　晴。到署。接李伯行电，英外部以英使报告三事未了，一开平矿，一澳界，一铜官山，阻涛贝勒前往。轻重不伦，恐别有用意，商拟电驳之，并电催皖省速还铜官津贴款。晚就李荫墀招。那相太夫人周年，在柏林寺讽经，往行礼。午在长元吴馆邀王耜云、张采南、耿伯齐、阮子衡、曹仲恒、章式之、陆建三、吴和甫、吴广夔饮。

十七日辛卯　晴。送谢履庄。吊戴文诚。在陈梦陶处，与陆、吴、姚、秦、沈公宴王耜云、王胜之、张采南。散后到署。

十八日壬辰　阴，昨夜雪盈瓦。到署，英麻署使见那相，为前三案及用裴式楷顾问事，辨论良久。

十九日癸巳　阴，风大。美前总统罗斯福之妹偕其夫罗冰孙及子于十四日到京游历，派刘宝森照料。连日至雍和宫、颐和园、三海瞻仰，今日巳刻在养心殿东暖阁觐见，摄政王赠以顾绣瓷瓶。散后到署。

二十日甲午　晴。昨受风感冒，颇畏寒。那相嘱拟复赵督、联大臣电，陈藏事谕旨。到署拟就，并送庆邸阅看。蔚若托其子曾志派和馆通译生。

廿一日乙未　晴。吴曾志（刚甫）来见。进内奏事。吴寿全调署古巴参赞，胡惟贤署驻德参赞，黎荣翰补旧金山总领，孙士颐补小吕宋总领。庆邸受册封世袭罔替，往贺。到署。铜官山矿款皖省电尚迟缓，奉旨严催，限廿五前电汇伦敦。英朱使辞行回国。

廿二日丙申　晴。到署。荣庆调礼尚，唐景崇升学尚。吴蔚若得吏左，并来谈。吴颖芝到，来谈。

廿三日丁酉　晴。偕联春翁送朱使于车站。到署。夜就朱季衡、吴和甫招。蔚若以侍郎用，于式枚转吏左，瑞良补吏右。

廿四日戊戌　晴。就沈雨人招，作竟日叙。罗冰孙行。

廿五日己亥　晴。到署。皖电铜官山矿款已交麦加利银行汇英伦，即电李使向外部辨驳，并照会英使交还矿产。驻藏电达赖尚未举，旧达赖有回藏意。拟电复，如回藏，预筹安置。

廿六日庚子　晴。到署。丁少兰（乃扬）来谈。

廿七日辛丑　晴。到署。

廿八日壬寅　晴。到署，新任日使（即西班牙）白师德到，请觐见、递国书，定三月初二日。

廿九日癸卯　阴，早雨，即止。祝庆邸生日。到署。

三十日甲辰　晴。到署，李使电，英外部仍以裴式楷为税务处顾问，有违言。

三月初一日乙巳　晴。过颖芝、蔚若谈。贺鲍润漪放山东遗缺府，未值。进内奏事，梁诚使德国书及派通译生事。夜就义馆招。

初二日丙午　晴。日斯巴尼亚新使白师德在乾清宫觐见。吊景敦甫同年丧弟。闻吴子修同年到京，往候未值。到署。夜就文博庭、吴剑秋招。

初三日丁未　晴。此日漏书，以后至四月初一干支均误一日。[①]

初四日戊申　晴。到署，义使来言许州董姓争产归入教堂案，驳以无理。朱远生来。

初五日己酉　晴。到署。湘抚来电，饥民因米贵闹事。

初六日庚戌　晴。到署。美署使来言，新使嘉乐恒将到，请

① 原文如此，疑为后补记。所误记干支统改。

庆邸来部接见，以示睦谊。

初七日辛亥　晴。英、日使等来，言接电，湘抚已故，乱事甚炽。傍晚接湘抚电，无恙，抚署毁头、二门，大堂，又毁教堂三处、师范中学、蒙养院，获匪五人正法，事稍定，照常贸易云。

初八日壬子　晴，风大。吊士茂亭母丧。至十里庄谊园公祭范文正、顾亭林。归，仍到署。奉旨：岑春蓂开缺，杨文鼎暂署湖南巡抚，驰往查办。电各使并知照英、日两使，复法使。

初九日癸丑　晴。杭州日商营业不正，杭人聚哄，浙抚限日迁移。日使来言，部电令勿过激，酿交涉，改为暂令日商闭歇再议，即复日使。新任美使来署，与庆邸、各堂在新公所接见。闻比答谢专使瓦乐继到，丞参迎于车站。

初十日甲寅　阴，小雨。比专使瓦乐继来见，请旨赏以宝星。夜就廖凤舒招。

十一日乙卯　阴。到署。早进内奏事。

十二日丙辰　阴。比专使瓦乐继、美新使嘉乐恒在乾清宫觐见，递国书。午，壬午同年在全蜀馆公宴鲍润漪、许久香，候王聘三不至，余入座后即行。过联春翁，约同那相、梁尚书答拜比专使及美新使。英允接待涛邸，而仍牵涉开平、澳界两案，电李使力驳。

十三日丁巳　淡晴。到署。是日赐宴比专使于海晏堂。

十四日戊午　晴。午就凤老招。蔚若来谈。到署。晚在新公所宴比专使。

十五日己未　晴。早至山本照相馆，自拍一照，与香、阳、武、开侄、喜儿共拍一照。吊魏绍庭同年。省馆春祭。到署，为英待涛邸事又发一电。酉初金鱼胡同口外大街天兴茶叶铺不戒于火，即扑灭。晚就比馆招。

十三日赐宴，补记。是日辰正，余先至西苑门外公所小坐。

巳初，梁、联两公到，同进西苑门，至海晏堂，在右偏屋内暂憩。到者庆邸、洵贝勒、泽公、那相，内务府奎、继、增、景四公。摄政王先到后殿，俟届巳正，比专使瓦乐继、署使博赉尔及随员四人至，由刘宝森、沈砚裔请摄政王临前殿。瓦使等迎见，握手，即随至后殿入座。宴毕，摄政王与瓦使慰劳数语，先行回至前殿。饮咖啡后，庆邸、洵贝勒、泽公亦散。那相等导之瞻仰瀛台、仪鸾殿。瓦使已倦，与辞，乘舟至西苑门照壁前，余送之偕出，各散。

十六日庚申　晴。张梦梅（鸿森）来。接晖山丈署颍州府书。致陈小帅书，为子静请加薪事。到署。

十七日辛酉　晴。邮部徐、汪、沈约至三贝子花园陪比专使，游宴甚畅。归后，申刻就那锡侯、刘聚卿招。晚就美银行司戴德招。

十八日壬戌　晴。到署。崧生昨晚宴归劳顿，咯血数口，请假十日。致三弟书。李使电，英已就范，接待涛邸。即转电。

十九日癸亥　晴。到署。比专使来辞行，晚十钟至车站送之。由京汉至沪，将往日本游历云，赠以相片。

二十日甲子　晴。早进内奏事。送美署使费勒器与司戴德于车站。过许久香，渠为海丰面粉公司被焚，请同乡公电督抚。又过蔚老。到署，代枢廷拟复赵次山制军书，论藏事。晚就日本使招，因其海军中将岛村速雄来京，邀洵贝勒及外部、海军各员筵宴。酒后击球、唱歌、鼓乐，可见东人之意兴矣。

廿一日乙丑　晴。到署。晚，洵邸在新公所宴日本岛村中将及伊集院等，作陪。子静过京小住。

廿二日丙寅　晴。日本使偕岛村速雄等在养心殿明殿觐见。到署，嘱子静代写四条幅，送日本八云舰长今井兼元，系海军中佐。

廿三日丁卯　晴。筱石制军复书，为子静加薪百金。子静赴临城。到署。

廿四日戊辰　晴。到署，美使带新参赞安泰来见。

廿五日己巳　晴。到署。约吴子修、连诒孙、曹东瀛、宋芸子、刘益斋、张仲弼、张梦梅午饭。同乡为沿江水灾及海丰面粉公司被抢，公电督抚，得复：已截漕十万石，筹款三十万办理赈抚，并弹压解散。

廿六日庚午　晴。到署。复孙慕韩书。

廿七日辛未　晴。同乡在省馆公请新江北提督雷震春（朝彦）、吴荫芝、鲍润漪、阮子衡。到署，日本伊集院使送谢贺日皇嫁女国电来署，并议延吉交涉各事。晚就润田招。三弟书云，二弟四月朔交卸，初十边回苏。即复之，并致六弟书。

廿八日壬申　晴。杨杏臣将赴南洋为劝业会审查长，来晤。至莲花池观西人赛马。饭后过天宁寺，观牡丹。回署小坐。闻英主逝世。晚就日本使招，在正金银行内设日馔，招日妓，席地而坐。客为那相、联侍郎、曹右丞、祝参事及余共五人。主亦五人，本多、高尾、大河平、实相寺。

廿九日癸酉　晴。那相传摄政王命，至英馆吊唁，余与联侍郎同往。午就瑞鼎臣、宝瑞臣、于晦若、李柳溪之招。出使法国大臣刘芷生（式训）由籍到京，寓成寿寺，往晤。并过许久香。又答拜雷朝彦（震春）。拟致英国国电。梁崧生续假十日。

四月初一日甲戌　晴。芷生来。至内阁画会奏驳湛若水从祀稿。姚石泉交来苏省水灾募捐册。午约黎吉士、唐棣封、孙伯英、吴汉波、傅乾舆、朱诵韩、许廷琛、俞庆澜、潘志清、吴匡时饭。鲍子约由苏来。到署。晚在聚丰堂与丞参公请同署七席。

初二日乙亥　晴。进内奏事，奏留五人，张肇芬、章钰、宗鹤年、许同莘、易乃观。到署。李使电，英国恤不便考察，涛邸可原船赴法。子静由临城来。过吴子修谈。

初三日丙子　晴。子静赴津。贺景佩珂娶媳。过少楠谈。到署。接桐士信，印儿已愈。

初四日丁丑　晴。到署。派涛贝勒充专使，赴英吊唁，电李使转达。蒙赏暑药。夜就张君立招。

初五日戊寅　晴。到署。英馆甘伯乐来，言九江阻英轮赴饶州运茶事。德使言，玻璃公司欠瑞生款事。那相晤梁尚书，其病不过体弱，意欲乞假出洋就医。昨夜半起，观彗星在东，尾甚长，向南渐高渐短，天明始隐。进内，谢赏暑药，由四钟候至八钟，在养性殿阶下行两跪六叩礼，皇太后升座，皇上东首立。

初六日己卯　晴。午在新公所公请程雪楼中丞、刘芷生星使。墨署使胡尔达销假回京，来晤。夜就徐菊相招，其新居在东四牌楼北五条胡同，宏敞壮丽。

初七日庚辰　晴。未到署，约刘芝生、刘士熙、汪近仁、关吉符、沈宜孙、阮子衡、曾高陈午酌。就恩崑峰招，看竹甚利。

初八日辛巳　晴。到署。蒙赏绿豆。就凤禹门招。

初九日壬午　晴。至长春宫大他坦谢赏绿豆。午同乡在省馆公请程雪帅。到署。澄妇回京。三月十三日旭宝殇，甚可惜。

初十日癸未　晴。卯初大女诞一男，均平安。过程雪楼。至西四牌楼羊肉胡同观陆凤老新居。在少楠处谈颇久。就恽薇孙招。到署。晚在那相宅宴美使嘉乐恒等。梁尚书续假十日。

十一日甲申　晴。刘芷生来谈。到署。过崧生万全庄，其恙渐愈，体气仍弱，摄政王准宽予假期，体恤甚厚。

十二日乙酉　晴。到署。晚就耿伯齐招，又就冯玉潜、幼伟兄弟之招。早进内奏事，系各使报告。保奖朱诵韩，以主事分部。散时偕晦若、鼎臣至六国饭店，候届十钟，同往英馆。因英皇出殡之期，麻署使为之讽经，皇上派那王，摄政王派曹汝霖代表，各部院到者甚多。教士述英皇历史，并以经文致唁，约一钟而毕。

十三日丙戌　晴。缉叔百日，在长椿寺讽经，往行礼。到署。

十四日丁亥　晴。就伯齐、和甫招，看竹。

十五日戊子　晴。偕蔚若公请同乡之考举贡者于长吴馆，旋到署。夜就晦若、鼎臣福全馆招。

十六日己丑　晴。送吴子修于西车站。巳刻得报，蒙恩转补外务部左侍郎。见那相、蔚老。到署，办谢恩折。夜，伯唐来。联春翁升授荆州将军。胡馨吾补外右，电催其速来。过许久香、刘芷生。

十七日庚寅　晴。进内谢恩，见摄政王于内右门，请安。谒那相。同乡公请举贡、留学生于长吴馆。饭后谒庆邸。到署。傍晚过梁崧生谈甚久，已由万全庄回城。留学生案出，备安一等，敏伯二等。

十八日辛卯　晴。到署，与那相见英麻署使，谈腾越路及长沙事。汪伯唐放出使日本大臣，彼此往返，均晤。又过姚石泉。

十九日壬辰　晴，连日异常炎热。到署。日本实业团来京游历，伊集院使邀洵邸，外、度、农、邮四部宴，集于使署。

二十日癸巳　晴。梁尚书赏假两月。奉旨署外务部尚书兼会办大臣，才轻任重，虽暂摄亦恐弗胜，感悚何极。蔚老来。谒那相、庆邸，均见。到署。过崧翁谈，体气较好，将赴天津、山海关调摄。夜与度、邮、农等部公宴日本使及实业团于新公所。曹汝霖署左侍郎，刘玉麟署右丞。

二十一日甲午　晴，昨夜小雨，早晴，旋又阴，天气转爽。进内，先见枢廷，谒摄政王于内右门。旋召对，在养心殿宝座下叩谢皇上天恩，起，入东暖阁。摄政王命坐，问："在外务部几年？"以十四年对。又问："先在何衙门，当何差使？"以在礼部充典制司主稿，又考取总理衙门章京，改外务部，奉职至今对。又问："交涉事宜早了。"以自问才拙，惧不胜任，惟有遇事勤慎，外交繁难，不敢不勉对。王曰："有庆亲王主持。"以一切禀承庆亲王、那相对。又问："梁尚书病体如何，尚拟出洋否？"

以梁尚书初病时咯血一次，情形较重，现经调养，渐已见轻，今又蒙恩赏假两月，伊拟至天津、山海关一带，调换天气，加意静摄，大约假满后自当即出报效。本有出洋之意，现亦中止，其人办事精细，且具热诚，于交涉事宜至为熟悉对。又问："各使会晤是否与尚书常见，是否在新衙门办事，想必日日到署？"以各使会晤时与尚书相见，仍在旧衙门办事，新衙门有时会晤及接待燕会等用，无日不到署，那中堂亦常到对。遂命退。至东车站送刘芷生行。约凤老、蔚老、沈雨老、伯齐、采南、颖芝、式之、和甫看竹竟日，颖、式、和晚饭后去。夜雨。

二十二日乙未　晴。进内奏事。至东城谢客，晤瑞鼎翁。到署。庆邸、那相至新公所，同接见新义使巴厘球礼。皇太后颁赏蓝芙蓉纱一件、绛色芙蓉纱一件。

二十三日丙申　晴。进长春宫谢赏，至西城谢客。到署。奥使以巴西旧王族阿雷安亲王来京游历，请觐。

二十四日丁酉　晴。到署。夜就法使招，有新到水师副提督贾德礼。俄使请假回国，来言东省未结各案。

二十五日戊戌　晴。到署，拟致驻藏联大臣信，论赵大臣奏请边兵收藏地事。就法使茶会。法提督、日本实业家、奥亲王觐见。

二十六日己亥　阴。到署，日本使来，言长沙案及赔款事。夜大雨。

二十七日庚子　晴。贺陆凤老乔迁，吴剑秋娶媳。到署。复丁衡甫书。

二十八日辛丑　晴。为应莪侄纳币于梁氏，请张尚之、吴和甫执柯，午后送盘，酉回。约征宇、季衡、崑峰看竹。晚即陪媒，子益、仲庄、少楠、备安亦入座。接六弟书，已回省寓。

二十九日壬寅　晴。就奥使顾亲斯基之招，三钟散。到署。复芷叔书。接二弟、三弟书。二弟于十七日到沪，十九日到苏，宦成而归，亦可喜也。

五月初一日癸卯　晴。到署。寄二、三弟书。

初二日甲辰　晴。到署。寄六弟书。

初三日乙巳　晴。到署。

初四日丙午　晴。陆凤石相国七十寿，其夫人亦七十，古稀双庆，不易得也。苏省同乡十四人公送寿序，以余列衔撰文，沈雨辰书其文，实吴向之作也。又苏府同乡则吴蔚若撰文，（实式之作。）秦佩鹤书。是日宾朋云集。饭后到署。夜雨。

初五日丁未　晴。端阳。祀先。颖芝来，偕过蔚若，畅谈至晚。夜大雨。

初六日戊申　阴。到署。

初七日己酉　阴。到署。时有雨。

初八日庚戌　晴。义使巴厘球礼在乾清宫觐见，递国书。到署，拟电致涛邸、荫使。德雷使来会晤，言萨摩岛事。

初九日辛亥　阴。到署。薄暮胡馨吾到京，迎之于车站，子静亦到。

初十日壬子　阴。子廙来，同译电。潘外孙弥月，与子静饮。到署，馨吾来谈。

十一日癸丑　阴。到署。

十二日甲寅　阴，有雨。到署。曹涤新来电，过望，书责之。

十三日乙卯　晴。进内奏事，施绍常留部，汪使国书，德、墨宝星等事。就刘幼云、李木斋、朱艾孙畿辅先哲祠之招。祠有亭有沼，饭后稍散步，并观畿辅名人书画。到署。

十四日丙辰　晴。复谱桐书、声甫书，为致夏闰芝书。俄署使世清来署，议松花江行船收税章程，辨论良久。

十五日丁巳　晴。到署。祝陈瑶圃六十寿。晚就那相招。应菘侄回苏，函致二弟、三弟。

邹紫东先生日记曩岁得诸市肆，共十五册，戊子春检得十二册，赠先生哲嗣树人先生。顷无意中续检得三册，即留存合众图书馆，俾永保乡前辈遗墨于什一耳。此三册当鼎革之际，尤多故献备征焉。辛卯十二月二十七日潘景郑识。①

宣统二年庚戌②

五月十六日戊午　晴。偕润田在石桥别业，约联春卿、胡馨吾、汪伯唐、徐菊人、沈雨辰、李符曾、李友三午酌。散后到署。晚就于晦若、瑞鼎臣德昌馆之招。

十七日己未　阴。到署。酉刻就伊仲平、陈梦陶之招，行至西交民巷，风雨大作，勉驱至高碑胡同陈宅，雨即止。

十八日庚申　阴。送颖芝行。到署。哈尔滨道施植之来，详询与俄商议松花江船税事宜。沈砚裔接眷回，来晤。晚就子廙、凤舒、斗瞻、地山、博亭之招。

十九日辛酉　晴。到署。先与植之、馨吾、子廙商议一切，迨俄代使来，逐条磋磨，分别可允、不可允。彼知我顾重邦交，惟无权作定，须电政府请示。

二十日壬戌　晴。到署。会议政务处王大臣于未正到锡腊胡同政务处，阅看国会请愿书，预备明日召见。备安分邮传部。

二十一日癸亥　晴。早进内，偕王大臣入对。四军机、余与吏李殿林、学唐景崇一排，面南坐；肃邸、泽公、协办荣庆、徐世昌、陆寿勋、法廷杰、农工商溥颋、理藩寿耆一排，面北坐。摄政王面询国会请愿事，庆邸、肃邸、泽公以钦定宪法大权须朝

① 此段系藏书家潘景郑1952年题跋语。

② 以下为第四册。该册封面题：“仪若日记，庚戌五月十六日起，辛亥四月十八日止。”

廷主持，国会之开不能由下渎请，现在筹备一切尚未完全，应仍遵先朝谕旨，定九年后召集等语，大略敷陈，佥以意见相同对。本日即奉谕旨，不允各代表所请。到署。

二十二日甲子　晴。到署。

二十三日乙丑　晴。到署，俄代办来，言松花江议案，俄政府拟提至俄京议结。告以此间商议已有头绪，不如仍在此接商，若至俄京，为期更长，不能拘收税之限。伊允转电政府。收税已电哈尔滨展限一月。

二十四日丙寅　晴。到署。祝朱艾伯五十寿。

二十五日丁卯　晴。就寿子年、恩子承、达挚甫、岳柱臣、瑞裕如石桥别业之招。到署。

二十六日戊辰　晴。过蔚老谈。到署。

二十七日己巳　淡晴。接六弟书，调办安陆船厘，即复之。复盛杏孙书。到署。

二十八日庚午　淡晴。到署。盛杏孙、张季直电，言和属限华侨一月入籍。为电陆使理论，并复以历来磋商情形。晚就施伯愚招。夜雨。

二十九日辛未　阴雨。刘宝森往山海关见梁崧生回，言其决意请开缺。复李伯行书。

三十日壬申　晴。到署。就恒子友、恒康侯、继崑侯六国饭店之招。施植之升署吉林交涉使。

六月初一日癸酉　晴。到署。三弟来。

初二日甲戌　晴。到署。昨晚在石桥别业偕润田同请王聘三、于晦若、瑞鼎臣、施植之、李楠芳、施伯愚。

初三日乙亥　晴。进内奏事，顾问官禧在明销差回国，请赏宝星。伯唐由奉天回，来谈东事。到署。

初四日丙子　晴。到署。蔚老来谈。

初五日丁丑　晴。俄世署使、日本伊集院使先后送日俄协约来，共三款，为东三省事。

初六日戊寅　晴。接六弟信，到苏得鄂电，调办汉口统捐，初五可回鄂，即复之。又接二弟信。到署。

初七日己卯　晴。到署。塔木庵作古。

初八日庚辰　晴。到署。过蔚老。馨吾来谈。

初九日辛巳　晴。子廙赴山海关看梁尚书回，来谈。午邀两执柯及亲友帮忙者便酌。到署，晤美嘉使。就章仲和、王仲襄招。

初十日壬午　晴。文博亭充俄文学堂副监督，范绪良提调。到署。晚就日本使伊集院之约，为汪、胡两公而设。饭后观伊与刘宝森击球。归途雨。

十一日癸未　晴。梁宅送妆，因和甫骤病，改请仲庄。到署。午就吕镜老招，晚就张君立招。

十二日甲申　晴。莪侄完姻之期，午初发轿亲迎，未时拜堂，薇孙、君九赞礼，公孚伉俪、备安伉俪搀亲，潘氏昆仲万年、百岁执烛。到客二百余人，礼成客去。晚始大雨。

十三日乙酉　晴。午后到署。早进内奏事，派张荫棠充墨西哥观礼专使、更调各领事及日本使馆随员等折。又请设交涉使，交政务处核议。晚就刘聚卿招。约馨吾、润田、子廙到寓，为日俄协约事拟照会稿。

十四日丙戌　晴。早谒琴相，午后偕谒庆邸。到署。

十五日丁亥　晴。比博署使觐见，呈摄政王宝星并比主国书。到署，发日俄协约申明照会，两使馆由曹、胡分送，并通电使臣、疆臣。晚就沈雨人招。

十六日戊子　晴。拜客，晤唐慕潮（宗愈），现调江宁银行总办。到署，俄代使世清带同两委员威伯、拉的金来见，言明彼派该委员及柯里索福、卜内特，我派周自齐、施肇基、恩厚、税务司葛诺发明日先会议。其第一条专准华俄行船相争未决，俟委员将章程议妥后再议。早三弟南旋，送之车站。晚就丁少兰德昌馆之招。时郁蒸殊甚，得雨始爽。

十七日己丑　晴。到署，英使照会，言西藏事。

十八日庚寅　晴。在省馆请吴福茨、竹楼、刘幼云、鲍润漪、唐慕潮、赵剑秋、罗海峰、褚清如午酌。到署。晚就高子益招，座有林赞虞、陶拙存，林琴南、陈石遗两同年。

十九日辛卯　晴。到署两次。与蔚若晤谈。

二十日壬辰　晴。奉旨补授外务部尚书、会办大臣。时艰才绌，惶悚实深，勉尽心力，不足报天恩祖德之厚也。谒那相，到署办谢恩折。和兰贝使来晤，论华侨入籍及设领事。致二、三弟书。

二十一日癸巳　晴。进内谢恩，谒枢府、摄政王。蒙召见，谕："现在交涉繁难，汝在部年久，熟悉情形，事宜早了。"对："嘉来才具甚短，值此时艰事棘，殊难胜任，惟有勉竭愚虑，秉承庆亲王、那中堂，勤慎办理。"

问："日俄协约近来情形如何?"对："日俄协约包含甚广，部中所复照会抱定条约立论，不与纠缠。前经侍郎曹汝霖亲送与日使，侍郎胡惟德亲送与俄使。"

问："两使有无议论?"对："两使俱云转报政府，尚无异词，此照会并已通告各国。"

问："各国有无议论?"对："日与英同盟，俄与法同盟，此约英法均必同情。现各国协以谋我，大局日危。日本必极意交欢德美，我当早为之计，与两国联络。至通告后各国政府如何意见，尚无所闻，惟各西人有言，此照会尚为得体。"又奏："近日交涉有松花江行船征税事，与俄署使及部调施肇基，并添派周自齐与俄委员各会议数次。我持开放主义，彼执《爱珲条约》，意在专利，日内尚未解决。"

谕："交涉之案总宜速了，勿伤感情。"对："自当设法办理，可了则了，并加意联络也。”谕退出。

至伦、洵、涛、泽、肃各邸投片。到署，俄署使世清来，于第一条专准华俄船只在松花江贸易辨论良久，坚执不让，只得以明日再议为止，已三时许矣。晚在新公所公饯汪伯唐星使，并邀吴平伯、沈保叔、唐棣封、杨重卿。连日酷热，郁蒸殊甚，夜大雨。

二十二日甲午　大雨，至巳刻止，院中水满，并漫及厅事。子廙、植之来商松花江事，拟全录爱珲、森彼得堡旧约，于行船虽限中俄，而贸易却无专利。到署，与俄署使会议，出示此条，该署使不认，甚悻悻，后复驳论良久。并粮食免税一条，只许稍减。彼允电政府而散。当将会议情形电萨使告俄外部。晚接俄署使信，又改办法，请明日见复。

二十三日乙未　阴，午后雨。早进内，见那相，谈昨会议事。具奏颁各总领敕谕，派吴匡时驻法商务委员、黄炳荣驻和二等通译。令周、施晤俄署使，商定第一条大纲，照我原拟“凡有权在松花江行驶及贸易之船只，遵照下开章程办理”，去彼所加“全流”二字，粮食免税改为三分减一。大致议定，即电萨使毋庸再提，并拟函复该署使，于明日送往结案。将以上情形函告那相。英麻署使来晤，谈粤东禁烟数事。

二十四日丙申　晴。到署，俄署使复函照办。

二十五日丁酉　晴。就耿伯齐荟芳轩观荷（在三贝子花园）之招，吴福茨新简浙藩，亦在座。城外无雨，而东城则午间雨甚大，院中已积水矣。接六弟书，言接汉口厘差，事甚悉。

二十六日戊戌　晴。约俄署使世清及其委员、翻译等在新公所午餐。到署。晚就大理院定镇平、刘仲鲁之招。

二十七日己亥　晴。卯刻偕馨吾、润田与邮部徐、李、沈三公乘火车至丰台，辰初涛贝勒到，迎见后同车回。到署，日本伊集院使来晤。

二十八日庚子　晴。到署。

二十九日辛丑　晴。到署。俄世署使招饮，其人好铜器，搜罗多件，不能尽真也。

七月初一日壬寅　晴。到署。闻梁崧生回京，夜往晤谈。

初二日癸卯　晴。到署，又到会议政务处小坐。就侯叔、棣封、平伯、重卿四君之招。归途雨。

初三日甲辰　晴。莒南及其侄紫东招饮东馆，与凤老、蔚老、范老看竹。连日炎热，今稍退。

初四日乙巳　晴，立秋，早渐凉。进内奏事，伍璜、管尚平、恒晋均留部。拜客，晤刘幼云、陈子衡。到署。张隐南回。夜又过崧生谈。

初五日丙午　淡晴。到署，五钟与俄署使世清互签松花江议案节略，其关章在哈尔滨由税司宣布云，并具节略进呈。

初六日丁未　阴。午后与那相、崧生同谒庆邸，有涛邸在座。西藏事接联大臣电，派罗长裿劝达赖回藏。即拟电复照办，并照会英使电印督接待。

初七日戊申　早有雨，旋霁。巳刻带同义使及其海军提督嘎萨讷瓦等在养心殿明殿觐见。到署。夜润田、金伯平招陪凤老、寿子年尚书。

初八日己酉　晴。到署。闻盛杏生抵京，来拜，未晤。

初九日庚戌　晴。到署。

初十日辛亥　晴。同乡在省馆公饯浙藩吴福茨。

十一日壬子　晴。到署。夜赴美嘉使之约，陪洵邸。

十二日癸丑　晴。至会议政务处，庆邸、那相与泽公面议要事，余亦在座。散后到署。夜就日本伊集院使之约，陪洵邸。

十三日甲寅　阴。到署。夜奥顾使为奥皇明日八旬万寿设祝筵，涛邸致颂词。世相、吴蔚若出军机，朗贝勒、徐菊相补军机。庆邸未入直，独那相承旨。唐少川署邮尚，未到任以前沈雨人暂署。盛杏孙三次召对，赴邮右侍任，并帮办币制。

十四日乙卯　阴。洵邸赴美、日考察，周子廙随行，六钟送于西车站，旋进内奏事。散后到奥馆祝寿，涛邸为皇上代表，高子益为摄政王代表，庆邸、那相均到。午后到署。

十五日丙辰　阴。子静到京，与谈。到署。夜雨。

十六日丁巳　阴，有雨。到署。盛杏孙来谈。

十七日戊午　阴雨。约蔚若、子静、和甫看竹。

十八日己未　晴。到署。致根生书，商欢儿年内完姻。

十九日庚申　晴。到署。谒世相谈。夜过崧生谈。

二十日辛酉　阴。至西城拜客，晤少楠、蒋式言、陈斐青、阮子衡。祝杨若米母寿。到署。午后雨，夜大。到署。霁生为欢儿完姻择定十月廿四日，致三、六弟书。接来信，三弟已于十五到汉。

廿一日壬戌　晴。到署。约颜康侯来下榻，托其代缮函牍。过崧生谈。

廿二日癸亥　晴。日本伊集院使来晤，谈东三省马贼及延吉旧案。

廿三日甲子　晴。祝那相寿，因制中谢客。到署。致二弟书。昨鹿相作古，恤典甚厚。

廿四日乙丑　晴。进内奏事。预保交涉使，（本部保六员，各省十员，分两单。）江苏放汪嘉棠，湖广熊希龄，直隶王克敏，即该省所保，福建吴锜，以上均试署，广东李清芬补授，则部保也。使奥沈瑞麟，派刘玉麟赴和兰禁烟会，施肇基署右丞，保恒放九江关道。散直后赴鹿宅吊，适摄政王亲临奠醊，与溥仲璐迎送。东督锡清弼到，寓贤良寺，往拜，晤。鄂督瑞莘儒到，往拜，未晤。约潘平朔、李毓华、杨迎迦（荫乔）、张允之、潘乙舟午饭。三钟同邸相接晤古巴代办戴海度，递文凭。四钟偕润田接晤日本使，面递《日韩合并条约》及意见书，又致谢助赈照会。夜，馨吾来谈。洵贝勒电，言时事甚激切。敏伯来京。

廿五日丙寅　晴。迎荫午楼于车站。到署。夜，馨吾来谈，崧生之弟殿五（敦教）来见。

廿六日丁卯　阴。到署，日本本多参赞、葡柏代办会晤。偕馨、润见琴相。夜，李伟侯、丁少兰约于伟侯所筑之癯园，陪盛杏孙。

廿七日戊辰　阴。子静由临城来，明日回津。剑秋执贽。葆森来，言英外部复麻署使电，愿接待之。邸堂点定绪儒、江庆瑞补郎中，全龄、施绍常补员外郎，唐国安补主事，文溥调庶掌，绪儒调和掌，施绍常和稿，恩丰榷稿，富士英榷帮稿，孙昌烜榷帮稿行走。午后至政务处，外、度两部与锡清弼制军会议。散后到署。晚过崧生谈。

廿八日己巳　晴。到署。过盛杏孙。夜，陆子兴到，馨吾偕之来晤。

廿九日庚午　晴。到署。至摄政王新府（名十洲尘静），相度接待德储。

三十日辛未　晴。到署，拟西藏电。

八月初一日壬申　晴。晤徐菊相。到署。

初二日癸酉　晴。到署。夜在新公所约锡、瑞两制军，荫午楼、盛杏孙、陆子兴、熊聘三、吴剑秋、沈砚篯、保久山公宴。进奉尺头八卷，果点八盒。

初三日甲申［甲戌］①　晴。到署。江寿萱由和兰回，来见。到署。致根生书，送欢儿，十月廿四日喜期。

初四日乙亥　晴。进内奏事，沈瑞麟使奥国书、敕谕，本部报销。奉皇太后赏大卷江绸四匹。到署。铁良起用，补江宁将军。

① 本日至十月十二日干支均误，以下统改。

初五日丙子　阴。带领引见，那相捧第一排，余捧第二排，两侍郎从，偕进养心殿东门，向宝座雁行立，一跪起，趋至摄政王左案侧。王坐西南向。那相递第一排，王听各员背履历，并阅衔名毕，交那相，与余换，递第二排。余将第一排交胡侍郎，接第二排，那相捧匣，同退出。旋至储秀宫谢赏，行两跪六叩礼。绪鸿臣、江子嘉、全与九因补缺，约至东兴楼便酌。到署。夜就廖凤书招。

初六日丁丑　阴，晚雨。到署，古巴代办戴海度辞行回上海。夜约孙子均、赵叔则、重卿、陈叔蕃、季蕃、严仲□、杨春若（景斌）饮。春若在美康乃尔大学毕业，与萱儿同学。那相因腹泻未入直。

初七日戊寅　晴。早，就施、曾、陈德昌馆招。到署。晚在馨吾处，与润田同约陆子兴、刘葆生、吴剑秋、沈砚裔、王劼孚、叶文卿饭。馨吾所居灯市口修理一新，颇合西式。

初八日己卯　晴。就同乡新拔萃优行诸君招。午后静憩。

初九日庚辰　晴。直隶交涉使王叔鲁（克敏）来见。到署。

初十日辛巳　晴。访沈雨人、陆凤老、刘颖如，祝恽薇孙生日，均晤。先慈生辰，设祭。到署，美参赞来，言其陆军大臣将到及接待等事。

十一日壬午　晴。到署。那相今日入直，偕馨吾往谒。

十二日癸未　晴。美陆军大臣德赓生定十八日觐见，过馨吾，议接待事。适军咨处副使哈云裳来晤，嘱其转商涛邸，约在农事试验场公宴，派施植之、颜骏人、恩堃峰为招待员，至美馆定排日单。午后到政务处，复到署。发电与赓生，催允喜事。

十三日甲申　晴。到署，和兰贝使来晤，与定陆子兴议领约事。蒙皇太后赏中秋月饼一盒。

十四日乙酉　晴。进内奏事，请简英使，奉旨以刘玉麟补授，施肇基补本部右丞。到署。闻聪生来，往晤之。是早在长春宫大他坦谢恩。

十五日丙戌　阴雨，晚晴。约聪生、仲庄、少楠、康侯、诒斋便酌，颖如未到。京汉路因西平车阻，美人迟一日到。

十六日丁亥　晴，夜雨。美陆军大臣等游南口明陵，派员照料。

十七日戊子　晴。早送鄂督瑞莘如行。到署，俄代办世清、比代办博赉尔来晤。

十八日己丑　阴。美陆军大臣狄金生在乾清宫觐见，递国书，复至养心殿东暖阁见摄政王。礼成始雨。偕馨吾、润田谒涛贝勒。午后狄金生遍谒各邸，本约二钟三到外部，至五钟一始来，那相候久先归，余等接晤。晚七钟在新署邀饮，涛邸先致颂，那相演说，尽欢而散。闻佩葱到，寓礼士胡同斌宅，往晤谈，知湝生母舅同来。

十九日庚寅　阴，午后晴。涛贝勒在农事试验场畅观楼宴美陆军大臣等，为摄政王代表，并有女客，胡馨吾夫人代作主席，宴毕照相。美女客等瞻仰颐和园。余仍到署。夜就美使招。回寓，知湝舅已到，先睡矣，孙祉廷随侍。

二十日辛卯　晴。赴陆军部公宴，涛贝勒与美陆军大臣等随意演说，极畅。散后偕赴禁卫军观操。到署，又赴美馆茶会。夜就高子益招，陪桂抚张坚白。

二十一日壬辰　晴。午刻鹿文端题主，徐菊老题，余与李荫墀、吕镜宇、唐春卿襄题。到署，日白使带其武员来晤。

二十二日癸巳　晴。早贺荣华卿协揆娶媳。午后赴政务处会议。旋至蔚若处，与子静、韩萃春竹叙。

二十三日甲午　晴。到署。赴肃邸巡警学堂茶会。晚送美陆军大臣狄金生等于车站。

二十四日乙未　晴。进内奏事，带英署使麻穆默在乾清宫觐见，呈英皇登极国书。晤许久香。到署，俄使廓索维慈回京，来晤。熊希龄补奉天盐运使。

二十五日丙申　晴。湖北交涉使昨改放施炳燮。新授江南盐巡道徐乃昌（积余）来晤。到署。徐菊老大拜，李荫墀协揆。

二十六日丁酉　晴。答晤宁夏副都统恒（龄）。到署。夜就馨吾约。

二十七日戊戌　晴。到署。赴桂月亭、俞廙轩仓署之约，地在东四牌楼北十二条胡同东口外，居北新、海运两仓之间，绿树周遭，荷塘精旷，风景不殊十刹海也。

二十八日己亥　晴。滙舅七旬正庆，午设酒面，约述庭来同祝。到署。晚约佩葱、积余、珏生、久香、滙舅、镜鸥、少芝、夔一饮。

二十九日庚子　晴。早约滙舅、祉廷侄、述廷、敏伯率武侄、喜儿游农事试验场，观览至午，归途在东兴楼饭。晚与子静、康侯、敏伯竹叙。

九月初一日辛丑　晴。资政院借法律学堂开会。余辰正到院，军机大臣、各部尚书陆续到，候至午初二刻摄政王驾临。议场先设御座，偏东设摄政王座，西设敕谕案，稍前居中设黄案，议台两重，议场四层，向上作月牙形。届午正排班，军机大臣庆邸、朗贝勒、那相、徐相、余、肃邸、泽公列左，荣、李两协揆、唐、荫、廷、溥、沈、寿六尚书列右，在第一排，议长立在第二排居中，副议长、秘书长等列东西两旁，各议员亦按坐号排立，向上行三跪九叩礼。议长导摄政王登台就位，立，各行政大臣登议台前一层，东西立。庆邸趋至右，恭读敕谕，议长跪接，置居中黄案。摄政王宣训辞毕，先退，各大臣亦退。议长复至议场，宣告派议员四人，拟明日谢恩折，遂散。是日日丽风和，气象甚好。此为中国未有之创举，以国运振兴为望。到署。

初二日壬寅　晴。早送鹿相发引。过顾三婶、聪生谈。午后到会议政务处，度支部预算表册拟俟会奏后请交资政院，伦贝子特来商榷此事也。到署。

初三日癸卯　晴。到署。晚在新公所约张坚白、佩葱、葆生、彦裔、剑秋、采生宴。接根生信，喜事请展期，且愿就亲。复以已展至十一月廿九，送就仍由其酌定。美实业团到，明日游长城。

初四日甲辰　阴雨。伯唐来信，即复之。张隐南、刘振愚均回。到署。

初五日乙巳　早阴后晴。汪甘卿调署驻奥参赞，来见。到署。葡革命兵起，攻王宫，葡君出亡，改民主。刘芝使以议澳界事甫抵葡，电询安否，而线不通，惟闻各使馆均无恙。是日进内奏事，系答美总统国书，请易奥馆参、书各员。根生来电，喜事仍请在襄办。

初六日丙午　晴。带美嘉使偕实业团在养心殿明殿见摄政王。午刻约在新公所宴，那相未到，余说颂辞，嘉使答辞，宾主七十余人，颇欢洽。到署。

初七日丁未　晴。赴农工商部、邮传部约，在农事试验场公宴美实业团，饭后照相而散。刘使有电，葡乱已定，使馆无恙，虽布告民主，尚未公认。

初八日戊申　晴。余自前月廿后即觉右边喉下有物作梗，不甚加意，迨后移至右腮，连耳根小作痛，咽时虽不觉作梗，每食则口不能张。迁延至近日，又移至腮下，右颈作肿，按之有核，延杨季玉来，服药，敷以如意金黄散。仍到署。佩葱来谈，饭后去。

初九日己酉　晴。延曹咏归来，敷消肿药，并服曾霁生方。到署。沈彦琦行，遣人持片送之。

初十日庚戌　晴。肿加甚，咏归来，亦无良方，惟服泻药，大便稍利而已。傍晚，署中同人来视。施植之荐谢天保（卫臣），谢又约林文庆（梦琴）同来，谓所患非消药能治，必须割开方能去毒，毅然允之。（热度至百零四。）

十一日辛亥　晴。植之偕谢、林两君来，于十钟在颈下割一小口，出脓血颇多，用麻药尚不作痛。嗣后谢君于午后、晚间来两次，洗出脓血，以药布塞口、围裹之。每隔两时服药一次，用药水频频漱口。（热度减至百零二。）

十二日壬子　晴。谢君与林君来一次，谢来两次，治如前。热度约百度之一。佩葱出京，送礼四色。

十三日癸丑　晴。谢君来三次，热度在九十九外。

十四日甲寅　晴。谢君来三次，脓已渐减，热度九十九。

十五日乙卯　晴。谢君来两次，热已平，脓益少。

十六日丙辰　晴。谢君来一次，脓已将净。植之连日陪来，甚为可感，已谢其勿再劳步。昨今均见署友，并与湝舅话别。比贾使觐见。六弟电问，即复之。

十七日丁巳　晴。英港督卢嘉觐见。湝舅南旋。谢君来一次。晚令欢儿借谢卫臣寓，约其夫妇、林梦琴、施植之、颜骏人、备安便酌。子益、征宇、润田来。

十八日戊午　晴。林、谢同来，脓尽，只略洗药布，亦甚小。停服药，借服英馆牛乳七日亦止，另购罐头者服之。霁生、巨川来。接六弟信。

十九日己未　晴。谢君来看一次，疮口将合，不塞药布，仍略洗，粘布一条加包裹。送林梦琴照相及象牙画片。刘葆生来辞行。馨吾来。苏电，又沈砚裔、吴剑秋沪电均问病，电复之。

二十日庚申　晴。谢君来一次，口只一线，略拭净，仍贴药布一条。

廿一日辛酉　晴。预备续假五日折，明日递。连日惟看书习字，藉以静摄。

廿二日壬戌　晴。准假五日。施植之来，已换珍珠毛褂。施伯彝亦来。谢君来看，口已平，仅留药布些许。盛杏翁来。

廿三日癸亥　晴。馨吾来。葆生今日出京。子益、博廷均来。晚，润田来。

廿四日甲子　晴。谢君来看，已收功矣。午后剃发，至厅事见客，管成夫、富宸臣赴西北路调查中俄商务，辞行。子静由津来，晤。约蔚若来谈。

廿五日乙丑　晴。霁生、子立、季馥均来。作复六弟书。

廿六日丙寅　晴。伍子安、和甫、诒斋、子静均来。作复孙慕韩书。命喜儿复二、三弟书。

廿七日丁卯　晴。销假请安，谒庆邸、那相，并晤盛杏翁、植之、瑞鼎臣（现署绥远城将军）。到署。接复庵电，允送亲到汉。即电复，并电告六弟。

廿八日戊辰　阴。晤曾霁生。到省馆，议江皖赈务，见姜翰卿、袁行南、沈雨人、润田，时盛杏孙未来，尚无办法，余先散。午后到会议政务处，阅看资政院具奏及各督抚请开国会折电。庆邸宣言，各具说帖送政务处进呈，再候召见。过馨吾谈。吊蔡燕生断弦。

廿九日己巳　晴。约馨吾、润田、子益、植之、伯彝、斗瞻议说帖事。过端午桥。到署。奥顾使偕其海军官来晤。拟说帖，请速定内阁制度、议院选举等法，出自宸断施行。

三十日庚午　晴。吴向之来，略为斟酌说帖字句，施伯彝代缮，午后亲送政务处。到署，俄使来晤。

十月初一日辛未　晴。往东、北城谢客。到署。过比贾使、英麻使。

初二日壬申　晴。会议政务处王大臣同召对，摄政王逐一垂询。当奏内阁与国会对待，宪法尤为纲领，应请从速颁布，并定内阁制度、两院法、选举法，事机迫切，固自应提前办理，而施行宜有次第，至年限出自宸断。唐春卿、唐少川对最详。迨后议定于宣统五年开设议院。带德雷使偕其海军协都统莒乐，在养心殿明殿觐见。到署，墨使巴哲格来见。

初三日癸酉　晴。进内，公阅军机处所拟开设议院谕旨，在板房守候（军机直房间壁），军机大臣召对毕，公同签名，即颁发。缉叔七旬冥诞，往顾宅行礼。到署，新派参议上行走温秉忠、一等股员唐宝锷、日本股行走沈文孙，又派颜惠庆在参议上行走。李伟侯（国杰）充使比大臣，来见。

初四日甲戌　晴。到署。洵贝勒回。过周子益谈。

初五日乙亥　晴。进内奏事。至南城谢客。吊秦杏衢母丧。午后就德雷使招。到署。

初六日丙子　晴。带德雷使偕水师协都统在养心殿明殿觐见，午刻在公所宴之，并有前殖民部大臣德仁保。到署。吊嵇涤生母丧。夜就施植之、高子益招。

初七日丁丑　晴。到署。夜就曾霁生、陈征宇、文博亭招。

初八日戊寅　晴。缪□□（鹗起）、陆厦卿（大奎）来见。到署。送瑞鼎臣行。夜与馨吾约张坚白先来谭澳界、禁烟两事。旋请宴，到者萨鼎铭、李伟侯、祝芷生、袁云台、诚裕如、继旭生、陆子兴、夏地山及丞参诸君。贺蔚若嫁女、熊景仲娶妇，其郎即畅九也。

初九日己卯　晴。试署湖北交涉使施炳燮来见，号理卿。早，德雷使带德仁保在养心殿东暖阁觐见。到署。毕东河师之孙效先由热河回山东，略资给之。

初十日庚辰　晴。到署。恩崑峰为其翁请凤老题主，余襄题。（其一润田。）

十一日辛巳　晴。西城谢客，晤凤老、颖如、少楠、严又陵。午后在馨吾处接晤德仁保，谈铁路、国会、法律数事，确有见地。到署，各国公认葡新政府，电刘使照办。

十二日壬午　晴。顾少英由沪来。午后到政务处，复至署。夜过蔚若谈。夏地山来送帖，却其贽。过盛杏孙谈。

十三日　干支、晴雨往往笔误，且亦无甚关系，以后拟不逐日登记，遇有著意处则书之。谒缪筱山表舅氏，拟请其撰先君墓表及先祖、先君治皖政绩，采入通志。先托淮舅代达，据云于下关候轮时，适淮舅抵宁，相见谈及，均经允诺。贺俞廙轩娶孙媳。到署，英麻署使来，与那相同见。

十四日　淮舅嘱题外曾祖金一士先生所书字及画山水各一小幅，为识数行，并缀七绝二首。接淮舅金陵书，复二、三弟书。恩埜峰之父紫岫开吊，往奠。贺长光甫嫁女。徐菊相、沈雨人邀德驻青岛大臣都沛禄午酌，作陪。到署，裁翻译处各员及画图之吉章，曾霁生条陈，为汰冗节费计也。

十五日　进内奏事。天气骤寒，明日换白风毛矣。贺袁行南（大化）放新抚。祝孙子钧双寿。到署。

十六日　到署。河南为福公司事派代表杜严、王敬芳来见。吴平伯调驻比参赞，辞行。

十七日　就温莨臣、颜骏人招，在施植之处。饭后至十二条胡同崇宅看屋，甚佳，无买宅之资，一览而已。到署。夜就墨使巴哲格六国饭店之招，并看跳舞。复庵又欲在襄就亲，复以仍在汉办。颜康侯南归。

十八日　子静来。到署。就阮斗瞻招。朱诵韩调驻秘书记，辞行。

十九日　约缪筱山表舅、陆士奎（耀星，湖北道）、缪鹗起（江西道）、唐郛郑、苏莘田（存仁）、芸生叔侄、隐南、式之、夔一午饭。晚又偕馨吾约新疆抚袁行南、湖北交涉使施理卿、常镇道林梅真、金伯平、周子异、梁典五。

二十日　进内，带青岛办事大臣都沛禄在养心殿东暖阁觐见，德使雷克司因病未到，以卢克卜代。午间在公所约都等便饭，并约徐相、荫尚书、沈侍郎作陪。到署。复淮舅书。周舜卿（廷弼）来。

廿一日　昨晚有雪盈瓦，早尚霏霏，即止，以天气暖，雪亦旋消。访谢卫臣，因收口处为冠带及皮领所擦，微肿，开药敷之。潘经士由济南来。林梅真辞行。寄澄儿谕。到署，日本使伊集院会晤。

廿二日　午后到政务处，复到署。袁行南来谈。

廿三日　祝绍越千五十寿。南城拜客。送夏地山行。到署。

廿四日　施理卿来辞行。贺吕镜宇娶媳。到署。俄参赞世清会晤。墨巴使赴日本，辞行。

廿五日　进内奏事。贺那锡侯娶媳、玉朗侯嫁女。到署。

廿六日　到省馆会议徐海赈务，盛杏孙为会长，沈雨人、姚石泉副之，拟筹捐办法。刘朴生约至广和居便酌。过曾霁生。竟日重阴，向晚微雪。

廿七日　辰巳间雪止，约积二寸许。过那相。又至润田处，约同赴资政院，馨吾、子益、简香、霁生、伯彝、任先均到，行政大臣有泽公、萨提督。是日开秘密会议，裁厘加税、开平矿务两案均表决，澳界未决，仍付审查。二钟起，七钟散。

廿八日　阴雪竟日。送墨使巴哲格回日本。答游美毕业生朱葆芬，与萱儿同在康奈尔大学者。过凤老谈，在伊处饭后到署。晚过那相，嘱记伊集院问答，谈资政院事。馨吾来，言见美使及司代德，论借款事。

廿九日　阜阳刘小山（岱云）来见，系前寿州学正刘滋真（文楷）先生之子。余十五六时随侍先君于寿州报销局差次，先生时过从，并以诗文就正，今已四十余年。小山年亦五十三，送两子入京师学堂，留京为皖学堂干事员。三弟寄来家刻各种，并先府君行述底稿，即函复之。到署。

三十日　湖南提法使周镜渔（儒臣）来晤。到署。英使朱尔典回京，来晤。夜宴比贾使于新公所。

十一月初一日　奉上谕：外务部尚书邹嘉来等均著加恩在紫

禁城内骑马。未效駪征，方惭驽钝，天恩高厚，报称愈难，曷胜钦感。当嘱式之代拟谢恩折。同时邀赏者，陆军部荫尚书昌、邮传部唐尚书绍怡、正红旗汉军都统色棱额、度支部右侍郎陈邦瑞、正黄旗满洲副都统祥普。一品不论年岁，二品则向须六旬，惟内廷不以此限。祝王鲁藩太翁玉如先生七十寿。到署，俄廓使来晤。

初二日　进内，谢赏朝马恩。先大母陶太夫人百岁冥诞，设席致祭。贺吴炯斋嫁女。到署，比贾使会晤。接六弟书，即复。颈上新肉磨擦微肿，连日仍邀谢卫臣来视，因敷药后肿虽小而凸起，遂止不敷，两日起有薄皮擦破见血，以药水洗之，并用棉布围裹，每日一换，肿已渐平矣。江湘岚同年来晤。

初三日　过蔚若、馨吾谈。到署。是日奉旨设海军部，大臣洵贝勒，副大臣谭学衡；陆军部尚、侍、丞、参均裁，大臣荫昌，副大臣寿勋。此各部改制之先河也。到署。黄搏九（鹏）之子黄□诚（明生）来见。（分发湖北警官，太平人。）

初四日　西城拜客，晤少楠、丁少兰。到署，同那相、馨吾见英朱使，争禁烟事甚力。

初五日　进内奏事。答拜英朱使。到署，美人丁义华来见，提倡禁烟者。俄廓使会晤，挑剔各案，面驳之。

初六日　南城拜客，晤杨仲庄。（广东查案回。）午后至政务处，资政院预算股议员六人与伦贝子均到，先与军机大臣议裁各衙署，嗣议外部经费。到署。

初七日　孙紫绶师外孙裴祖述来见。到署，刘朴生将江皖京官公请派盛杏孙筹赈、冯梦华查赈折稿送阅，允列衔，并转告蔚若、润田。接梦华信。根生来电，送亲十三日起程。过溥仲璐。

初八日　过那相、蔚若。到署。

初九日　进内。同乡具奏折奉旨照允。到署。

初十日　进内，带英朱使觐见，递续任国书。约镜渔、仲平、梦陶、颂祺、瓒廷、经士、舜卿、束笙午饭。钱绍云由奉天来晤。夜，义巴使招饮。

十一日　李藩臣（祖怡）来见，浙江知县。到署。

十二日　颈上肿平，惟有一疤未脱，谢卫臣共看数次，可不再视。到政务处，与泽公论禁烟事，复到署。

十三日　答绍云，即日回奉。过沈雨人，论胶沂路议奏事、苏路请收回事。到署。

十四日　连接根生两书，均言送亲至汉口事自不克行，由其夫人亲送。到署。先府君行略就三弟所作草稿逐段修改，因趋公时多，每有作辍，旬余始得撰成。日月不居，学殖荒落，于府君行止、接物、莅官、勤民诸大端未能称述万一，曷胜感念。

十五日　进内奏事。出城拜客，均未见。到署，和贝使带其武随员巴君来晤。

十六日　到署。夜就同署源丰堂之招。俄廓使来晤。

十七日　约刘筱山、向之、卓人、颖如、少楠、鼎臣、公孚、仲恒便酌。资政院弹劾军机，军机辞职，均未准。

十八日　到署。派西医赴东三省验疫。

十九日　欢儿由快车起程赴汉口。接耕荪两信，复之。又复六弟信。到署。昨谒缪小山表舅氏，呈府君行述，请撰墓表，又两世宦皖各事略、家刻，备采入《江苏通志》。

二十日　到署。晚就俄馆招饮。致瑞鼎臣书。接六弟电，欢儿已到。致瑞信因颖如赴绥，带往。

二十一日　到署。复二、三弟书。夜祀先。

二十二日　长至。和属报馆记者田桐来见，言华侨事。午后到政务处，又到署。蔚若来谈。

二十三日　浦口市场局夏斌、顾琪来见。盛萍旨（沅）同年来晤，前山西知县，现改江苏试用道。复剑秋书。到署。许久香来。

二十四日　闻庆邸将辞职。过那相、馨吾。到署。

二十五日　进内奏事，与绍越千、陈瑶圃、馨吾同见那、徐相，议沪上借款事。庆邸疏上，温旨慰留。到署，王叔鲁来晤，为北洋华洋欠款、马家口法人占地两事。过缪小山表舅。

二十六日　到署。俄廓使来晤，仍言交涉各案政府不满，意存要挟，询以黑河俄兵滋事案，则支吾。英、德、法、美四使见那相，催川汉、粤汉借款，英又催开平案。庆邸请假十日。

二十七日　内兄石梅先来，原名承高，今改名大龄，以典史在皖芜当差有年，近因无事，欲为设法。复六弟信、喜儿谕。到署。

二十八日　祝江儁侯萱寿。到署。夜，蔚老招饮。

二十九日　为欢儿在汉口六弟处完姻之期函致六弟，并作谕，寄车站谕单，以便回京时照料。致佩葱书，谢其录取尊侄为书记，并托梅先事。到署，美嘉使来晤，以哈宾疫重，俄有派兵意相告。电督抚筹办。

三十日　到署。资政院开秘密会议，偕馨吾、润田及特派员同往。为东三省事，请润田登台发言，余不善辞令，是日又伤风，遂藏拙。泽公宣示借款事。荫尚书论陆军经费，或庄或谐，甚入妙。二钟会议，八钟散。就刘士熙招。

十二初一日　约钱干臣、盛萍旨、张仲弼、王荃士、章仲和、张叔田、石梅先午饭。晚，少楠来。又与梅先、颉侄同至东兴楼小叙。各国西历元旦，送片致贺。

初二日　到政务处，又先后两次到署。梅先行。

初三日　到署，义巴使带其商务委员德内嘎尼来见。

初四日　进内，见枢廷，为资政院奏浙路、川路两案，邮部沈、盛两公亦到。到署。

初五日　到署。奉廷寄，开平案经泽、盛两公查复，从张翼议，直督与英人交涉办法作罢。晚约谱桐、馨吾、润田、子益、植之、霁生、骏人、子静便饭，又偕益、植、静手谈。

初六日　唐少川开邮传部署缺，盛杏孙补尚书，吴蔚若补右侍，李伯行署左侍，沈雨人调署吏右。到署。晚过蔚若谈。接六弟信、喜儿禀，约廿五日起程。致六弟书。

初七日　昨夜雪，约积二寸许。到署。晚就馨吾、润田之招，陪谱桐也。

初八日　贺桂月亭嫁女。至凤老处看竹。

（眉注：赏腊八粥并菜十二碟，长春宫大他坦谢恩。）

初九日　到署。晚，丞参约在署前新公所后屋所设之藏书楼，请谱桐便酌，谱明日南归。

初十日　到署，英朱使为开平矿及上海借款、东省验疫等事来晤，余与那相同见。德雷使为玻璃公司事，日本伊使为马贼事，并辞行回国，均那相见。致伯唐书。连日甚寒，雨木冰。（史称木稼，谚谓树挂。）

十一日　资政院宣读闭会谕旨。到者，朗、洵两邸，盛、溥、寿及余四尚书，谭副大臣。散时，副议长沈子敦侍郎下台，忽倾跌，伤鼻，闻尚无碍。答张燕谋谈开平事。送曹仲恒行。致六弟书。夜，比使贾尔牒招饮。到署。

十二日　复二、三弟书。到署。英使催沪款甚急。义馆参赞余祐蕃假旋来见。

十三日　复梦华书。到署。哈尔滨疫日厉，延及奉天，施植之与各西医会商办法，并发电行文各处。开平案照会英使，电刘使。午就日本伊集院招，渠明日回国。

十四日　陆军部荫尚书派何守仁来，言军医在哈者思归，仍嘱电留，并据东督电请，添派法医梅聂故，告法使给厚恤。闻各使会商防疫事，先行照会，并电商北洋及知照民政部办理。到署。

十五日　进内奏事。石夫人三周忌，设祭。到署。

（眉注：赏福肉两方。）

十六日　进内，至大他坦谢恩。因防疫事，先到署商办。午后至政务处公阅筹备清单，复到署。

十七日　周舜卿来见，为玻璃公司事。到署，奥顾使来晤，为防疫事。夜八钟半，欢儿夫妇到京，住椿树胡同备安处。

十八日　到署。复二、三、六弟书，芷叔书。夜至法馆观跳舞会。

十九日　贺孙仲瑜嫁妹、颜骏人娶妇。到署，接滇督电，英兵已强占腾缅北界片马土司地。

二十日　欢儿夫妇进门见礼。天气晴和，到客以同署为多，朝贵及同乡皆未惊动。庆邸及那、徐二相均送贺礼。夜约同署来吃喜酒。进奉尺头八卷，果点八盒。

廿一日　早，略谢客。到署。玻璃公司案已结。滇事拟电旨并复滇督，致刘使与英商退兵各电。

廿二日　早谢客。午后到政务处，复到署。奉赏江绸四卷。盛杏翁来，晚又过之，皆为防疫事。

廿三日　早有雪。至长春宫谢恩，皇上已冠貂。李伯行到京请安，在朝房相见。到署。

廿四日　出城谢客。贺钱新甫娶媳。到署。

廿五日　进内加班奏事，明年五月英皇加冕，派振贝子为头等专使往贺。到署。

廿六日　复根生书，并贺其得卓荐。致慕韩书。到署，与民政部会奏防疫事宜，明日递。使馆拟绝交通，各使与洋商意见多不合，遂未实行。滇督电奏及致军机电，仍主备战，以此博虚名，诿过外部，非【根】本计也，拟枢电直揭之。

廿七日　致六弟书。到署。

廿八日　致陈筱石书。到署。廷用宾作古，绍昌补法部尚书，沈家本转左侍郎，曾鉴署，王垿补右侍郎。得刘使电，滇界事英外部无确复。仍电令询退兵。苦工二千余人将入关，商邮传部，用空车令栖止，候验再放。汪伯使电，俄将延各国医干预防疫。再电各使，声明我请各医专为研究。

廿九日　谒晤振贝子。到署。晚祀先，合家吃年夜饭。午后雪未止。蒙赏汤羊、福元膏、凤尾菜、莲子。

宣统三年辛亥

宣统三年辛亥正月元旦　余年五十九岁。作致二弟、三弟书、六弟书，复子静书。夜在高子益处，与植之、骏人同竹叙。大雪至午后止，约积尺许。

初二日　到署。

初三日　与蔚老约同乡两席，作竟日叙。

初四日　美嘉使递其总统答复接待洵贝勒国书，在乾清宫觐见。就凤老之约。

初五日　那相到署，同人公贺。

初六日　到署。

初七日　到署。那相来，为度支借款事，嘱商询杏老。因病，见之于卧榻，旋复那相。邑馆同乡公宴。皇太后万寿进奉，赏绸缎四匹。

初八日　到署。连日仍照常办事，所最要者防疫及滇界事。进储秀宫谢恩。

初九日　到署。法马使会晤，谈防疫事。和贝使会晤，谈领约事，磋商甚久。晚，润田招饮于其西城根新居。

初十日　到署。植之招饮。

十一日　公宴奥顾使饯行，将致仕回国也。到署。就秦、汪、杨诸同乡之约。

十二日　到署。见墨胡代使，递其总统续任国书。同那相见英朱使。拟滇界照会。

十三日　到新公所，同庆邸、各堂见奥顾使，来辞行也。在公所前同照相，各堂、丞参皆与列，为两行。到署。赏元宵，明日在长春宫大他坦谢恩。

十四日　就同乡轶仲诸君之约。谢赏元宵。

十五日　进内，谢苏属蠲缓钱粮恩。在馨吾处早点，同游火神庙，购书数种，在润田处午饭。与奥使送行，未值，赠以照相。到署。

十六日　国恤释服。到署。

十七日　将缪筱丈所撰碑文送蔚老请书。到署。

十八日　到署，俄使送照会六端，责中国不守约，并闻登报宣布，意在哃［恫］喝。就廖凤舒约。

十九日　就采南诸君之招，在轶仲处。凤老请假五十日，南归修墓，走送之，知于廿二日行。到署。

二十日　合家照相。早进内奏事，并谢宁属缓征。午后到署，与同人商拟复俄使照会，晚饭后始散。致二、三弟书。

二十一日　俄事拟电致各驻使并致西北各路，嘱地方官慎重交涉，速清积案。

二十二日　余生日，谢客之来祝者。到署，馨吾亲送照会与俄使，向之面论一切，彼尚无异言，风潮可定。到政务处。夜，同署在高子益处为余与子益公祝。

二十三日　到署。

二十四日　祝子益五十寿。到署。

二十五日　到署。致六弟书。

二十六日　到署。

二十七日　到署。寄复庵书。晚在俄使馆观剧。

二十八日　瑞鼎臣之封翁常月川作古，往唁其弟熙臣。鼎臣现署绥远城将军，已派桂春往代，一时尚不克归也。就梁燕生约。

二十九日　到署，俄使送节略来，谓其政府已满意，惟询伊、塔买茶及承化寺设领事。

三十日　进内奏事。到署。

二月初一日　贺庆邸嫁女、绍越千娶媳。到署。

初二日　到政务处，又到署。英使因沪杭甬撤工程师，来署诘问，偕馨吾、蔚若商之杏老，设法料理 。

初三日　到署，嘱陆子兴拟复俄使节略。

初四日　到署。

初五日　到署。

初六日　会议政务处奏事。进内。到署。

初七日　到署，英使来晤，为禁烟事争执，语甚无理。就子友、简香、旭生之约。

初八日　到署。晚偕馨吾见杏老，议大借款事。

初九日　到署。借款事嘱周子廙往杏处随议，已有头绪。拟致英使争片马照会。复伯唐书。

初十日　进内奏事。到署。就丁少兰约。

十一日　到署。春寒，雨雪。

十二日　到政务处。晚约同人在高子益处春宴。

十三日　到署。

十四日　到署。义署使博兰璧拉来见。俄使面递照会，以设领、贸易两事其政府不满意，仍加哃［恫］喝之词，当与馨吾、向之驳辨。夜就馨吾约。

十五日　到署。夜就正金银行小田切、实相寺之招，以日妓侑酒，并演艺。一人卧地，举双足，承以大鼓，盘旋不坠。又设木架二，上置自行车，一人乘之，或双足立，或一足立，或侧或竖者数次，如履危石而不惊。又一人仍卧地举双足，童子约七八岁立其上，俯仰屈伸，无不如意。小道可观，即此亦寓东人尚武意也。

十六日　到署。馨吾往俄馆与俄使论前事，其口气尚和平，而各报皆言有进兵意，强权要挟，事殊叵测。那相太夫人二周年，至柏林寺致祭。又吊瑞鼎臣，已自绥远归矣。

十七日　吴琴坡自太原回归化，过此。那相来晤。过馨吾。到署，拟复俄使照会。英使会晤。

十八日　到署，接伯唐密函，论时事甚危切。接孙紫绶师讣，捐馆于安庆学署。同治丙寅、丁卯间，余随侍先公于寿州报销局差次，所从受业者也，今则师资尽矣。

十九日　至瑞宅作吊。又祝黄慎之七十寿。到署。

二十日　进内奏事，改宝星为勋章各折片均奉准。到署，将伯唐信送邸相阅。致六弟书。

廿一日　涛邸约南苑阅禁卫军操，因雨雪改期廿五。到署，荷兰属地设领，约陆使与驻京和使贝拉斯磋商，已有成议。

廿二日　到署。晚约各使公宴。至政务处。

廿三日　接六弟电，印儿病剧，要喜往视，以将开学电复慰之。到署。阅操又改廿八。

廿四日　到署。俄使复来照，以设领、贸易、免税三事前复未详，限廿八以正式公文答复，认其正月十八日来照六段云。

廿五日　到署，与同人商拟复俄使照会。

廿六日　香侄派收义善源账，南行，嘱其顺视六弟，并回苏时面告二、三弟近状。与蔚若、子静、和甫看竹。馨吾又来，酌改复俄使照会，并拟致萨使电。

廿七日　电、照均进呈后发出。见那相谈。到署。六弟电云，电复函详，又接其廿二信，述印病情，恐已不支。将信将疑，尤念弟不置。

廿八日　接澄儿禀，即谕复。又复二、三弟书。十一钟在永定门外车站乘军用火车赴南苑，应涛邸、搂公之约。到者皇族，蒙古王公，荫、寿尚书，徐相，伯行，季皋，馨吾，润田，彝卿，锡侯，诸侍郎，姜提督。十二钟午餐，阅兵一巡，登台阅走排，又阅蒙古马队、新兵步队各演技艺，又阅机关炮射击，又阅体操、拳术、蹟跤，又运动。时已四钟余，小憩二刻，阅官长击刺，又阅运动会。未毕，五钟半即开车回。步伐整齐，将校和睦，艺力壮健，均有可观。晚八钟就日本代使本多之约，座有医学博士北里柴三郎等。

廿九日　雨雪。过伊犁将军志伯愚谈。祝庆邸寿。到署，俄使照复：政府来电，接照会甚为满意，仍敦和好。

三月初一日　到署。喜儿昨至清华学堂，今日开学。

初二日　陈安生（贻范）来。志伯愚来。到政务处，议复梁尚书电，并交军咨处、陆军部、库伦大臣条陈会议说帖，内阁及暂行官制、弼德院官制说帖。到署。德雷使辞行。奥驻义大使、前外务部大臣吕□□[①]均来晤。接六弟书，印儿于廿一日未刻竟尔怛化。此子聪明纯厚，乃不永年，六弟夫妇一再经此变故，何以为情。自伤德薄，并无以慰吾弟，感悼殊深，强作排解，即函复六弟，并电嘱遣乳妈速回，免其触目增感也。

初三日　到署。奥顾问大臣吕簇来晤。德雷使来辞行。

初四日　到署。与同人至庆府观剧。

初五日　到署。英朱使会晤，谈禁烟事。吕簇觐见。

初六日　德雷使觐见。到署。接伯唐电，初五乘轮由沪来京，使事暂交参赞代办。当转达邸相。祝振贝子生辰。荐颖如与关伯衡为京张路友。颜康侯由苏来，仍嘱下榻寓斋。

初七日　到署。颖如复，愿就侯马电局，为致函杏、蔚两公。夜招奥吕簇及代使师特克等宴饮。

初八日　到署。夜就英朱使招饮。

初九日　到署。雷使昨已行，不欲人知也，卢克卜署使事。

① 原文空二格。

初十日　雨竟日，春雨之多，为京师近年所未有。接六弟书，复增伤感。上海电政局督办周翼云来晤，荐梅先与之，即致梅先书。

十一日　约虞洽卿、沈礼昆、刘士熙、陈安生、杨若米、汤仲敦、许季昌、陶君乐、吴同叔午饭。早奏事。

十二日　至政务处，议四国借款、滇桂造路等事。到署。接粤督电，署广州将军孚琦阅操回城，被匪枪击殒命。

十三日　到署，比贾使带刚果大臣樊男爵来晤。是日两宫移跸西苑，摄政王在勤政殿办事。黑龙江议界委员张国淦来见。

十四日　到署，泽公约同那相、盛宫保与美、法、英、德银行代表会议币制及东三省借款。那相与余因赴俄使晚饭之招先散，明日派陈安生、颜骏人至盛处核对合同英汉文。

十五日　贺诚玉如嫁女。到署。晚赴比贾使招饮。

十六日　到署。伯唐抵京，约在馨吾处畅谈，润田亦到。

十七日　度支部会奏借款事。夜在公所，由那相柬邀比使及樊男爵夫妇，并邀法、丹参赞之妻等，我则以谙西语之胡馨吾夫人等作陪。男女合宴，西人以此为常，本署则初次举行耳。

十八日　省馆春祭，就周子廙、兰初晚饭之约。昨凤石相国回京，今日到省馆略迟。杏老不任拜跪之劳，推余主祭。

十九日　到署。祝奎乐峰赐寿、铭将军生日。贺刘佩五同年娶孙媳，全与九、纪惠川各娶媳。

二十日　到署。日本使伊集院到京，来晤。比贾使、英朱使各会晤。

廿一日　早奏事，至西苑外公所小坐。过凤老、关伯衡。到署。晚约伯唐、馨吾来谈。

廿二日　到政务处，内阁暂行章程又经宸座删改交阅，均无异议。到署。

廿三日　到署。过汪芝房谈。

廿四日　到署。

廿五日　贺庆邸五公子抡将军娶妇。孙慕韩嫁女，伊弟仲瑜接待贺客。吊汪和卿年伯，在源丰堂设奠。少楠来，谈甚久。

廿六日　贺新简东督赵次帅，谈，并晤其弟小鲁同年。到署，禁烟改约经颜骏人与英使磋商，渐有成议。接根生信，为义善源倒欠甚着急，为访李佑三，不值。复晤薇孙，嘱其向新吾询消息。薇孙因禁烟调验，奏请开缺，进退从容，可羡也。

廿七日　复根荪书。到署。

廿八日　到政务处再阅阁制。又到署。约赵志溥、汪、李木斋公所晚饭。

廿九日　到署。

三十日　苏太谊园公祭范文正公、顾亭林先生。到署。晤俄廓使、法马使、英朱使。

四月初一日　到署。进西苑奏事。迓墨大使于车站。（正定府快车出轨，幸未伤。）

初二日　会议王大臣同召见，询内阁、弼德院及内阁暂行章程，均无异议。到邑馆，公请凤老，竹叙竟日。

初三日　各国医员在奉研究会竣事，昨晚到京，今日在勤政殿觐见。施植之请安，总医官伍连德谢恩，先召对。到署。晚约各医员公宴，复开茶会。墨大使巴哲格来拜。

初四日　到署，与英朱使核对禁烟条件汉洋文，磋磨良久。晚就陆军之约，请各医员也。今早墨答谢庆贺立国会大使巴哲格在乾清宫觐见，递国书。上书房宫宴墨代使胡尔达及随员、翻译四人，摄政王入座，侍宴者洵、涛两贝勒，奎、增两内务及外务部那、胡、曹与余，共八人，午初礼成。

初五日　到署。赵次帅来谈。答拜墨巴使。

初六日　政务处会同宪政编查馆具奏阁制、弼德院制，留中未发。到署。晚约墨巴使等公宴。

初七日　未到署。洵邸生日，往贺，观剧。夜，日本伊集院使约陪赵次山。

初八日　到署。那相约往谈，内阁将发表，余即自陈外交重要，才不胜任，请另选贤能。晚公饯振贝子，约英朱使陪。

初九日　谢昨赏绿豆，在北海大他坦行礼。问沈雨人疾，晤谈。就张仲清、章式之、单束生、朱心耕之约，在凤老处看竹。

初十日　内阁官制揭晓，庆总理，那、徐协理，梁崧生补授外务大臣，余署。自知时艰才绌，藉此可望卸肩，天恩祖德，感激莫名。上午与英朱使将禁烟条件签押。谒庆邸。就墨巴使约午饭。朱使又来署，谈画押后应于明日将加税撤捐同时举行。

十一日　进西苑谢恩，与国务大臣同入对，监国面加训词，众俱钦承。到署，俄廓使偕其下议院长顾赤罗福来晤。禁烟签押事奉上谕一道，随同总、协理大臣署名。到署。

十二日　到署。

十三日　泽公，盛宫保，绍、陈两侍郎约在农事试验场公宴德、美、英、法四国公使及银行。散后就佩鹤乔梓省馆之招。

十四日　改值日期，外部第一日奏事，在军机旧直庐小坐，见总、协理。到署。

十五日　到署。

十六日　约桂智臣、谭子纲、王钟骁、王霖若、赵思蘧、胡若云、刘颖如、少楠午饭。晚就张君立招。

十七日　在旧内阁大堂会议，庆邸未到。到署。

十八日　仍会议，庆邸到。到署，英朱使来晤。

（眉注：带领俄下议院长顾赤罗福在勤政殿觐见，午刻约俄使及顾议长在公所宴饮。）

屠寄致赵凤昌信札整理

李志茗　孙光耀　整理

说明：国家图书馆善本部编《赵凤昌藏札》（国家图书馆出版社2009年版），收屠寄致赵凤昌信函32通（第4、7、8册），时间跨度从1889年至1920年，达32年之久，不仅反映了二人之间的日常生活和人情往来，还记录了不少屠寄的亲身经历和所见所闻，涉及官场生态、地方民情等，揭示了清末民初政情与社会的多元面相的鲜活图景。

屠寄（1856—1921），字师虞，号敬山、结一宧主人等，江苏武进县（今常州市）人。近代中国著名史学家、文学家。曾入两广总督张之洞幕府，负责教育与出版事宜。后于光绪十八年（1892）中进士，历任工部主事、京师大学堂教习、浙江淳安县知县等职。武昌起义爆发后，投身革命，任武进县民政长、水利总董等职。热心教育和著书，编有《国朝常州骈体文录》，撰有《结一宧骈体文》《结一宧诗略》《京师大学堂中国史讲义》《蒙兀儿史记》等。

赵凤昌（1856—1938），字荣庆，号竹君、惜阴等，江苏武进县人。先后入姚觐元湖北按察使、广东布政使幕府，张之洞两广总督、湖广总督幕府。光绪十九年（1893），因

＊本文为2021年度上海市哲学社会科学规划一般课题“上海绅商赵凤昌的社会交往研究”（课题批准号：2021BLS005）的阶段性成果。

整理者：李志茗，上海社会科学院历史研究所研究员；孙光耀，华东师范大学历史系博士研究生。

被奏参，革职回籍。次年移居上海，以经商为生。因关心政治，参与清末民初诸多东南大事，影响政局，被誉为“民国产婆”。著有《惜阴堂笔记》等。

屠寄与赵凤昌同乡、同年，且同入张之洞幕府，二人交往甚深，书信往还频繁，其中屠寄致赵凤昌信札被精心收藏，保存于《赵凤昌藏札》中。今据《藏札》顺序标点整理，并对信札写作时间及涉及的人物、事件略作考释。

一①

竹君仁兄世大人阁下：

昨者枉临，备传尚书盛旨，命拟小笺，不胜愧悚。尚书身负盛名，才兼众有，斟酌轻重，通问四方，宜妙简时贤职司书记。弟局量有限，苻采无奇，虽敬礼小文颇尝留意，而道和尺牍窃匪擅长，重以零丁属衅②，笔墨弃捐，丧者无文，此事殆废，猥承奖诱，勿敢故违，勉竭愚思，未娴楷则，脱有后命，善为我辞。手此奉布。敬请升安。

世小弟制屠寄顿首

十八日

附上启稿二件，即乞转呈。

① 该函应先于下函，写于光绪十四年十二月至光绪十五年二月间的十八日。屠寄于光绪十四年十二月初抵达广州，进入张之洞幕府，与赵凤昌成为幕府同僚。赵凤昌和他从小就认识，了解他具有深厚的文字功底，因此向张之洞极力推荐，才有他本信开头所言内容。

② 零丁，本是孤单没有依靠的意思，这里屠寄用来借指自己。光绪十四年冬，其本生父去世，而其嗣父则早逝。后面的“丧者”也是屠寄自称。

二

（光绪十五年三月八日）

竹君仁兄世大人足下：

往者南来，辱承尚书盛意，出入礼接，款晏频仍，甚感且愧。尚书文章经术、德业闻望辉映今古，而孤子以吴下寒畯，学植浅薄，加在弱齿，贸然与之亢礼，诚非所安。昔乡先生洪稚存、黄仲则在朱笥河学士幕①，一时有猿鹤之誉。笥河以弟子畜之，二君以师礼事之，当世不以为非者，诚以朱先生通儒硕望，足以师表人伦，而二君才品亦不愧附骥，非苟且附会而已。今虽孤子学业不逮洪、黄，而尚书名德过笥河远甚，窃不自量，愿出大贤之门，朝夕承诲。万一学业稍有成就，庶后之作者知其渊源有自，幸甚幸甚。若以为尚书位高势重，或藉此以为夤缘幸进之地焉，孤子虽不肖，亦尝奉教于君子矣。谨录旧所为诗、古文辞都一帙，求足下代呈，为之先容。倘尚书以为可教而辱教之，他日公余之暇，祇即进谒请业。又所录诗文仓卒不及庄写，往往杂以行草，唯尚书观其大意，略其曲谨，足下代呈时为我并及之。又所辑《国语贾逵注辑补》《续小学钩沉》《字林考逸》《补三国志音义》并未脱稿，不及附呈。此请升安。

孤子屠寄顿首

三月八日

① 洪亮吉（1746—1809），字稚存，江苏阳湖人。清代经学家、文学家。黄景仁（1749—1783），字仲则，江苏武进人。清代诗人。朱筠（1729—1781），字竹君，学者称之为笥河先生，顺天大兴人。清代学者，历任安徽学政等。

三

（光绪十六年闰二月十三日）

竹君仁兄世大人阁下：

顷奉手告，惊谂老伯大人遗荣弃养[①]，奄归道山。典型不存，老成颓谢。寄与贤昆季年过三十同为鲜民，团团素冠，顾影相吊，风木之感，痛何可言。阁下至性过人，哀戚逾礼，但毁不灭性，先民之训，尚祈节哀襄事，为道自重。知百日后赴鄂，墨绖从事，士为知己，不得不尔。卜吉安葬，从速为宜。寄无力买山，先灵未妥，栽松杖柏方且无期，已催舍弟妥速觅地，拟秋冬之间归营窀穸也。敬此。唁复刍仪二元，祈代奠为幸。肃请礼安。

世小弟制屠寄顿首

闰月十三日

莲塘大兄、澄卿二兄、纯卿三兄、巽卿五兄均此唁候[②]，恕未另。

四[③]

竹君四哥大人阁下：

春末在海上承酒醴笙歌之宠，酣嬉淋漓，乐而忘去。一入软

---

① 老伯大人，指赵凤昌父亲赵焕，于光绪十六年二月初四日去世。见赵完、赵凤昌等编《八世沛霖公哀启》，《武进青山门赵氏支谱》，第5卷，民国十六年崇礼堂刻本。

② 莲塘大兄、澄卿二兄、纯卿三兄、巽卿五兄，分别为赵凤昌的大哥赵完、二哥赵凤章、三哥赵凤书、弟弟赵凤韶。

③ 该函应写于光绪二十年八月初二日以后不久。信中提及“李芍老近署工部”，李芍老，即李文田（1834—1895），字畲光、仲约，号芍农、若农，广东顺德县人。光绪二十年八月初二日，李以礼部右侍郎兼署工部右侍郎。

红尘内，不堪回首重思。薛次申[①]观察来云，于沪见金如玉，尚承询及屠翰林，不知弟已与少陵野老同官矣。弟之散馆卷落在高阳[②]之手，嫌其字势不合，馆阁抑置二等之末，常熟[③]再三力争，始移置二等之第六，以为尚可留也。及拆弥封，江苏八人，弟名次第七，翁、汪诸公浩叹而已。其实弟本不以留馆为意也。及掣分工部，知补缺费时日，颇少发愁，拟改知县。寿州尚书、钱塘侍郎[④]皆昔日知己，而今日堂官也，闻弟有此意旨，其抱屈小就。钱塘面属同乡朱又笏庶常属弟，以为与其改知县，不如径改知府。到部十日，即奉派充庆典处帮办，拟援大婚、方略成案，改捐同知过班知府，指省云南。云南十四府题调外补之缺七、选缺三，而候补知府止有五人，在任候补者十人，缺多人少，补署为易。谭序帅[⑤]生平知己，见待甚优，其相赏之雅不在南皮[⑥]之下。王夔老处亦另有先容，方伯史公既系同乡，廉访岑公亦乙酉同年岑春萱太仆之胞叔，上台四处并有渊源，或者此行不至落寞。唯道里极远，人皆裹足不前，然正唯去者少，我辈始可去也。庄子曰："天下皆知美之为美，斯恶矣，皆知善之为善，斯

---

① 薛华培（1861—1906），字次申，四川宜宾人。江苏巡抚薛焕第三子。曾任湖北候补道。清代收藏家。

② 散馆，清代庶吉士学习期满，经考试分别授职。屠寄于光绪二十年四月参加壬辰科庶常馆散馆考试，签分工部主事。李鸿藻（1820—1897），字兰孙，直隶高阳人。历任礼部尚书、吏部尚书、军机大臣兼总理各国事务大臣等。

③ 翁同龢（1830—1904），字声甫，江苏常熟人。历任刑部、户部尚书，军机大臣兼总理各国事务大臣等。

④ 寿州尚书，即孙家鼐（1827—1909），字燮臣，安徽寿州人。历任礼部、户部、吏部、刑部尚书、管理学务大臣等。钱塘侍郎，即汪鸣銮（1839—1907），字柳门，浙江钱塘（今杭州市）人。历任工部左侍郎、吏部右侍郎等。

⑤ 谭钧培（1828—1894），别字序初，贵州镇远人。历任江苏巡抚、云南巡抚、云贵总督等。

⑥ 张之洞（1837—1909），字孝达，直隶南皮人。历任两广总督、湖广总督、军机大臣等。

不善矣。”班勇曰：“不入虎穴，焉得虎子。”指分此省，亦人弃我取之道乎？知相爱之深，恐滋疑怪，用详告其委求之故。尊事不闻人论说，虽常熟、钱塘、贵筑皆雅知阁下者，见面之日亦未垂询，弟故不便发端。唯屺怀曾在季和处为君力辩，孙府尹在湖南馆音尊前唱言阁下冤抑。而常熟见弟极推南皮任事之勇，惟概言怕用士大夫而左右无人辅道，多仰承意旨、唯唯诺诺之人，而极诋蔡毅若。[①] 弟言南皮左右颇皆谨慎奉公，蔡道经手事多，劳而受怨，外人言其操守不可信，恐非确论。自东事起后，弟只见一次，亦不暇论鄂事矣。疆埸之事论者纷然，各部司官多有条奏，同人劝弟仿效，一笑谢之。弟甘心藏拙，阁下以为何如？李芍老近署工部，待弟之优虽汪、孙不如也，既免堂署之礼，屡锡文酒之燕，南皮、镇远之外又得一知己。故分部之后，弟至今坦然，未尝以夺我风池、乱我方寸。人各有自立，岂以翰林主事为升降乎？一二不甚相知之人每以抱屈见慰，甚无谓也。唯顺德侍郎为弟相面，以为将来官至巡抚，而有风波，中间断弦。弟本知相，自谓必做外官，风波亦自定有，内子多病，断弦亦在意中，官至巡抚即不敢必。顺德持议不改，且与屺怀说之，岂顺德之善谑乎？聊述之，以博左右一粲，慎勿告人也。

莲塘迟迟不销差，陆峿山颇受浸润之诤。巢冰叔发电不详，留峿山信电报局中而入京。顷询尧臣，知莲塘已北，乃稍放心也。小山既失京察，大考又失意，往来海上曾晤及否？屺怀虽销察看，见机不考差，拟俟三科六年俸满后改外。弟接鄂信，知内子肝风大发，第四儿失乳，雇乳媪，得毋顺德侍郎之言欲验耶？糟糠之妻望白头相守，闻之焉，减眠食，比失却馆职为忧特甚。舍弟已纳宠，居然齐人矣。弟顷在京亦有所眷，恐伤内子心，不忍竟纳。葆真所识已作黄鹄，懊恼欲死，可笑也。拉杂奉渎，如

① 蔡锡勇（1847—1897），字毅若，福建龙溪人。张之洞亲信幕僚。

有复示，乞交君立转交，或径寄绳匠胡同缪宅工部屠收尤速。敬请台安。

世小弟屠寄顿首

五

（光绪二十四年六月初八日）

竹君仁兄世大人阁下：

去秋匆匆把晤，未畅所怀，别来又经年矣。比想兴居佳胜，潭府吉祥，令嫒微恙当已霍然。弟于役穷边，多历年所，虽蒙雨帅[①]宾礼，意思拳拳，而事会所迫，至竟一筹莫备。年初议办木植，本非为利，徒以山民风气未开，免得俄人入山自伐，致生枝节，是以创代办之说。而仓卒设立公司，草订合同，适少逸观察在省推为总董，先行由雨帅电奏。嗣因总署电询周某，僻在漠河能否兼顾，于是雨帅复以弟承乏其间。现在砍伐如数，陆续起运，八月交期，谅不致误。然恐创办维艰，将来核算，难保不稍有亏折，明年方有把握耳。少逸参撤矿务，专办木植，弟从此可以息肩。阁下见爱，故详以奉告。吴氏媳昙花一现，遽尔殒折，舍间一晌瞒弟，今年春始闻确耗，幸产一男，至今无恙也。弟近附电股二十分，已由李仲敏转托杨暄翁，将电股票折交阁下费神代寄舍间，至祷至祷。又敝宗衍庭由观厂南旋，弟托带家用银二百三十两，由舍弟在爱珲就近托人划付，已由舍弟接有衍庭临行回信，言款已收到，必携交舍间，不误云云。（经付之胡仲敏，亦有照会寄来，并敝宗松泉屡次有信在家函中。）闻衍庭故在上海，身后款项由杨暄翁代为经理，除衍庭本人之款三千金外，尚有同乡托带之款约三千金（共六千金），开有总单（临行在厂，

① 恩泽（？—1899），字雨三，镶蓝旗蒙古。历任吉林副都统、珲春副都统、黑龙江将军等。

同人代草），弟款亦在其内。前专函托杨暄翁代查，可否费神代询暄翁有无此款，赐一复电，不胜盼祷。时局日危，可胜叹息。南皮应召而中辍，未始非福。中枢事多掣肘，尚不如在外办事较爽快有益也。阁下必以弟为知言。手此泐上。敬请台安，不尽缕缕。

世小弟屠寄顿首

六月初八日

外，家函一缄，乞代交信局，至属。

六

（光绪二十七年十一月十四日①）

竹君四哥大人阁下：

前月解缆，风逆行迟，弟自盘门脱身，赶趁前船，于廿四抵里。令侄同小价至阊门，船已开，迟一日到家，均安善，足慰廑系。顷想兴居佳胜如颂。两宫回驾，实足慰中外之望。俄约之成否与回銮实系两事，逗留中道，诚无益也。大臣中以谏阻回銮为计者，鄙意以为迂谬，否则别具肺肠。诚使君权全复，新政勤颁，先足系万国之观瞻，夺强俄之骄气，则密约不期转圜而自转圜，较之傍皇歧路、万几坐废不犹豫耶？弟在京时，深知留京政府与行在政府事事猜忌，推委一切，废阁动云俟回銮举办。天下事急急如此，岂复堪坐误耶？子宽肄业东京同文书院，初入三班学生，近已超入二班。据云十七阅月，中等普通可卒业，大约光绪廿九年暑假期满，即可择习专门。今寄去洋十元、菜一罐，敬

① 屠寄在《第十世讳成忠公家传》中说：“辛丑十月，寄自塞外归，道出上海”（载《叶公澄衷荣哀录》，光绪二十八年怀德堂铅印本），而本信又有“前月解缆，……于廿四抵里”之句，则可知此信写于光绪二十七年十一月十四月。

求费神觅便带往，不胜感祷。袁信及幛并乞代寄沪上，妥便较多，且不知袁宅住址，恃爱琐渎，不安之至。闻蛰仙[①]言，先师年内卜葬西湖之濒，已托代探葬期，届时往会也。手泐。敬请筹安。

弟寄顿首

十四日

嫂夫人、如嫂夫人均由内子属笔请安。文郎、令嫒并念。

七[②]

示悉信件，并收到函封二。缴核款祈饬速拨，正需用也。晚间无事，容诣谈。此日作《伽蓝记注》，甚辛苦，自拟放学一晚也。此复。敬请竹兄大人台安。

弟寄顿首

八

（光绪二十七年十二月廿日）

今日十钟同袁世兄赴松江，约廿二日回沪。有复小儿一信，忘其新搬地名，求照彼信代填发邮，至感。昨日雅集，主客皆极一时之选，且大半旧雨，泥饮剧谈，为入塞后第一快叙。摊派若干，务必实告。照片洗出祈交一分。此请竹君仁兄大人早安。

弟寄顿首

廿日清晨

---

① 汤寿潜（1856—1917），字蛰仙，浙江萧山（今杭州市）人。光绪十八年进士。曾任安徽青阳知县。武昌起义爆发后，投身革命，被推举为浙江军政府都督。

② 据董寂编《屠敬山先生年表》载，庚子年间，屠寄从东北逃回关内时，手注《洛阳伽蓝记》5卷丢失（见《江苏文献》1942年第1卷第9、10期）。再根据函中内容，他和赵凤昌见面方便，晚上可上门晤谈，则该函疑写于光绪十四、十五年二人在张之洞幕府共事时期。

九

（光绪二十七年十一月廿七日）

竹君四哥大人阁下：

顷奉手谕，领悉一切。叶君[①]行述讫［迄］未奉到，前月在沪，但见赐学堂章程一本，既须作家传，宜叙述生平，非通观终身言行大略不可，祈属时勋兄[②]速寄为盼。在里心静，宜于笔墨，若至沪后，酬应较繁，不便伏案也。昨晤陈默之云，先师袁公[③]茔地未定，世兄仲默正在杭垣，寄撰礼经宿草不哭之义，拟必于年内一往松江，奠杯酒、哭诸影堂之前，稍申在三之情。届时持叶君传稿来沪，与阁下面商上石，一举两得也。孙慎卿之父官名世馥，住宝源祥。（去年舍弟在沪曾代慎卿送信件否，不知今尚寓彼否。）开复樵野侍郎[④]之谕最失国体，军机处可谓无人。英、日、美干预俄约，将来或可稍稍挽回。但展造铁路不得借他国之款，合肥往年订俄路约时已订煞，恐难再与辩驳。（犹忆俄人往年曾向华政府索造自奉天入榆关至京铁路，华政府以有碍华路之利拒之，彼即云此后中国亦不得展造三省铁路以碍俄路之利，盖前所索者空言，正欲华政府拒彼，乘机以我之矛刺我之盾也。）再，内有一事可以让俄于我无甚大害，于俄却有大益，现在政府未必知，而寄所深悉者开呈阁下，转告南皮，电达政府藉明我让，以慰俄人，即各国亦未必以为非者。别附图贴说于后。手复。即

① 叶成忠（1840—1899），字澄衷，浙江镇海人。中国近代著名甬商。

② 樊棻（1844—1916），字时勋，浙江镇海人。中国近代著名甬商。

③ 袁昶（1846—1900），字爽秋，浙江桐庐人。光绪二年进士。历任江宁布政使、太常寺卿等。义和团运动期间，因忠谏被杀。

④ 张荫桓（1837—1900），字樵野，广东南海人。历任总理衙门大臣、户部侍郎等。

请筹安。

弟寄顿首

十一月廿七日

如南皮不以为然，寄亦当登之日报，使我政府知之。

一、凡红线以内，中国名旧爱珲，有爱珲城。康熙间黑龙江将军萨布素驻军其地，西南距今黑龙江副都统城十二里，隔江相望。旧爱珲附近旗民村屯约五十余，居民约五六千，光绪二十六年七月二十一日尽为俄人驱投江中，房屋焚毁净尽。

一、康熙时黑龙江布特哈牲丁散处江左及精奇里江左右者，绵地甚广。咸丰八年割弃江左，东南至乌苏里江。当时以黑龙江为界，江右属中国，江左属俄罗斯。条约内申明江左原住之中国人仍旧准其居住，似于有分土无分民之义为合，然约内明言以黑龙江为界，则江左中国人不啻寄居，但不纳地税、不抽丁税而已。

一、光绪九年以后至二十六年七月廿一日以前，红线所画之界，乃前道员李金镛与彼国公同画定。近年彼国屡派员往该地查丁口，迫令造册，意欲其入俄籍，而其地居民不愿。所以然者，江左旗人并不当黑龙江将军及黑龙江副都统衙门差使，亦不纳貂贡，名为中国人，实同化外，如入俄籍，宜纳地丁税矣。然俄人本意，即无庚子之变，终必令其入籍。

一、黑龙江九月冰合，彼国沿江设马车站，必过旧爱珲，且沿江电杆亦有立在爱珲者。彼国近年甚形不便，而其地居民间有挖坏站道、砍伐电杆者，彼积怒已久，故庚子七月寿将军开衅后，彼国报复，其地居民受祸最烈。

一、旧爱珲错在江左，所居旗人既不受将军、都统约束，其性犷野，易开小衅，亦非中国之利。今死者既死，先日渡江得脱者，房屋已毁，田地已芜，当亦无意复业，再受彼国欺陵［凌］。

一、照各国战例，此地乃彼国用兵力所取，可不交还。且为我国最先开衅之地，彼国万不肯交还，即使交还，我国旗人亦断不敢再居彼地。

一、旧爱珲本在黑龙江左，咸丰八年划分俄界之内，为地不多，如此次中国割让与俄，他国当可无词争执。即有争词，我政府可据咸丰八年旧约为谢。

一、旧爱珲交还中国，有损无益，不如明言让俄，而争他处利害较大之事。

一、旧爱珲一地，中国政府、督抚知之者颇少。此次定约，争宜明争，让宜明让，不可任俄暗得此地。

武进屠寄注

十

（光绪二十八年四月初三日）

竹君四哥大人阁下：

久不通音讯。此间无总办，一切草创纷乱，加以两次甄别，两次复试（此正可不必），各书院课卷平校甲乙，苦不可言。顷于千百忙中，将王先生《渤海图》缩绘一分[①]，其中有增有减，大抵不背原说（原图有里至，然亦不确，似乎可删）。至原图经纬线不免稍差，则据邹沅帆译图为蓝本，别据日本《时事新报》图、《奉天新图》校正，不敢自谓必合，然绝非无知妄作者。此间同事绝无一人知绘图者（分教如此，可想中国学堂安得有成效）。寄本非所习，然少时曾用土法绘图，在黑龙江时与所调天

① 王庆云（1798—1862），字家镮，号雁汀，福建闽县（今福州市）人。道光九年进士。历任户部侍郎、工部尚书等职。《渤海图》为其于道光二十一年所绘。

津学堂武备生上下其议论（合肥所创天津武备学【堂】，成效实胜于广东、湖北），稍知其理，未习其法，此次用铁笔摹绘，粗率不堪，重以年近五旬，目力、手腕均不如心，只好如此塞责，请代谢不敏于旭庄公祖①，最好再照寄图请人复誊重缮（字用宋体尤妙），上版或石印，必不得已，照此石印亦可矣。叶君传来纸系所谓玉版宣者，其名甚美，殊不知全球上最恶劣之纸无如玉版宣（纸用石灰、米汁堆砌而成者）。此后应请明降谕旨，严行禁止再造，莫大功德。我辈当逢人便告，相戒勿买玉版宣（寄请改名石灰宣）。此次传文，寄拟用绢书，然性有申缩，书之不合式，特敬求我哥代买东洋信纸料，整张纸二十张（所谓信纸料，即此次本信本纸之料），不必画格，包好寄下，功德无量。学问日新，书画日精，印书日多，而中国纸料最不合于印五彩图，如能兴一造纸公司必获利也（即多造此等信纸料）。伊川古拙可敬，不闵寄本守旧者，性实顽固，尚不能耐学堂一事楮墨劳敝，分教中无一适当之才，寄只得以一身贴入，每日代讲一二时间（现在自习动植物学）。然岂常法，且各种新学，寄方当补习，何暇教人，不过心知其意暂为指点而已。昨与蛰仙书，有愤激之词，蛰老复书颂言相责，反戈相斗方无已时，公晤蛰老试一询之，当失笑也（寄与蛰老书皆负气相争之言）。手泐。敬请台安。

弟寄顿首

四月初三

外附《石渠纪图》二（册幅），收到速请作复，以慰悬盼。

---

① 王仁东（1854—1918），字旭庄，王庆云孙，福建闽县人。光绪二年举人。历任江苏候补道、苏州粮道兼苏州关监督等职。

十一

（光绪二十八年七月廿三日①）

竹君四哥大人阁下：

溽暑未退，久不作书，想自夏涉秋，餐卫无恙，潭府均吉。弟自四月开学以来，念学生中未受家庭教育者多，不得不先与讲明中外古今伦理，聊示学堂秩序，抑其野蛮之性。诸生醇谨太半，其桀傲者斥一人、罚二三人，自尔恂恂受教。至近日稍示以宽大，于是师生畏爱相结，团体大固。惜有缺点五种：一、汉文分教不适宜（故历史、舆地、博物三科学，寄自上堂讲授，其实非总教之职也，然寄则太善矣）；二、学生年齿太高（逾二十三四岁者大半）；三、无善课本；四、学堂不合式；五、总教无全权（对乎设学者言）。此次暑假后，开学不满十日，诸生纷纷应试去，一暴十寒，前功半弃甚矣，科举之为学堂害也。

子宽自俄来禀，未及蔡使事②，大都因暑假旅行，不在留学生会议之列，且近病脚色，方在延医，脱身是非之外，诚为幸事，然蔡使则谬甚矣。宽以教员及同学坚约旅行避暑，往返川资稍费，前款已罄，幸将电报股息代汇，与日本银元百番（除春间挪用尊处廿元外，余祈汇常州舍间）请交正金银行，径汇东京神田区锦町三丁目十八番地同文书院交收，藉免往返横滨取携之费也。此次暑假前，大考日文及会话与历史，宽皆第一；（次儿密在无锡高等小学堂，暑假前大考，总案第一。）体操平日本高等，因其日偶患风寒，不及格；算学十题误答其一，以故总案第三，彼来禀，颇抱愧。其实游学不及一年，于二百人中考得第

① 乡试一般在八月举行，根据信中“此次暑假后，开学不满十日，诸生纷纷应试去”，可知该信写于七月二十三日。

② 蔡钧，字和甫，浙江仁和（今杭州市）人。历任上海道台、驻日公使。

三，已足为好学进益之据。据云，秋后数学已毕业，将学代数、物理、化学矣。知注附闻。手泐。敬请升安。

弟寄顿首

廿三日

附上家信一封，乞并汇款交正金银行。日内拟回里，八月节后再来，如蒙赐复示，请寄常州麻巷瑞芝堂吴宅第四进工部屠某。

十二

（光绪二十八年九月初一日）

竹君四哥大人阁下：

叠奉手书及吴太夫人寿启节略，本当即日奉复，因前月至今创办藏书阅报社，同人推寄为首，请官给示保护外，仍集二三学友在敝庐，日开演说会，以劝学设学堂为目的。每休沐，集育志蒙塾演说，听者塞屋，阅报者日三四十人。月余以来，蒙学课本及新译之书大销，大约家庭教育已知改良矣。两邑创办小学，杨君桂墅虚衷垂询，寄因前所规画之课斋横长纵浅，且两斋对面相去八尺余，则教习讲授，诸生诵读，彼此音声易于相混。寄决议改为一顺南向，而又改三进为两进，使屋之深长如四与六之比例（旧三七比例）。又决议以聘请分教全权及财政输出全权，并授诸华若溪一人，不使他人得掣其肘。此皆弟身验其弊，欲就仪董改良不得，归而施诸吾郡者。小浦①与寄同心，力赞成鄙说，诸绅亦无闲言。或者将来成效较胜他处乎？寄又以一城之内小学顷二三十所，现在无款开拓，因极力

① 张鹤龄（1867—1908），字长孺，号啸圃，江苏武进（今常州市）人。光绪十八年进士。历任京师大学堂总教习、湖南按察使、奉天提学使等职。

劝有力者多开塾。余东生兄首先愿就家塾改作学堂，概［慨］助经费二百元，并其房屋不取租，然豫算经费至少岁需八百元（桂墅兄将公立学堂捐款拨助三百千一年，寄将来须请拨五百千），尚须有热心经理之人主持其事。寄意延驻堂教习二人，别请名誉教习二人，按时分教，即在公立学堂所请之西文教习内附订合同，添西文夜课两点钟，开办经费募捐另筹，此学堂即名武阳公立第二小学堂，尚求阁下费神就沪上同乡为募捐开办之费，多多益善。昨又与桂墅等呈请本府豫筹中学堂经费，桂墅请每粮串一纸，取纸墨钱五文，计武阳两邑可得四千余串，合之八邑约可得二万串之谱，以一半作中学费，一半作推广小学费，事似可行也。《叶传》五月间即已由扬专差送镇江顺记，掣取收条，不久即奉时勋兄道谢之信，何以阁下两次来信尚提及此，想时勋未奉告耶。今日见小浦，在渠宅公商第二小学事，必代催前项文字，今日本拟动身赴扬，因同人苦留，决议此事只得再缓一二日。吴太夫人序尽初十日必寄上。仪董补招学生一班，添设课堂而不添汉文分教（全堂分教四人，其二西文，一算学，其一但能帮教初级算学，其余一切科学不敢上堂，寄与副教习直代任分教之事，可笑之至），弟只得殉之以身，故十月初未必能作沪上之游，观叶彩之寿宴。竹楼兄书已接到，迟日并序稿函复，乞先代道歉忱。手复。敬请台安。

弟寄顿首

九月一日

再，吴母寿辰请就近代备金字红缎（麻□本）幛全幅，加配烛、酒、面、桃，大约以二十元为度。费神，叩头叩头。

十三

（光绪二十九年三月十六日[①]）

竹君四哥大人阁下：

去冬匆匆一别，到京后与小圃商办一切学务。事当草创（上堂十次），诸多困难，加以现编课本，弟兼史学、舆地二门，每星期须编四课（每课千数百字达二千字不等），是以年假期内都不得休息，以致与公音问阔疏，想蒙曲谅。不审比来兴居如何，蛰仙何故不就澄衷一席，反在杭州帮顽固官吏之忙。挚甫一席，明知蛰老决不愿代当其任，两管学既殷殷，勉与小圃介绍，今彼既不来，此席尚虚悬也。小圃力辞总教习之薪水，而实办总教习之事，寄亦辞不为副总教习，而实帮小圃之忙，大都均存去志故耳。大学堂同事大半明通，似较他处学堂稍优，是以开学到今绝无冲突。去冬各报诋毁大学堂，多恩怨之言（有某某者因事撤［撤］差，与报馆联络以泄愤），不足信也。弟与诸生颇称相得，惟杨仁山同年及英文教习文廉不惬于学生之心，今均自求退矣。荣禄之死，除去一害，庆邸继之，或此善于彼，且观其设施何如。杏公之封翁早已开吊[②]，寄前此过沪，匆迫未往一奠，乞费神代制一幛送之（幛价请在电息内，并前十六元一同扣除）。弟选期约在秋冬，不知食禄何方耳。张冶老[③]前代弟查部册，名在第六，知寄不愿留京，笑谓弟曰："君考取经济，愿君仍用京官。"弟笑答："本无经济，不敢赴试，怕要辜负举主之恩。"冶老又谓："愿君得边远苦缺，吾辈便可挽留矣。"弟谓：

---

① 荣禄于光绪二十九年三月十四日病死，故此信应写于光绪二十九年。

② 杏公之封翁，即盛宣怀的父亲盛康，于光绪二十八年九月二十三日去世。

③ 张百熙（1847—1907），字冶秋，湖南长沙人。同治十三年进士。曾任管学大臣，主持京师大学堂，后又历任工部、刑部、吏部、户部、邮传部尚书等职。

“司官自来奔走南北，不择远近，家少债累，亦不择缺之肥瘠。国家不变法，不废科举，学堂难于办得好，所以司官总求大人将来放走，不必留我也”云云。小圃亦求走不得，难得替人。知注附闻。手泐。敬请近安。

弟寄顿首

三月十六日

十四

（光绪二十九年四月十六日）

竹君四哥大人台览：

南皮已至保定，约会袁、盛[①]后晋京。前数日，瞿公[②]于太母前免冠顿首，力荐南皮入枢府，鹿、王二公继之，亦免冠顿首请。太母意颇动，管学张冶老亦有举学堂相让之意。此次南皮入京，正值俄约胶葛，诸公急则求助，未免不出于诚。然为南皮计，内用必不能放手办事也。日、英、美要中政府拒俄，拒之诚善。此事到底虽未必决裂，然无论允俄与否，中国不可不作兵事上准备，徒婉言搓磨无益也。（允俄，则日、英、美必舍俄，而以中国为世界之公敌；允日，则俄且舍日而问罪中国。德、法各以其间自占利便，日、英、美、意、奥亦然。）新党嚣然，持论甚悍，内忧外患，纷至沓来，政府酣嬉应之，宁有当耶？今之君子每轻视新党，以为空言不足为害，然美使康格却临别赠言荣禄，谆谆以变法、用学生为属，谓此辈数年之后，积而愈多，倘一二千人毕业归国，不善用之，使散之四方，甚可虑也。今留学生果结成义勇队矣，名为拒外，心不可知。他日团体愈结而愈大

① 袁、盛，指袁世凯、盛宣怀。

② 瞿鸿禨（1850—1918），字子玖，湖南善化（今长沙市）人。同治十年进士。时任军机大臣。

愈固，政府如不变法以安其心，后事惨不忍言，（今日法不能骤变，但使先停科举，则士心已安。）弟与兄必及见之。南皮禁阅《新民丛报》及《湖北学生界》，可谓大愚。凡禁报一次，其报销场益广，此报馆之幸，而禁者之不幸也。寄与小圃在此讲学，用放任主意，以故师生之际彼此尚属相安，且有爱力。幸冶老明白，同事除于京卿外，宗旨相同耳，否则学堂风潮未必不至京师也。纯卿三兄有信否，粤事如何？前托代寄百金，常州已收到，今续寄八十金，乞仍费神转寄。京师酬应之烦胜于昔日，弟选期约在秋冬间，届时席卷而逃耳。手泐。敬请台安。

弟寄顿首

四月十六日

海上天气正否，乐郎①入夏以来好否？念念。

十五

（光绪二十九年五月初十日）

竹君仁兄大人阁下：

南皮经善沙之推毂，有入外部消息。南皮意，不兼军机不能办交涉，而庆邸却不赞成，大约仍回本任。惟帘命搓磨金镑、赔款及分科停试事，皆难题也。科举事，仁和持不废，不肯会议，声言公等好为之，公专折言之耳。丧心病狂，有如此老！孝章随办字样竟不能改。比日旧病复发，请小浦诊治。近畿方千里赤地无雨，大风昼晦，沙尘蔽天，本初不预谋振抚。离京二十里某地，一日盗劫十七家，而政府及地方全不问。拳匪固不敢复发，民情困于捐输，印花至今未停办（名停实不停）。若再十日不

① 乐郎，即赵凤昌之子赵尊岳（1898—1965），原名汝乐，字叔雍，江苏武进人。中国现代词家。

雨，难免不生小乱。云南之临安、石屏失守，丁督、林抚皆书生，岂足济事，奈何？知注附闻。敬请筹安。

世小弟寄顿首

五月初十日

银信一件求转汇。

东京义勇队之举动、思想皆野蛮，元博①坚未签字，还算有法律。

十六

（光绪二十九年六月廿二日）

竹君四哥大人如晤：

顷接六月十五日手谕，惊谂纯卿三哥凶问②，不胜伤感。纯兄往年逆睹粤中有乱象，携眷而回，孑身而去。虽小心先识，谨慎可佩，然毕竟中年以后之人，骤离家人侍奉，衣食、居处调护失宜，致此伤折。纯兄平日处世接物温厚和平，弟与相交有年，志趣虽各不同，而心服其雅量。三嫂施夫人，弟与内子均见过，素谂其夫妇之间一往情深，今果以身殉，惟弱小男女各二，割慈而弃，抑又何忍，余赀千金，存息能得几何？此后昏嫁又增我哥担荷矣。请于电局息内提银十六元代致奠敬，聊表束刍，至属至属。

电局既于七月初十日商局发息后退回股本，以后虽仍可附入萍乡煤矿、汉阳铁厂，弟均不愿附入，请费神代收回股本，寄交常州麻巷敝宅可也。弟自庚子乱离，辛丑南北往返，中间子宽游学，舍间徙宅，一切稍有亏累，得此可以清偿，他日另筑治生基

---

① 元博，即屠寄长子屠宽（1880—1918），字元博，江苏武进人。曾留学千叶专门医科学校。

② 凶问，赵凤昌三哥赵凤书卒于光绪二十九年三月。

址，所谓无债一身轻矣。

阁下自往年在鄂得虚弱贵恙，积久始瘳，幸而寓沪调摄得宜，渐臻康谧。今遘手足之痛，自然悲感，尚希效道家之达观，遵孔氏之礼制，仲由兄弟之服以时遂除，伯牛独无之忧庶几自释。辱在知己，曷胜劝慰，企盼之至。屡次汇款及旭老奠仪一切，均得复信，费神，谢谢。

大学堂开学半年，诸生进步甚速，南皮来观，当堂考验，诸生依科学应答如流，南皮惊喜，以为始念所不及。惟外间议论，捕风捉影，大抵疑忌学生者多，并指目弟与小浦导学生以自由。此等盲论，诚不足与辩。然新陈过渡时代，撑渡船者诚不易为，故弟与小浦决计共辞教习之差，已得两管学许可矣。自暑假以来，学生驻堂者半，闻弟与小浦将去，三次醵资摄影，两次醵资公饯。前日，江苏馆之谳酒酣，以往师范生蔡日曦不觉失声大哭，且哭且言曰："吾师去，吾辈学生将入黑暗地狱矣。"坐中十余人皆不能仰视，弟与小浦含涕而慰之。先是五月，弟先萌去志，诸生闻者陆续来问消息，其间高才者或以大义责寄，谓师素以教育自任，奈何舍生等而去？寄答以在此无益于诸君，久且有损于我。于是，两馆学生全班百八十余人集议，上书管学请慰留，书见《大公报》，辞甚恳切，南皮亦稍稍闻之。然寄本无留意，而两管学亦相持不报，学生沮丧甚。同事诸君如李亦元（希圣）、王书衡（仪通）、姚石荃（锡光）等尚固请留我，弟谓诸君曰："公等爱我，不宜留我。"诸公谓："吾等固爱公，然爱学堂之心甚于爱公之心。"是时两管学微有意见。荣公之意以为弟之去就，宜长沙主持，长沙则知弟求去之意为某公某公①而发，亦不主持留我，但太息曰："敬公热心教育，此去令办事者灰心。"并饬其门生梅吉云私于寄曰："吾不主留敬山者，吾亦

① 后一"某公"疑为衍字。

将求去也。”故长沙两次请假，一月余未到学堂（至今未来），荣公亦不至，而南皮独挥巨笔改订章程，行且定矣。此后学堂结果非弟所知。言至此，不复絮告阁下矣（魏蕃室将至沪，可详询之）。弟声明第二学期不再上堂讲授，因酷暑未阑，在堂暂避，今秋色渐高，日内将襆被而去。选期约在明年春夏间，奉学堂采办书籍差，藉免赴部投供，拟往奉天一行，访日俄情形，已托长沙寓书增帅代为先容矣。长沙于弟始终有知己之感，从前本不相知，去岁一见立谈，蒙其许可，当时正保特科，长沙始意精择，得五人，弟即在列。其后因沈小宜言，推广保三十余人。此次弟虽辞不应考，而举主之意固可感也。且此次允弟辞差，别有用意，故弟所担任历史、舆地两科学至今不派人接手，盖此后长沙不复主持，延请教习一职荣公主持矣。然荣公亦不问教习事，南皮意欲推荐王益吾为总长，某某诸君为分教，长沙与办事诸人均未承认（学生更不承认）。旧章将废，新章未定，开学之期不知何日。肃亲王曰：“南皮此来，一事未做，但破坏一大学堂耳！”弟与南皮年来意见虽不同，但毕竟宾主师生，多年故谊，望其声名隆起。此行入京情见势绌，无论新旧，皆以为进退失据，弟深代惜之。南皮护前，弟以告公，公不必告南皮也。《苏报》案如何了结，恐不能收回审判权，然从此野蛮横议日张，为祸方烈，奈何。闻《国民日日新闻》变本加厉，已得外人认可，如何？前义勇队议起，在东留学生附和者九百余人，子宽当时对众发三难反对，不表同情，其党骤减至百廿六人，发启人颇恨子宽。前月，榎本之火闻系子宽仇家所纵，失物三百余元，性命无恙，今且避往北海道学农矣。知廑附闻。近日所闻奇奇怪怪，可笑可悲，笔不能述，何日抵沪，当与公屏人作三日谈也。蛰仙在沪否，晤时致意，不另作书。

弟寄顿首

六月廿二日

十七

（光绪三十年十一月廿七日）

竹君四哥大人尊鉴：

奉冬月廿日手谕敬悉。竹楼代李蓬莱明府属撰之件本应早日寄去，因秋间里中诸同学念知彼必先知己，而舆地尤在历史之先，中国舆地之书旧者详而不要，新译之本要而不切，新撰之本又多谬误（如南洋公学中等舆地），群以为寄从事此学有年，游历之地又多，足为识途之老马，要求讲说。寄以徒口无益，宜有课本，乃依日本地理教科书体例自撰一书，凡四巨册，二十余万言（同人现以蜡版刷印），自前月初八日起每日为讲（随讲随编）两时间（同学十有一人，皆现肩教育之任者），至今月底可以讲毕（前后一百时间，乃速成之法）。因是之故，竹楼属件未能即交，近日编订地学已毕，方将从事獭祭之业（去书谓久不作骈文，止能作散体文，而李明府嗜痂之癖，必督令作骈文），以应李公之命，大约十二月初十前后必可交卷，请代复竹楼兄可也。承李公托竹楼兄惠寄润笔，文未交卷，断不便先领，且年内颇厌雕琢艰深之文，谓不合于教育普及之理，凡有所作，务求清浅，祈如香山之诗，老妪都解，则此次重理骈文故业，未知能当李公之意否也。煤铁厂股所多之七十金附上，但鄙意欲求绍曾兄填给萍乡石炭矿股，却不愿得铁厂股，至所添凑之三十金，俟公接寄文稿后再划付。李款暂存，不必寄来。常州武阳公立小学学生止十六人（开学十二，新添四人），而教员五人，干事、董事又六七人，夫役在外，月糜千元以内，可叹可怜，如此办理学堂，恐百年教育尚难普及也。里中中流以上人之知识日有进步，然毕竟少数之人不敌多数也。手复。敬颂筹安。

弟寄顿首

十一月廿七日

莲塘大哥灵榇已卜葬期否?①

十八

（光绪三十年三月初七日）

竹君四哥大人阁下：

前日叩别，昨晚十一钟抵家，相距咫尺，无安否可言。披读尊简及竹楼书均悉。竹楼前后属询二事具详，复彼信中乞代转寄。尊意南洋公学事既非出于杏老本意，即不必复提。夫教育之事杏老本不在行，公学腐败已至极端，非整顿不可。然整顿非仓卒可著成效，必经年月而后有成。寄选期非今冬即明春，断不能久于其事也。亦元同年、绍云观察前后邀代编书，寄以为政体不变，书无可编，已均辞却。自念此身将为奴隶，而主人翁事业此后恐无暇料理，故忍饿著书，就《元史》一编订误补缺，参以新理。蛰仙见之，以为实业也。私论立宪今日在朝、在野均无足与言，寄以为舍教育无他方法，吾辈同志果有意救世，当以教育为唯一之方针。寄今日急急于遣子留学，而含诟忍辱以就选者，皆为他日教育计也（他日欲独立一学校，主权方得完全），公当不以为訾言。东京学费均收到，费神，谢谢！手复。敬颂筹安。

弟寄顿首

三月七日

嫂夫人、如嫂夫人所赐食品，内子拜领，属笔叩谢！糖蒜寄拜之，缘内子顽固茹素故也。

---

① 赵凤昌大哥赵完卒于光绪三十年五月。

十九

（光绪三十年四月初九日）

竹君四哥大人阁下：

前月杪奉上一书，想已入察。月初复葆良[①]一书，忘其住址，不得已托姜大镛代送，晤葆良昆季，便中乞代询收到前信与否。近接奉天信，知俄国陆军之腐败情形逼肖，前与阁下在尊寓比较日、俄三事外，尚有一事可比较，则人种之纯杂是也。日本虽合土著虾夷、支那、朝鲜、斐立宾诸种人而成，然数千年来已混合无迹。俄本斯拉武人，合波兰（与日耳曼同种）、布而嘎里、突厥、土耳其（同上）、蒙古、犹太、鲜卑（句）、芬（句）诸族而成，连合不过数百年，政治上、宗教上常有冲突之象，其民之无团体、无爱国心宜也。以此论之，日本将来陆军之胜可得过半之数也。子宽家信来，言西四月十二日入千叶医药专门学校（直辖文部）（程度与东西两京帝国大学医科等，所以不入帝国大学而入千叶校者，因两京诸校我国留学者多，酬应太繁，有害修业，故避而往彼也），十五日受试验（此校医、药两科，医四年、药三年卒业），验得子宽学历程度已及专科一年生格（植物、动物、矿物、生理、德语、物理、化学已备有高等资格），许于今年西九月编入二年级。子宽自问学力不逮，情愿编入第一年级，校长嘉许之。现在上堂听讲第一年之第三期讲义，而补抄第一、第二期之讲义。其药科之科目如下：无机化学（如矿物质以法分化之，曰无机化学）、有机化学（动植物质以法分化之，曰有机化学。有机、无机犹云有官品、无官品）、定性分析化学、定量分析化学、制药化学、卫生化学、裁判化学、

① 刘树屏（1857—1917），字葆良，江苏武进人。光绪十六年进士。曾任安徽候补道、澄衷学堂校长等职。

化学鉴识、分析化学（此种近于工）、细菌学、调剂学、日本药局方伦理、德文、植物、动物、矿物、物理、体操。每日功课六时间半，讲义四千言至五千五百言，皆教习口授，学生笔述，退而参考（第一年用日本文参考，第二年用德文参考，第三年直以德文讲授）。宽言汉文兼日本片假名笔述讲义甚艰苦（足见汉文不适文明教育，寄与小圃主此说），必借日本人同学笔述退而补缀。然日本笔述多用省笔字速记，或作符号，又多别字，必合三四人之讲义参校补缀乃为完全，故束脩之外，必加同学饮食之应酬，然后能得其欢心而借其讲义，故每年至少须日银四百元云。今寄去学费英洋三百元，乞费神代交时勋兄，易日银速汇，至盼至祷。手泐。敬请台安。

弟寄顿首

四月初九日

附上奉天访稿一件，虽系陈迹，请阅后代交汪颂阁[①]，登诸日报，亦足以暴罗刹之军情，知世界，知其军国民社会之真现象云。

奉天安东县官场人家书一件

录近事见闻如左：

一、关内外甚平靖，火车每站均有北洋巡警队保护铁路。

一、新民府辽河西有露步队三数百人驻扎，并不骚扰，辽河东有露马队百余名。至省沿途村庄均有露兵，居民虽不惊惶，然农事皆停止。

一、省中城门露兵照常把守，土城边门亦有露兵看守，尚不检查进出行李。精壮之兵现均调赴东边，在省城内外不过千余名，多半系新挑选者。

---

① 汪诒年，字颂阁，浙江钱塘人。中国近代报人。

一、露之水师连次败北，马奇罗夫阵亡（其坐［座］船载重一万零九百六十吨，亦沉没），新派水师提督师克瑞考夫行尚未到。阿提督二月到省，住火车站，本月初赴旅顺。闻该处势甚危急，已于廿一日十一句钟旋省，仍住火车站。

一、陆军自韩境见仗，日人势如破竹，露兵节节退让，前月底即退过鸭绿江，驻安东。

一、月初日人在离安东数十里上游之虎耳山搭浮桥，露探知往攻，日开炮还击，伤露帮带官一员、兵数十名，桥未搭成。

一、露兵部尚书苦鲁巴金初九到安东阅兵，十七到省城铁岭一带阅兵，现回辽阳。

一、初九、初十在沿江接战一昼夜，露伤亡较多，尸用车载，上覆以草，官尸载往北去，兵尸就近火化。华民往观，驱不令见，且饰言所伤甚少。

一、离长甸河口数十里之砬子沟（宽甸县属，在安东上百余里），有两山对峙，矗出江中，中有峰凹可通船，日由此渡兵三千，闻尚续渡，约已过万。

一、露将军米世陈阔在沿江高阜，用远镜测看对岸，来弹将肩花飞落，腰刀打折。旁有一官用手指点，胁为弹子洞穿，将毙。

一、十一日，日兵舰二艘忽由东沟口进至距安东数十里之蚊子沟，击退该处驻扎露兵。有民妇为流弹打飞一腿，击毙一孩，其地及安东上下游均为日占。

一、安东电局邻院驻有露兵，忽有跃入电局后牖者，问之，顿作逃走地步。

一、日人于宽甸县界之安平地方邀击露兵五六千名（截断其入援安东也），首尾不顾，伤毙甚多。

一、十六日，露又败溃，在安东弃失大炮十七尊，守炮兵五十人亦为日获，他处丢失军械辎重亦夥（未知详细），现已退驻凤皇城。是日，日由九连城（距安东三十里）过江，据安东。

一、自日人进安东县，即出示安民令，照常贸易，铺户一律开门。随时，安东及大东沟海口（距安东九十里）即有商船来往。

一、露兵退出安东时，烧去木料约值三万余金、民房二百余间、粮食无数。

一、露兵溃散，有逃入乡间求改装为佣者，有逃入庙中求薙发作僧者，食量倍于常人，操作亦如之。

十六日事，顷间传来，其前虽陈闻细故，但有闻即录，只可就闻时次第拉杂而书，其寻常、紧要、巨重、细轻不遑区序也。

三月廿七日到。

二十

（光绪三十二年五月初三日）

竹君四哥大人阁下：

去秋一别，人事倥偬，卒卒无闲，未及致书通候，然思子为劳，未尝一日忘也。顷想兴居纳福，潭府增绥，曷胜私祷。弟自二月十六日任事至今，三月有余，积案稍清（结案四十余起，四乡巡察两周），学堂已经创办，来学者（皆师范简易科生）六十余人（食宿者四十人）。惟常年经费不足千元（得新捐七百余元，他日不足，弟自捐凑）。此次创建校舍（八间分作四课室），购买操场（七亩），另制桌椅、卧床、讲坛、粉版［板］，购办图书，一切节省用之，需费三千元左右，修理旧屋、订请教员薪水、学生火［伙］食均在内。盖自到任以来，无日不以学堂为事，至是而规模粗定，足以告慰知己矣。教员止两人，科学不足，如教育学、教育史、教授法、管理法、心理学、历史学、地理学、修身学，每科由弟讲授其一二以示模范，而修身一科弟专任之，盖以一身兼地方官、学校长及监督、教员之四职，非特节省经费，一时亦难得替人。阁下闻之，必闵其愚且劳也。幸而讼事日简（始至每期十余起，近日通计每期二起），尚有余力，毕竟地方民情淳朴易治，非弟真有过人之才也。麦收甚歉，茶市尚好，上忙征数至今未满三千两，而垫解、垫用已五千元以外，州县况味至是略尝。然办事尚顺手，无人牵掣，愈于为人作嫁，事事仰府主鼻息，则相较之下，有自由权矣。乐郎近读何书，祘算之至浅者，似可每期授以两三课，图画之单简，每期可加一两课，明年就近有学堂，似可送入（必有体操者），不宜常在家塾，阁下想以为然。常州学务议论多，成功少，总由无真正通学务者主持，可叹之至。手泐。敬请筹安，并贺午禧。

弟寄顿首

五月初三日

再，去夏尧臣代向源丰润借京市足银二百两，今寄上英洋三百三十元，乞将本利（利九厘）清还，掣回借券。费神之至，叩首叩首！又及。

二十一

（宣统元年一月廿六日①）

竹君四兄大人阁下：

沪上十日，借榻高斋，蹙［促］膝夜谭，藉罄积愫，抗论世局，评骘时流，悲欢交乘，笑骂相杂，人海中如吾两人所见谅罕。惟劳神见陪，不安之至，冒雨相送，尤感盛情。去家五载，蹔归里门，目见耳闻，了不异于昔日，足见改良社会之难。次远年逾七十，须发尚未全白，此老以不用心为养心之法，所得固宜

① 董寂编《屠敬山先生年表》“宣统元年”条：“是春先生在江宁督幕”，信中又有“二月底当可移入”，可知该信写于宣统元年一月廿六日。

如是。昨在武阳公学，晤成卿二兄及果人徐君，知令侄欲报考一年毕业之简易师范。成兄不知师范所学何事，贸然许之。令侄本冠英学生，果人是其本师，深知令侄性质，谓为非宜，且谓无论何等学堂，令侄入之皆无益，不如姑令在家塾受教，收其放心。弟深韪其言，成兄想必照办也。弟现寓之宅，房屋渐觉不敷，拟移租吴晋壬西院，小有园亭，现在修理，二月底当可移入。日内家事粗有条理，月初赴金陵。知注附闻。季公前约，弟以陶帅为辞，顷奉季公书，谓已得请于陶帅，重申前约。想季公不知鄙况之故，已婉辞道歉，晤时乞代致拳拳。手肃。敬请道安，乐郎并念。

弟寄顿首

廿六日

二十二

(1913 年 7 月 12 日①)

竹君四哥足下：

匆匆把晤，未能畅聆雅教，至为可惜。归后伏案，仍理蒙史。次儿孝密自京津归，彼实业家，固不谈时局也。次媳黄氏病积六七年，自春至今不起床者已五月，中西医皆束手，恩进斋药方中无此对证［症］也。

兹有恳者，舍表侄童浩生路股五十元，寄在浙垫付，渠一向未交款，故兴业银行收据历年存寄处。去年一再托时勋代查得实，不知何时该据在寄处遗失，前日到沪向公司查悉，该股已有人冒领而去，特将时勋、藻青前次函件托季直函达公司声明作废。顷得复函，

① 董寂编《屠敬山先生年表》“民国二年”条：该年春，屠寄辞不就任县知事，“自是一意著述，朝夕寝馈于蒙兀儿史者”。3 月发生刺杀宋教仁案，引起南北局势紧张。而信中提到实业家不谈时局，所以该信应写于 1913 年 7 月 12 日。

俟登报两月后允补给，敬求费神将附去广告两分代登《时报》《民立》两种一日，所需报资暂垫，惟示照缴。敬候暑祺。

弟寄鞠躬

七月十二号

广告稿二件附上。苏公司复函并附，仍乞代存。时勋原函抄稿同附。

二十三

（1912 年 11 月 28 日）

竹君四哥先生足下：

顷奉手示，具征关切。弟身任民政已逾一年，日日思脱羁绁。雪老[①]到任之初，首先辞职，未允。里中公民坚欲遵省议会案选举，谓寄如辞职，省必委任，如有风潮，惟寄是问（彼等谓最后以不纳税对待，寄虽卸事，国家、地方两受其害）。且姚石荃、范静生再三函电，以筹边学校一席见委，敦促进京。弟已电允，而乡董联合会不谋于寄，公电代辞。石荃无法，始以校务交教育部，另派员接办。校长、县长孰荣孰辱，即论薪水孰寡孰多，纵寄至愚，亦必能辨，所以含垢忍辱负罪于此者，逆料必有今日事也。此次免职理由正当与否，寄不暇问，只有感雪老玉成而已。十九日函约孙君下午六时来署接印，孙复函照办。寻探悉县议、参两会议员及二十七市乡董佐在署，即止不来。寄不得已，即夜附快车到省，谒见都督，面呈情形。雪老深鉴为难情形，不加深责，而各代表亦陆续到省谒见雪老。廿七号，都督俯顺舆情（先由寄与都督磋商），同马司长、金科长与各代表相商定

① 程德全（1860—1930），字纯如，号雪楼，四川云阳人。历任黑龙江将军、奉天巡抚、江苏巡抚等职。辛亥革命时被推任江苏都督。

议，许孙辞职，改委接任，提前选举民政长（此语将来必不实行）。今日上午晋谒，面谕寄回县静候，改委新任（言明三两日内改委之员必到），到时交代，寄即遵办。都督仍电饬孙君今日下午快车来省面商要公，至盼切切等因。孙君乃忽下午八时在崇法寺借司法署检察厅任事矣（遽云今日夜车赴宁）。此事光怪离奇，皆钱以振造成，所有细情，笔难罄述。总之，弟一人夹骆驼耳。目下地方秩序幸尚未乱，寄恺切劝谕各市乡代表七八十人，均遵约束。知廑附闻。在宁九日归，始见来书，迟答为罪。敬请道安。

弟寄鞠躬

廿八号夜十一时

二十四

（1912年2月26日）

竹君四哥大人阁下：

前承推毂谢砺恒君[①]为敝署学务课长，弟因今年学务规画鸿大，恐谢君志虑或有未周，故前函略有所疑，今稔谢君不独著绩澄衷，前在广东随官学校亦有特别经验，则学务课长一席必堪胜任。寄为慎重起见，此席至今尚悬高贤，除托杨秉铨劝驾，并属电知左右外，仍求代属谢君速来任事，不胜盼切。里中秩序日有进步，惟谋事者多，无以应命，积怨之余，上书缄公，谤毁之牍几可盈箧，且造谣登报，付之一笑，不与辩也。少暇，当来沪与公茗谈。乐郎今年在何校读书？念甚。此请筹安。足疾愈十之八，知注附闻。

弟寄顿首

二月廿六日

---

① 谢观（1880—1950），字利恒，又字励恒，江苏武进人。出身儒医世家，精医术，著述甚丰。下函又称“履恒”。

二十五

（1912年2月10日）

竹君四哥大人阁下：

昨奉手教，并转晓卿兄，知清帝逊位事不日宣诏，弟对于此事喜惧交并，喜者贱种君主一朝倾覆，汉人从此得自由立国，民主共和，开东洋自古未有之政体；惧者南军杂募，将帅争权，财政紊如，非一旦所能整理。和议既定，罢战遣归，饷项何出，兵权难解，此中暗潮危险万状。弟为乡人所迫，暂任民政，下忙钱粮尚称顺手，漕米一项年内未知如何，然明年三月亦必起底，此地方习惯之善良，非弟功也。警务稍有起色，地方粗安，乡间小有盗劫，迫于水灾使然，究竟尚较它方安静，足抒雅注。然弟足疾尚未全愈，民政事繁，宾客冗杂，应接为难。昨函请缄公留意替人，彼亦求去不得，据云一笑置之。俟明年县会春季开会，只得当众要求另举矣。（民政长由地方公举，寄实不以为然，常州犹可，它处诸多窒碍也。）谢君履恒主持澄衷，显有成绩，敝署学务规画明年兼办高等农工，谢君经验止于高小，此事尚宜斟酌。手复。敬请筹安。

弟寄顿首

二月十号

二十六

（1915年4月22日）

竹君四哥左右：

顷奉手书，如觌良友，欣慰之甚。王介子云情多地遥，所思处处，音问虽阔，相思则同也。理乱不闻，诚如来旨。拙著告竣尚未有期，西人文学家必兼希腊、罗马及近代法、德诸文，方足遍观群籍而折中一心。寄不解西文，至为阙憾，儿辈仅通英文，虽稍足相助，然蒙兀史之外籍，德、法、俄、阿剌比、突儿厥文居多。近代记蒙兀事，西书以朵逊书最完善①，往年张菊生同年幸为我购得诸荷兰，其书法文成于道光间，凡四巨册，惜儿辈中无通法文者，若倩人译，须四千元（每千字二元计），无此闲钱。拟俟三儿孝寔毕业后补习法文二年，为我译之，已与豫约矣。武昌之役，君生计被累，损失之巨不言可知，今稍稍能取偿者，仅夑昌之燐寸耳。世变日棘，物力日艰，此后支持诚非易事，顾乃不忘宿诺，赐银二百圜以助拙著黎枣，若论却之不恭，理当拜受，以言清况，殊非所安。且寄储畜虽俭，而僻处里门，啬入啬出，尚足相抵。今长、次二子宽、密皆能自立，三、四二子寔、宧留学东洋，学费责成二兄，不足累我，则寄每年息入千余元，除家用之外，尚能提三四百元为刻书之资，（惟去年田产百五十亩下忙全荒，收入骤短五百元，稍动存本耳。）苏浙路股六千数百元逐年提还存放较厚之息，此后日用又可略宽。（仆之所入糜于昏娶者半，糜于留学者少半。）近与人合伙开一酱园兼糟坊（成本万五千，每股五百元，寄认五股，附存千元），利虽不丰（约一分有奇），尚觉稳妥，且此等营业殊不受欧战日求之景［影］响也。知注附闻。并璧赐金于映沅兄，务求收回成命，不胜心领感谢之至。乐郎文删改毕奉还，此子颇近文学（政、法、商皆与文学近，不必徒为文人也），若欲治实业，必求精数学、算术，不知乐郎性质近否？贤父母因势利导之，毋拂其性可也（拂之劳而无功）。复请道安。

弟屠寄空首启

四月廿二号

---

① 即瑞典东方学家多桑（1780—1855），著有法文《多桑蒙古史》。屠寄所指即此书。

二十七

（1915年5月18日）

竹君四哥左右：

前谢尊赐，实出至诚，不蒙俯察，再书促受，并映沅兄径将前款存入钱庄贱名账上而后见告，本拟重申前请，因敝外姑王太君之葬奔走城乡，卒卒无闲，而三命又至，何其恳切乃尔。窃谓此等高谊，昔年长厚士君子固有为之，自有清之季、民国之初，世风偷薄，已成绝响，殆为前世界之事，而公独不忘宿诺，为此不急之资助，人将笑公之痴，而此键户著书之痴人，经此奖励，不得不勉竭其愚，誓成此一宗痴事业，以报知己期望，敢再拜谨领。目前且借作刻资，陆续成书奉呈，以便转赠（现在续刻者又四巨册，连前共十四册，秋后脱版付印奉呈），心感而口不敢道谢也。承赠贤郎叔雍译著，一昔阅竟，随笔窜改不满十字，不意别来数年，其文境骤进如此之速，为之一惊。公谓笔近林琴南，信然信然，此后当认为小友矣。犹忆往年阁下谓寄，望贤郎为实业家，寄当时不然尊旨，谓于文学实近。寄身膺教育事业前后几廿年，颇能体察儿童心理，观叔雍童年之活泼及其嗜书之情形，知之真确，当时心口相商，曾下断语，且劝公毋佛其本能，强之就实业（纵强之，亦必不行），想公尚能追忆寄言也。抑寄尤有进者，少年人心境当令常具欢喜，如百花在春风中发荣滋长，不可使染摇落萧瑟之秋气。又少年人血气未定，当养以和平严正之理，不可多触其男女之感情。故即以小说论，宜多阅家庭小说、教育小说、神学小说、实业小说，次之社会小说。若侦探小说易坏心术（三十以后可观），艳情小说易动男女之感（外国艳情小说发乎情止乎礼，较中国小说实胜，然毕少年人不宜观），悲惨小说易动摇落之思，则又叔雍不可不知者也。鄙意与其译小说，不如译西史，译西史不如译西文之东洋史。所谓东洋史者，舍中国、日本外，如波斯、如东突厥（即土耳其）、如阿滥谧（即阿剌比）、如印度、如交趾支那、如暹罗、如缅甸、如南洋群岛，皆与我国有直接间接之关系。自宋以来，中国历史中之外国传，若明若昧，堕重雾中，西人身亲其地，其著作必有真知灼见。今日世界交通，此等同洲列国之事实情态，泰西人知之，而我顾不知，亦士大夫之耻也。此等诸国史虽近人亦颇有译著，然志在贸利，讹误简略，曾不足邀史家一晒，叔雍岂有意乎？阁下其勉之，与其为小说家，毋宁为历史家也（史家与政治家尤近，尤为有用）。拉杂奉复。敬请道安，且颂寿祺！

寄空首白

阴历四月五日

闻今日为公五十九（俗称六十）县［悬］弧之辰，本拟走候敬祝，映沅谓公必不承而止。寄亦将于贱生日前，预逃祝友之觞。窃谓今日国家寿命且不可知，吾等偷活于假共和国一片将割未割、不干不净之土地上，悲不自胜，若效世俗称觞，真孟子所谓“安其危而利其灾，乐其所以亡者”矣，吾二人岂敢。

二十八

（1917 年 1 月 2 日）

竹君四哥大鉴：

别来九月，政体重光，浙事新生，谅当局多本省人，爱乡心切，不至糜烂如川、陕、湘、粤。金淮生交到叔雍新译《大荒归客谈》，写西人冒险性质、爱国心肠、好名观念、科学原理，惊心动魄，婉曲有情，足与琴南所译诸小说毗［媲］美，不特足使老人为消遣之资，尤足使少年国民起物理、地学、天文之概想，它日中国航空事业，其庶几由此观感而兴乎！闻叔雍于本月十二号为合卺之期[①]，本宜参观大礼，属有家事，不克分身，已托映沅兄转属其世兄午乔，自通过沪趋府，薄具衣料两件，聊表贺忱。届时伏希赏收勿却，至祷！快雪时晴，诸维珍摄。敬贺新禧，并颂叔雍嘉礼！

弟屠寄谨上

正月二号灯下

二十九

（1918年3月17日）

竹君四哥大人左右：

前日奉手翰，昨日展叔雍及闽县女士缔昏摄影[②]，欢喜无量。足下中年得叔雍，恩勤教育二十年，蔚然成才，今日尚平愿遂，佳儿佳妇晨昏定省，何乐如之。仍祝岁时早抱麟孙，先时见告，老学究必来啜汤饼也。谢太傅有言："子弟亦何与人事，譬之玉树瑶花，欲其植于家庭耳。"言虽作达，未免有情，何况我辈不如太傅达观者乎？孝密与段女结昏（心畬先生之曾孙女），因是续弦，概谢贺礼，承赐百福，用未敢当此。与叔雍嘉礼虽同日，而情事特殊，不可相提并论，笺笺微意，幸允哂纳，它日登堂，尚须请见新人，补赠薄礼也。

严守中立，加入协约，各有利害，权其轻重，愚以为加入之害较轻。夫德意志诚天下莫强，养精蓄锐二十年，一旦藉端志攘不列颠海王之权，不屑破坏比利时中立，而蹂躏法兰西，向使发难，三月之内长驱入巴黎，据有荷兰海角，用重炮隔海攻利物浦，用飞艇航空击伦敦，则成败立判。无奈凡尔登一战，锐气顿挫，此后两方遂变为壕战，彼进此退，所争不过百迈当、千迈当

① 1917年1月12日，赵尊岳与王季淑举行婚礼。

② 闽县女士即王季淑，王仁东之女。

之地而已。西欧两方皆已各成守势，而东突厥之首都巴格达（唐时大食之都）又为英人所得，则突厥助德之力加薄。窃料联盟国至竟不能全操胜算，我国此次加入协约，祸福诚不可预知，然使条件分明，利益互换，似不得谓政府之谬计也。弟平日素服尊见明允，独此一事颇有异同，各徐观其后可也。世事万变，巧历不能预算，何况鄙人于世界大势本不了然，徒爱国有心，窃冀前途幸福而已。手复。敬请道安。

弟屠寄谨白

三月十七日

三十

（1920年12月23日①）

竹君四哥大人左右：

前承赐酒果、饼干诸珍，却谢未能，只得拜领，缘连日下乡为亲友家析产、题主、证昏，兼董视河工，迟迟作答道谢，歉甚。

北塘河长五十三里，道光初年开浚，至今适足百年。吴又禄知阳湖时即议浚，以款绌仅捐廉三千元，用机器开挖三河口近街一小段，绝无成效（近街砖石多，机器挖不动）。民国六年秋，全县水利筹备处成，寄被三十四乡、二市公推总董其事，辞之累月，敦迫就职。因与众约，财权、用人权必由寄专主，始敢负完全责任。且全县应浚之河最要者七：曰西塘（通省干河）、曰南塘（武、宜、溧三县）、曰孟、曰德胜、曰澡港（皆北通江之潮水河，以上五河光绪廿八年浚过）、曰北塘（通江阴）、曰扁担

① 信中说1917年秋成立全县水利筹备处，如果该处每月开销100元，现在应用去4000千元，说明筹备处成立已有40个月。据此，本信应写于1920年12月23日。

(通宜、溧、句),约计此七河工程截长补短为里二百有奇,非得款八十万元不办,而全县水利之捐每年仅一万五千元左右,则十年之内止能开浚七中之一二。因与乡约,凡此七河上沾水各乡,于常捐外必再抽一种特捐,每开一河,用特捐一半、全县常捐一半;又不足,另募绅商各业及船、茧等捐补助。直至今冬,约已集得常捐六万数千元。而北塘亦已集得田捐(即特捐)、商船茧各业捐约三万元,遂决议先开北塘。原估工价八万五千六百余元(土十三万数千方,筑坝、戽水、局用约在土方之外),然今年米贵,工价视光绪廿八年几增一倍(廿八年每方土钱二百廿文,今年银三角零五厘),加以前月雨雪连绵,水甫戽干,忽又盈满(往年冬,河底露出,舟不通行。今年底水亦大,至今各河通舟),头二段倒坝(二个)、溃堤(廿一丈)。原招淮夫四千五百名,到者不足一千(因淮南盐垦,及淮扬亦正在浚河故),只得添招海门、宜兴及沿江沙夫,然亦未足二千人。幸而旬余以来,天晴气暖,各夫皆出力,一、三、四、五段早已挑土,旬、唯二段溃堤再筑,戽水至二十五方,可着手,大约此段收功最迟(约二三月之间)。寄本不娴水土功[工]程,惟以诚信对人,事事公开办理,尚不为棘手。所借省款二万元(此款实用不着,特别预备之而已)亦已由县照拨款项,绰乎有余,足抒雅注。寄自六年下忙开筹备处,截至今年十月,处中开办费、常年费共只用银一千一百二十一元五角(连补助开舜河费六百元在内)有奇(当开办时,截留二千八百二十一元五角有奇,存庄生息八厘半,逐年连本利随时提用如上数,实则此二千八百二十一元五角有奇,至今尚存二千三百元,实动之本不过三百数十元①),处中应办之事却未贻误。只此一端,颇谓它[他]人所不能及者,阁下想亦以为奇也。(若处中月用百元,当已用

① “三百数十元”,原文如此。

去四千元矣。）今盂、德、澡三河自下忙起又起特捐矣（每年约一万七千元），五年之内本利积成，加以补助常捐一半（约八万），又可开工。然年事日增，心力有限，向众力辞董职，均未邀允，不知届时尚能为地方尽公仆义务否耳。拉杂述闻。就请道安，叔雍在念。

弟寄谨启

十二月廿三日

三十一

（1920 年 11 月 17 日）

竹君四哥大人大鉴：

向者久别重逢，剧谈连夕，虽倾积愫，却累清神，贵恙忽起，罪实由我。别后至今悬悬在念，丁君诊视究竟何如，比日已康复否？乞命叔雍手书见告，释我遥系。在府既扰郇厨，濒行更赐车券，谢谢！弟今日下乡祭河，刻期十九日断坝，市公益事务所听小人之言，不顾大局，临时忽生异议（要求正月断坝），已面议斥驳无辞矣。城乡之见时时发见，弟作调人，幸尚见听，然亦足见家乡办事之难也。晓卿、琢初先后引去，弟不忍坐视，掮此水木稍而未释，独甚。昨得思缄[①]书，谓政府谋统一为单相思，诚然。报载许州、河间连日兵变，恐十年之内民国无宁日，且虑祸延江浙不过迟速之间耳。齐代督谓严财厅：“我不增一兵，不减一饷”是何等口气，何等心情，欲求我省财政整理得乎？手泐。敬请道安。

弟寄白

十七号三更灯

---

① 庄蕴宽（1867—1932），字思缄，江苏武进人。历任广西梧州府知府、龙州边防督办等职。入民国，历任江苏都督、北洋政府审计院院长等职。

到家后，始知公八月又得一女孙，在沪竟未知，糊涂可笑，公亦未以见告，亦殊非是。

别纸钞旧诗数首示叔雍，间自加评语，以见作诗之法及本旨，观此可悟诗文用典、用词总要律，切不可空泛浮艳，非自夸也。

三十二

(1921年1月30日①)

竹君四哥大人大鉴：

前奉复示，敬谂福履康复，慰甚。并拟寄饷、酒果，断不敢受。寄性疏懒，十年阔别，一次奉访，但得杯酒言欢，藉申别绪，已觉快慰，更可多累知己耶？吾辈年过六十，幸皆健在。古人云：一回相见一回老。老非我所怕，但使白头多见几面耳。今日大患，兵多阙饷。顷有人自京回，参谋部已十有三月不发薪，军官有穿夹裤御冬者，其它各机关至今欠薪四个月。《礼》云："国无一［三］年之畜，曰国非其国。"今寅吃卯粮不止，国尚可为乎？江苏金融三年前并未紊乱，思缄、雪楼并有功。自冯、李相继为督，以至于此。今苏民欲废督，决做不到，银团借债监督裁兵，兵裁而督渐可废，但恐众生造孽，须收恶果，终不免一场大乱耳。连日阴雨，阻碍河工，至为焦灼。淮夫四千五百名，陆续已到千名。戽水已干，一雨复添五七寸。原估工价八万五千六百元，如此情形，难免溢出预算，好在弟已备有的款万余元（此外又借省款二万元，历经批准，但朱知事一时未发耳）在此耳。早料及此，故先时预备（不比前人作事，临渴掘井）。城内

① 董寂编《屠敬山先生年表》"民国九年"条：春三月，屠寄支持开浚北塘河。次年四月，全河工程告竣。信中又有"新喜"字样，可知该信写于旧历年末，应为1921年1月30日。

县学旁石路集款开工（长二百七十丈，每丈十六元），年内可竣（需款三千四百元，经寄所手募者二千八百）。士大夫居乡，理当视力所能为者为之，非求功德也。迟迟作复，乞谅。敬请道安，并贺潭第新喜。

弟寄顿首

卅日

《清华周刊》早期留学生通信补辑

何　玉　整理

编者按：《近代史资料》总91号曾刊载《留美通讯——清华早期留外学生通信选》（黄延复、田彩凤辑注，中国社会科学出版社1997年版），选录《清华周刊》发表的留美学生通讯十余封。2021年清华大学出版社出版《异域回响：〈清华周刊〉留美通讯辑录》（蒋耘中、何玉、赵文萱编）。《清华周刊》尚发表一批早期留英、法、日等国的学生通信，为了解早期中国学生的留学及旅居生活提供了直观的史料。今辑录整理，以补已刊资料之阙。来信大多无标题，仅以栏目注明，今标题为整理者所加。页下注释为整理者注。

王铸时来信

（1919年5月29日）

今当欧战告终，强德屈服，正国际联盟之时，公理发展之际，世界各国莫不以砥砺廉耻、讲求道德为立国之急务。非然者，蔑德丧耻，惟利是图，适足以自速其亡也，于国何益哉。故凡我文明友邦，其朝野上下，尤莫不竞竞［兢兢］业业，惟廉耻之是厉，道德之是敦，致德人有今日之失败，

整理者：何玉，清华大学图书馆副研究馆员。

公理有今日之彰明也。惟日人狼肝狗肺，恃强横行，试观家兄铸时自日来函，即可以知之矣。——雄生①

昨日为国耻纪念日，学生二千余人分为二队，往谒美、瑞、俄、英、法各公使馆呈请愿书，请其主张公道，还我青岛及山东各种权利。余则居于谒美、瑞、俄公使之一队。初欲于本国公使馆开国耻纪念会，以示不忘，然后往谒各公使。不料代理公使之庄贼，恐有曹、章被殴之虑，故聘倭警二百余名，满布公使馆附近处，拒绝开会。当吾等初会集之时，人未到齐，不满百数，故不遽与其冲突，乃往谒美国公使。一路渐次加人，秩序井然。及抵其地，一书记出，答称该公使不在家。吾等于是将来意告之，请其转达于该公使，并呈一请愿书。该书记答云，君等此举，极表同情，青岛及山东问题，吾当去电本国政府，竭力协助。吾等三呼中华民国万岁及美国万岁而出。又往瑞士公使馆。及抵门前，倭警二十余人，当前拦阻，谓瑞士公使馆，在我日本，苟有特别事故发生，吾当负责。后经交涉数次，始许派代表进谒。余则驻于门前，以待答复。该公使因子患病，未出晤面，惟与该书记接洽。答词与美公使馆同。最后往谒俄公使。虽路途甚远，而豪气勃勃亦不觉。抵其地，倭警又拒绝如故。乃派代表进谒。一书记答称公使不在家，青岛及山东问题，本欲效一臂之力，无奈本国内讧，更甚贵国，和平会上并无委员，故有意莫偿。吾代表对曰：吾中俄为邻邦，情同于兄弟，别虽不能助我，然舆论一方面，望主持公道云云。伊诺诺而已。三国公使既已谒毕，干事对众言曰：吾等之目的已达，想诸君疲倦已极，即于此地解散如

---

① 王造时（1902—1971），原名雄生，江西安福人。1917 年考入清华学校。1925 年毕业后，赴美国威斯康星大学攻读政治学，先后获得硕士及博士学位。此信是其兄长王铸时从日本来函，由王造时转给《清华周刊》。

何？众咸谓当解散于我中华民国之公使馆，于是复前行。一路警察、侦探随之而来，及抵嵋下（公使馆在一坡上），警察强加干涉。吾等思我国公使馆，何得由倭警如此无礼！此时增至千余人，人心惯激，不可复遏。倭警数人，势难阻止，故乘势而上。岭中警察林立，与其猛打而上，及造其巅。（公使馆门前）倭警埋伏愈多，马队亦有，互相冲突，历一小时。余惜无气力，未能尽灭倭奴。惟见我留东同人，被倭警手打足踢。然彼等勇敢如故，欲牺牲性命，与其决一死战，以雪国耻，结果竟不得入，并勒令解散。后乃许派代表数人，往见代理公使之庄贼。该贼托词不在家，其书记答云，我无此权，不过代答意思；与其日警勒令解散，不如自行解散之为愈。诸代表束手无策，不得已忍辱负耻，出而解散。计受伤者二十余人，被捕者十余人。呜呼！此战也，非中国人与倭警战，实中国人与中国人战也。贼公使假倭警之力以压制中国之人，该卖国贼之肉其足食乎？至于谒英法公使之一队，仅五六百人，不及余队之半。每人手执国旗及“还我青岛”、“维持公理”、“打破军国主义”等等旗样。倭警见之，勒令解散。彼队乃张中国国旗，而其余各种之旗，即卷起而行。愈前进，倭警愈干涉，两相猛打，遂横断四百余人于后，不得前进。惟强有力者百余人，仍沿途击打而进，后竟抵英公使馆。该公使亲出见，答词甚好。后又往谒法公使，书记接见，答词亦好。谒后该百余人勇敢如前，欲于【日】比谷公园（日本有名之公园）开国耻纪念会，倭警当然不允，又死战一场，旁观倭奴亦出助打，故未如愿，且被捕者又二十余人，负伤者二十余人。此队比余队更打得激烈，二队共负伤者五六十人，被捕者三四十人。受伤稍重者，已送入医院调治，被捕已释放者有半数。昨夜在中国青年会开大会，讨论对付方法，结果议决提起诉讼，派代表回国，唤醒国人，电告政府，与其交涉。此数事者，余看毫无益处，除全体回国，运动各界，一致对日外，无足以雪昨日之耻。此说虽有人倡，然人心不齐，终归无效。去年之事，可为殷鉴。呜呼！受辱如此，夫复何言！惟有待其刀俎而已矣。痛哉！吾书至此，吾肠断矣，吾心碎矣，吾手软矣，不能再书矣。后事如何，再有报告。（完）

呜呼！倭奴侵略我土地、强夺我权利，而复加以最残暴之苛待对我最有希望、最有人格之留学生，其背弃公理之罪，当为我文明各友邦之公敌矣。凡我主持公理各国，必将移对德之手段，群起而攻，有以惩之矣。由此言之，日人处此二十世纪，其野蛮如此，丧尽廉耻如此，蔑视公理如此，肆行无忌，执迷不悟而欲与我文明各国并驱争先，共立于公球之上，不亦难乎？譬之以个人处世之道而论，其人亦必具有完全之人格，高尚之道德，人始与之为友。庶不至为人所弃而得生活于社会之间也。不然具人之形，失人之心，与禽兽奚异焉。矧以我堂堂留东学生开国耻纪念会，即横加干涉，当而施之武力，再甚拘之囹圄，其违弃道德，反背公理为何如乎？管子曰："礼义廉耻，国之四维。四维不张，国乃灭亡。"夫廉耻厉，而后甫能成一完全之人格；道德尚，然后始足以语世界之公理。如日人之寡廉鲜耻，蔑弃道德，又乌足以与讲人格而语公理哉？自此以往，必为主持公理各国，置诸不齿之列，则日人之危机至矣。噫！吾何暇为日人危，吾实为我国悲也。细想卖国贼之媚日借款，为虎作伥，甘为李完用①之徒者，其丧尽廉耻，较之日人又不啻增加数千万倍。吾同胞宜有以除之矣。又回忆去年中日密约发生时，我留东学生集会，倭警对之以侮辱，加之以束缚，置之

① 李完用（1858—1926），李氏朝鲜大臣，因签署《日韩合并条约》被列为"庚戌国贼"。

于囹圄。曾几何时，而种种之野蛮手段又施之于今日矣。呜呼！吾人与之受同等之待遇，彼日人目中岂非朝鲜我，台湾我，印度我，越南我？痛哉！今吾国未亡而先其亡。国民受日人之苛待，吾同胞尚不知痛心疾首，急起直追，仍坐视吾国之危亡，如秦人视越人之肥瘠，则吾国殆矣。设有不幸，一旦步亡国后尘，吾恐受人苛待，即欲如今日可怜之留东学生而不可得，则吾人之无耻，较之日人岂不更甚耶？

（《清华周刊》，1919 年 5 月 29 日，第 172 期）

李鹤林来信①

（1922 年 1 月 6 日）

阿色里农校（Ecole d’ Agriculture de L’ Oisellerie）

本校在法国西南部的沙郎特（Charente）省内。沙郎特的首城望古来蒙（Angouleme）在其西北，相距只约十中国里。法国产酒最著名的地方博尔多（Bordeaux）在其西南，距离约有二百中国里，由火车两点钟可达。

本校的校址是五百年前法皇佛兰朔瓦第一（Francois Ier [François 1er]）的故宫。紧接着校址东北面有一个很幽静的树林，宽约百余中国亩，从前佛兰朔瓦第一常在此间猎鸟，故此地名阿色里（按：Oisel Lerie 即英文 Bird-catching 之意），现在此间有许多地方已颓毁了，或是改建过了，但那些圆锥形的屋顶和巍然高耸的护墙，还足令人想见当年那种庄严宏丽的气象。

本校现在有学生约八十人，依入校的先后分作一年级、二年级和三年级，又依每级人数的多少，分作 A、B、C……等班，每一学生每年纳学、食、洗衣及医药等费共一千二百方（方即

---

① 李鹤林（1902—1927），又名“鹤龄”，“合林”，祖籍四川郫县。1918 年考入清华学校，1920 年肄业，赴法留学。

法文 Franc 的译音)，他们都是半天上课，半天实习。有十多个在欧战时带了伤的兵也在这个学堂里作学生，可是他们自己不纳学、食等费，因为他们是由法国的政府送过来的，这些伤兵特别组织了一班，名为“Sectionde [Section de] Reeducation [Rééducation] Agricole des mutiles de la Guerre”，他们也是半天上课半天实习。这些伤兵在欧战前多是中学校或农学校的学生，欧战时他们被征从军，因此就辍学了。现在他们幸由战场上生还，虽然他们的体质已不是前此那样健全，而他们求学的雄心却未尝减少，他们遂仍然继续着他们所未竟功的事业。

本校学生的课程大概为法文、算学、代数、几何、化学、物理、园学、林学、农学、动物学、植物学、地质学、农器学、葡萄学、家禽家畜调养法及动植物病害学等。普通学生以三年毕业，而伤兵班则只须一年，因为他们的课程比普通学生的较为简单。

本校学生实习的地方如下：（一）田里，工作如耕种等，其面积约有百五十中国亩，出产以麦、土芋及草料为大宗。（二）花园，工作如种植果蔬等，其面积约有五中国亩。出产：菜类有葱、韭、蒜、白菜、萝卜、大豆、小圆豆及西红柿等；果类有桃、李、梨、杏、樱桃、苹果、林檎[檎]及核桃等；花类有牡丹、玫瑰、芍药、凤仙、紫薇及罂粟等。（三）树菌圃，工作如培栽树苗等，其面积只约一中国亩。在此间培栽的树木以松、杉、柏及橡为多。他们现在都不过半尺高，看起来好似一丛一丛的小草。他们都是预备在明年春天分栽的。（四）葡萄园，工作如接葡萄、栽葡萄、布置葡萄园及制酒等。其面积约有十二中国亩，每年产酒约二万八千余中国升。（五）小工厂，工作如制造铲、锄、叉等简单的农具和修理各种关于机械的农具等，此外有耕田的马四只，耕田的牛六只，蜜蜂四大箱，鸡二百余只，兔一百余头，乳牛二十余只，制造黄牛油的机器两个。但这些事都有专请的工人管理，有时依次派一二学生去实习，本校的教职员共有十余人，分作头等、二等，直到第五等。其分别的方法系以他们在校所经过的时间之长短为标准：在校所经过之时间越长则等级越高，而所得之报酬也越丰厚。有两位头等的教员已在此校经过二十年了，他们每人每年支薪约一万方，二等的每年支薪约七千方，至于最末等的则每月只三百六十方而已。校长已在此校经过了七年，他每年支薪约一万二千方，但校中每年出产所得之利益他可以分得几分之几。校长的威权很大，校中无论大小事都须由他作主，他说什么就是什么。教职员的家眷多住在校内，并且她们多在校内任杂务，如厨房及洗衣处等。

本校专请来作农工的约有十余人，多住在校内，每人每天至少须作工九时半，而每人每月所得的工资只约三百方。

本校学生在校内时多是很不整洁的，这是因为他们每天必得作工，其余的时间叉［又］须上课，再没有多的工夫去修饰。但他们每逢节日或星期日出校时，脸必洗，头必梳，鞋必擦，领和汗衫必另换，至于衣、袴和帽子等是有专为出外用的，平常都善为保藏，所以每次穿戴时，看起来俨然如新的一样。

校中没有校役（听差的），只每日由学生中轮流派出二人司理校中一切杂务（如到邮局去取信、送信，以及打钟报时等事）。礼拜日的上午，学生是不能出校的，因为他们应当在这一早晨把校中的教室、寝室、膳堂、厕所等大大的打扫一番。礼拜日的午后，学生有时可以自由出校，有时则结成一队，由教员一人领着，去附近各地参观农业。有时在礼拜三的午后，学生可以去望古来蒙看电影，这一天的电影是专为在望古来蒙城内或附近该城各校的学生预备的，所演之影片多为外国的风俗，并有人特为演讲该国之可注意的一切事物。

学生于毕业后，照例可以得一张毕业文凭，有了这个东西，将来才能觅得赚钱的机会。因此，学生入此校的目的，差不多全是为着那张可以令人致富的文凭，至于说到真正想求学问的，恐怕在这几十人中竟找不出一个。

学生对于文凭既有了如此的渴望，所以他们对于教员和校长便生了无限的畏惧心（畏惧他们在文凭上不给以好分数，或竟被斥退，得不着文凭），教员或校长叫他们干甚么，他们便俯首帖耳地去干，心头有时虽是大不高兴，而面上却不能不显出笑容！

校中的房舍多很旧了，且没有电灯，而浴室及洗面室的水管又残缺不全。这都是本校很不方便的地方。校长初到此间时就有修理本校的计划，但后来因欧战发生，校长从军去了，他的这个计划遂被搁置。欧战后法国的人工和材料都很缺少，本校只好得过且过地拖延下去，一直到了现在。听说在来年的春天本校将实行动工修理。

校中无论校长、教员、同学、工人待我都很有感情（这是普通一般法国人的特性）。当我初到此校时，大家多争来同我握手、谈话，现在也仍是这样。有次在谈话里头，有一个同学问我曾否吸过鸦片烟，当时别的同学就大不满意他，看他们的神气似乎怕我引以为辱而伤了我的感情。在田里作工时，如有不懂的事物，那实习教员或同在一处作工的同学必详详细细地为我解释，有时解释过一次我仍不明白，则他们必再为我作第二次的解释，且是很诚恳的。还有一次，在一个礼拜日的午后，有个在校内作工的工人请我同他去一个咖啡馆喝杯酒（法国咖啡馆与中国的茶馆是一样的性质，为人无事时消遣的地方。不过法国的咖啡【馆】比中国的茶馆整洁多了）。当时我正由校外散步回来，已觉得疲倦，且我素来不大爱酒，便婉言向他辞谢了。五分钟后，他又来寻着我，满面堆笑地向我说："先生，你来此已有好几月了，但我一向很忙，总没有工夫同你畅谈过。今天我得着这半日的空闲，恰好你也无事，深望不要拒却我才好。”停了一停，他又带着很柔和的声浪接续说：“先生，你还要知道这是我第一次来搅扰你啊！”

我在此校不及半年，于此校的情形尚未能十分明白，但就目之所及，耳之所闻，实有许多事物可以记述的。工读之余，挪［拉］杂写出，不详尽的的地方，实不能免，这是要希望读者原谅。

一九二一年九月，法国

（《清华周刊》，1922 年 1 月 6 日，第 233 期）

薛祖康来信[①]

（1924 年 11 月 28 日）

从赴欧留学或考察办法宣布后，我清华留美同学颇不乏绕道欧洲之趋向。关于赴欧手续及此地生活琐闻，想为诸同学所乐知，先驱者亦有报告之义务。康于九月中旬离纽约，在伦敦耽搁逾旬日，来孟建斯特（Manchester）尚不及两旬，观察不过皮毛，断论难免谬误，尚幸诸同学注意及之。

赴欧手续，始于领取护照。此项护照，华盛顿中国公使馆及纽约总领事馆，均能发给，取费美金四元，并护照相片三张。护照相片，无论何处，均可照拍。纽约尤为便利，近码头一带之照相馆，十分钟即可交货，取价亦极便宜。此种照片，宜预备半打以上，防不时之需。领得护照后，须至欲赴国之领事馆，得其签证（visa）。各国均有领事驻纽约，以办理此事。取费各国规定不同，赴英国之签证，取费美金两元。护照如无签证，抵埠后不

① 薛祖康（1899—1983），江苏无锡人，薛福成之孙。1921 年从清华毕业，赴美国麻省理工学院深造。

能登岸。签证详情，可询轮船公司，或 Thomas Cook and Son[①] 及 American Express。[②] 通例经过一国，并不停留，毋庸得其签证。在美时仅须得第一欲赴国签证，抵该国后，再办其次之签证可也。

护照办妥，其次为领取所得税豁免单。是单于居住城市之纳税所领取，至启程处之税关，换取允准离国券（Sailing Permit）。所得税豁免单有效期为一月，允准离国券仅十天，故毋庸领取太早。其领取手续，并不费事，亦不费钱，不过呈验护照，申明职业学生，并无进款耳。上船时允准离国券交之轮船职员，护照亦须呈验，手续完备，方准登轮。

轮船仓位宜早定，夏季尤甚，直接向轮船公司接洽，或由各种大 Agency，如 Thomas Cook and Son 及 American Express 办理，均无不及。普通以大 Agency 办理为较便（注意大字，其小者办事迟又往往不合意）。由欧回国川资，仍支由美回国定数五百二十元美金。头等舱位，非普通能力所及，除外勿论。二等舱位须美金百三四十元，合船上茶房小账等计之，需美金百五十元之谱。大西洋航船二等舱之饮食待遇，较太平洋航船头等舱位，不相上下，或曰有过之而无不及。此外尚有一种单级舱位之轮船，仅有三等一级，船票杂费约在美金百元之谱。此种船只，泰半属中号，载重仅二万吨左右。大号船只平均五六天渡大西洋，中号约须八九天不等。此番来英，即搭是种轮船，载重万七千余吨，可容乘客二千，此次仅六十余人，极为清闲，遂得选择舱位独居之。九月时节，大西洋风浪特别和平，九日航程，毫无晕船。倘初夏时渡洋，来欧考察，有五百二十元川资，四个月月费，以搭大号轮船二等船位，于极短时间横渡大西洋为上策。至于轮船上

① 通济隆旅行社。

② 美国运通公司。

行李小账杂费等等，无异来美时情形。行李可先期寄至轮船码头，其转运费须先缴清楚。

旅行携带巨额现款，非妥当办法，最好以十余元美金换成欲赴国之纸币，留十余元美金为零用。其余悉数易成轮船公司及其他经营旅行事业者之旅行券。此项取费，为千分之五，款数为美金，来欧后兑换，亦无大损亏。美金为今日金融交易标准，英镑虽无大起落，究之现金为后盾，宜保留美金，需用若干，然后更易如数，庶不受金融起落之影响。保留美金，以购旅行券为最妥。旅行券额数，分百元、五十元、二十元、十元等几种。在英国兑换，每张须纳印花税二便士，是以十元、二十元之旅行券，使用便利，于印花税却稍受亏，巨额之旅行券则反之。上船之后，珍重物件、银钱、旅行券、护照等，宜存之轮船司库处，以免遗失。

勃列口（Plymouth）港无码头轮船停于海口，移民局员登轮查验护照及签证，手续异常简单，完毕后乘轮渡登岸，行李均由轮船公司运至税关，自己毫不费心。英国税则，携带茶叶须纳税若干，是异于美国者。吾等登岸，至税关时已夜半，查验员略询问即放行。火车站接联税关，时有夜车赴伦敦，遂购票登车。

英国火车构造，异乎美国，客车每辆分三四区，每区可容八人，一面为走廊，一面入门处。车辆分头等、三等之别，头等车价，约高三等票三分之二。由勃列口至伦敦，三等车价为三十二先令（约美金七元有奇），头等车价逾五十先令。普通旅行，三等客车极为适宜，毋须头等之故事铺扬也。火车上携带行李，大类沪宁铁路办法，所有行李，雇一脚夫招呼，扣牌手续，不过由其贴上目的地名纸条，然后经其辇进车棚，装入行李车中，无所谓行李单等等。及火车抵目的地，再雇脚夫，指示对象，令其取出，搬至任何地点。换言之行李照顾，乘客须自己负责。

照顾行李，为旅行极费神之事，抵目的地后，宜嘱脚夫搬至行李室（Cloak Room）暂寄存。取值每件每天一便士半，第一天每件先缴三便士。脚夫每次搬运，官价每件三便士，多给自然欢迎，少给亦不争论。伦敦车站极多，颇类支加哥情形，行李运输，可央站中之转运公司办理，约一先令半一件，较雇汽车为合算也。

英国火车车头非常之小，亦不携多量煤炭，故历三四站，辄更易车头，其速率平均高于美国各路。火车之时刻表，汇订成书，极不易检阅，勿如美国之简便，在车站访事处探询，较为可靠也。

Southampton① 港大于勃列口，轮船公司均有码头泊船，其地离伦敦亦较近，二三小时火车途程耳。抵岸后，如有朋友亲戚，宜发电通知，抵目的地得熟人接待，便利多矣，否则人地生疏，不免发生困难。但如果毫无熟人，则以向巡警问询为唯一妙法。英国巡警，办得完备，克尽厥职，而以伦敦为尤甚。此次抵伦敦 Paddington② 车站时，即采用此种办法以寻觅住屋。

伦敦旅馆，遍地皆是，车站附近更多，大者一二镑一晚，无问津之必要。小者八九先令一宿，即极小之赁屋（Apartment House）亦须六先令之谱。伦敦无美国式之小饭店营业不分昼夜者，普通早晨十时左右方始营业（亦有清早起始者），故客舍赁屋，均连早饭。以上所云数目，都包括早饭言之。小客舍盥洗，极为不便，一壶清水，所容有限，安能如自来水之畅所欲为。有时洗澡须另出一先令一次之洗澡费，洗澡又均为盆汤式。伦敦总青年会（地在 Tottenham Court Road）盥洗较为便利，洗澡却仍盆汤（游泳池旁有 Shower Bath）。房屋大类美国青年会情形，每晚房租三先令半，早饭除外。定章须会员方可久住，否则以三天

① 南安普顿。

② 帕丁顿。

为限，如欲久住，亦非一时可以办到，须视其缺额及候补者而定夺。寻觅他种住屋，可借助于报纸广告，房租贵廉，又视其坐落之如何。South Kensington ①一带，为博物院、大学院、工程学校等所在地，清静幽雅，房租较他处为昂。统而言之，伦敦房租，在波士顿、纽约之间，短期耽搁，其费较昂，亦事势之当然。每晚就寝以前，可将皮鞋置于室外，同轮船上情形，以便房东之仆人收拾，不另取费。

英国室中温度之标准，较美国为低，美国通用华氏七十度，英国似仅六十八度，其实许多地方，尚不到是数。伦敦总青年会，其寝室即无热汽管（Heating System），引接室、阅书室等仅设火炕（Fire Place），近则嫌热，远则觉冷，小客舍太［泰］半如是。孟建斯特工业学校，课堂内迄未见热汽管，办事室、图书馆仅有火坑，吾观望室中温度表仅五十左右耳。吾所赁房屋，寝室内却有火坑，仆人又极殷勤，不时加煤，在伦敦所得之伤风，因而痊愈。

论到饮食，早饭由客舍供给，时间之或早或晚，有时菜色之如何，均由自己吩咐。普通八时半光景，菜色为火腿、鸡蛋、果子酱、面包、茶一壶，如是而已。午饭晚饭，亦可由房东供给，否则赴饭馆随意点菜，普通一汤一荤二素菜及糕饼之类少许，牛油面包须另叫，不附属菜碟，平常却极少叫面包。午后五时左右，为普通茶点时间，一壶茶、几块糕尽之矣。茶点之后，晚饭自然从轻，泰半一荤二素菜而已。

饭馆伦敦各式均有，中国菜馆亦有两处，惟以 J. Lyons and Co. 为最廉。此项饭店，在伦敦几乎百步一家，遍地皆是，价目公道，毋须小账。其他菜价既昂，又至少需二三便士之小账。伦敦总青年会自设饭馆，专供给会员，在规定时内，午膳一先令六

① 南肯辛顿。

便士，晚膳一先令三便士，早膳视各人之选择菜色而异，平常约在一先令之谱。在 Lyons 饭馆用膳，耗费和青年会相等，如赴他处，每日非六先令不办。中国菜馆更贵，每膳须耗费一小时光景，点菜等候须十分钟，膳后间谈茗茶，耗时颇久。在美时匆匆忙忙，五分钟一顿饭之情形，此地罕见之。

来孟建斯特后，伙食除星期一至星期五之午饭在校中用膳外，余均由房东供给。其茶点（Tea）即为晚饭，为鱼片、鸡蛋或火腿等等。晚九十点钟，例有咖啡一壶，糕饼数片，名曰遍夜饭（Light Supper）。余之饮茶习惯，在美时方始养成，至今早晨茶、傍晚茶，仅能支持寝前。咖啡不能惯，早停止矣。此地人民，极少饮牛奶（据云，幼孩方饮之）。在伦敦时曾叫过牛奶，侍者以一种皮［啤］酒进，殆牛奶不普通，误以为和牛奶音相似之酒名耳。

伦敦交通便利，有大汽车（Ominbers）、地道电车（Underground，俗称 Tube）、火车及电车数种。其中以大汽车为最便，地道电车次之，车价颇廉，视途程远近而不同。途程经过，车上均填明。赴何处搭何车，临时询之巡警可也。

普通物价和美国相仿佛，唯衣服、毛织品则较廉。在美国雇裁缝做衣服，其价极昂，此地却和现成衣服相同。统而言之，此地衣服价目与沪上情形相同。洗衣价目无异美国，衬衫每件六便士，领圈、袜子各二便士，正与美国相埒也。唯理发则稍廉，净理发九便士，且无小账。戏院票价，正席亦须十先令左右。电影三四先令不等，亦有便宜电影，六便士即可入门者，其情形固大类美国也。孟建斯特生活程度略低于伦敦，每周二镑半可以供膳宿。但英国学费极贵，年需六十二镑，考试、实验尚须另行缴费。此地工业学校设有宿舍，收费昂贵，每周约需四镑左右云。

伦敦地方，时常阴雨，不透水之大衣或雨衣，几为必需品。孟建斯特尤以多雨著名，虽晴天辄携洋伞以防不虞。

英国法律，如果异国人民居留过二月者，须于入国后二月以内向巡警局注册，注册时需用照片两张并呈验护照。

以上所述，均赴欧手续及英国生活，所以备后来同学之参考，故求其详而不惮其琐。至于伦敦名胜及展览会情形，以非游记概不录。但有一点须申明者，上述客舍情形，不过就吾等能力所及之客舍言之耳，断不可一概而论。伦敦房屋，不类美国之建造簇新，泰半百年、五十年前建筑，当然缺乏新式之热汽管、洗澡室等等。近年新建之旅社，固无一不备也。伦敦城到处有天然景致，幽静地方。市场散布，不丛集一处。街道清洁，屋宇整齐，诚不愧为第一大城也。

英国工业学校泰半三年卒业，研究院为第四年之课程，其学制异于美国。论功课，一二年级注重基础科学，二三年级方及工程方面，然亦非高深科目，不过粗涉门户。盖学生之习工程也，对于该业早有脚路，卒业之后，即投身工厂，以资实习。如果日后再求深造，则报名为特别生。专门研究。如此种情形，工程科学生，毕业美国大学，来英留学，实不相宜，尤以麻省管工学生为甚。伦敦之 City and Guilds（Engineering）College①，乃帝国科学工业大学之一部分，该校包括 Rogal［Royal］School of Science②，Rogal［Royal］School of Mines③ 及 City and Guilds Eugineering［Engineering］College，为极著名之大学，后者之工程学校，且为伦敦大学之一部。然其设备，远不如麻省理工，器械朽老，模规狭小，课程亦不过尔尔，固曰教授极着［著］闻名。著名之教授，泰半自己研究著书，极少和学生接触，安能得其益处，其著作吾得而见之，吾得而购之，何必挂空名于其麾下乎。

① 城市与行会学院。

② 皇家科学学院。

③ 皇家矿业学院。

孟建斯特工业学校，亦为全英国极负盛名之学校，其纺织一科之设备，吾无诋焉。纺织染印，各项机械均完备，一项机械之有各种式样、各种制造者，均搜罗得之。试验室似稍胜于洛威耳，然其课程，则不如洛威耳，教法亦太宽松随便，无怪考试时，落第者之多且众也。章程上所明白宣布之科目却付缺如，远道来此，未免缺望。至于机械工程等之设备，不免 City and Guilds Engineering College 之通病，是二校者，全英国工业学校中之杰出闻名者也。以此论彼，其他可知。故曰卒业美国大学，来英肄业工程（包括土木、机械、电机言之），实不相宜，尤以麻省理工学生为甚。伦敦 South Kensington 之科学博物馆，其中收罗各种机械模型，科学用具，不止数千，足以增长工程智识、科学见闻，且有历史上之价值，足供工科同学之研究。复次则国立物理试验室，试验原料性质，在工程方面有极大供［贡］献，不过是等观察，两旬稽留足矣，毋庸多耗光阴也。英国工厂，注重销货海外，终日斤斤，深恐外人之夺其秘诀。其实普通制造，固无秘诀之可言者。在伦敦参观展览会，曾见自动包扎制造机，遂便中索其图样，其人笑容可掬询我是否职业包扎，迨复以工科学生，则颜色遽变，仅以简单目录相授，究其自动包扎机之原则，固了然无疑。普通之图样，仅现外表，内部精细之处，为照相所不及。虽有秘密，决无危险也。然普通制造厂，都以为其藏有珍宝保守之，唯恐不秘，以外人而欲进厂参观，亦缘木而求鱼耳。

（《清华周刊》，1924 年 11 月 28 日，第 328 期）

黄大恒来信[①]

（1925 年 2 月 20 日）

到伦敦后，就想作一篇通信寄回清华，以便以后来欧者作一

① 黄大恒，1920 年从清华毕业，赴英国留学时间不详。

普通指南。旋因初到此地，对于人情风俗尚不熟习，所以展缓再三。今日接吴君景超信，询问各种情形，乃借此机会将见闻所得随笔乱写一篇。

美欧记程

离美之前六星期，即应寄三寸半身照像三张、美金四元，托清华留美学生监督处代办护照。无论往何国，护照上宜书明“兹有某某取道回国……”。我的护照是书明“取道前往英国留学”，所以以后到欧洲大陆上游历，又要从新办护照。此事各人请护照时，宜请监督处注意。船票舱位离美一月前购定尚不为迟。太平洋商船大小迟速不一。大船多分等级。除头、二、三三等外，有特别学生三等。价目美金一百元，税在内。其待遇较普通三等佳，平均六日即可渡大西洋。如不患晕船，能多费数元，则以乘不分等级之船（Cabin-Class Liners）为佳。此类船多不若分等级之船大而速，但船上之待遇则均为头等，毫不分彼此，而票价则只平常二等价目（美金一百四十五元，税在内）。惟平均需八日至九日不等始可抵英。离各人在美住址以前，应往本地税关领取进款税免除状（Income Tax Receipt）。无此项照会，不能在海关领取航海执照（Sailing Permit）。

行李切不可多带。因欧洲大陆上各处检查过磅均极严，荷、德、意等国均无七十五磅或百磅以内不纳费之章程，过磅费恒超过旅客票价。书籍等项宜在美直接寄回中国，不但少费金钱，且多减烦恼。至少于船起碇一星期前即应到纽约城。到纽约后，应随即到所往地之领事馆，请该领事在护照上签名盖印（Visé）。签名费各国领事不一致。英国领事馆定价为八先令六辨士，合美金二元。如来欧洲游历，可只请英国领事签字。到英后，再请此地他国领事签字，因签名费较在纽约为便宜也。护照办妥后，应即往海关领取航海执照。去时必携带进款税免除状、船票及护照。取得航海执照后，可在纽约城游览名胜，迄船起碇前二小时。船上一切情形与在太平洋船上无异。惟欧洲人对于礼仪上较美国人讲究，如已有小礼服者，切不可在美便宜出售，因在此地用途颇大，如圣诞节庆祝及各种聚会，无不着礼服。在大西洋船上亦然。但无此项家具者，不必特别购买，彼等对于学生们能特别原谅也。船上仆役小费通例为船票费十分之一。在此数目内，膳堂招待应得百分之四十，房舱招待百分之四十。余数可给与甲板上仆役。

英国钱制

英国钱制以镑为单位。按英美交换定价，每镑合美金四元八角六分。普通流行钞票只有一镑及十先令两种。每镑合二十先令，每先令合十二辨士。

银币有左列各种：

（一）Half A Crown　值二先令六辨士

（二）Florin　值二先令

（三）Shilling　一先令

（四）Six-Pence　六辨士

（五）Three-Pence　三辨士

铜币有左列各种：

（一）Penny 便士　与中国大铜元相似

（二）Half-penny　与中国小铜元相似

（三）Farthing　与美国一分铜币相似，值四分之一辨士

生活程度

伦敦的生活程度并不比纽约的低，而较中美则高甚。按英国例规，寄宿者必寄膳。惟离学校太远者可在外寄午餐，谓之寄半膳。寄半膳者每星期为房饭钱至少须二镑半。此外，午餐每顿在最便宜的饭馆如学校的饭厅，亦需一先令六辨士，所得食品不过一菜一点心而已。如在他处则非三四先令不能出门。伦敦的普通

居屋四层建筑最多，其形状大小均极整齐，然远不及美国的美观而适用。内中设备，亦极旧式。除客厅及饭堂用煤火外，每人房间内有一煤气炉，置一先令于该炉气箱内可得四小时的煤气，故每月煤气钱已［亦］不少。不但如此，每星期需缴房东租炉费六辨士。

热水热汽管，除二三最新式的旅馆外极罕见。英国人打算盘真是打得厉害。洗澡的办法亦同用煤气的办法一样，置一辨士于煤气炉气箱内得一辨士的热水。此外无论作何事，往何处，需给小费。如饮茶、理发、食餐等均不能免。小费至少非三辨士拿不出手。种种无形的销耗加起来，真是不少。据本地人云，英国他城市的生活程度与伦敦的相差不多。

教育制度

英国于一八七□年创设公立小学校后，始行强迫教育。蒙养院及小学期限定为五岁至十四岁。

此种公立小学经国会赞成，由学董局管理。学董局者，纳税人民所设立之机关也。当时在英格兰及威尔士共有公立小学二千五百余。一八九九年政府设立教育部，于是教育权尽操之于该部。三年后，废学董局而给小学兴办责任与各郡、市、城会。于是小学均变为郡、市、城立小学。现在英、威共有受津贴之小学七千，不受津贴之小学一万四千，可共容学生七百万人。小学之上有高等小学、高等学堂。其学生在校年限均视各人的成绩而定。

大学情形

英格兰共有九大学，以牛津、建［剑］桥为最老而最有名。其次则为伦敦。苏格兰有大学四，威尔士一。文科学生每星期上课时间极少，实科钟点亦不若美国之多。每日晨十时始上课，下午一时至二时午餐，下午五时下课，星期六、日无课。各大学于每年正、六、九三月在各大城招考。考取者入学，未取者明年再来。恒有考三四次尚不能入学者，与美国高等学堂毕业可以免考较难。课堂中教授不口问，亦无小考，惟期终大考一次。平常不读书者只有死路一条。学位制度与美国的大同小异。文科四年得学士后，再两年可得硕士或哲学博士。实科四年得学士后，再两年可得硕士。得硕士后，再两年方可得科学博士。学费，文科平均约每年三十镑，实科倍之。美国头等大学之学位，英国大学一概承认。如欲在英留学，应将在美毕业之学校章程带来一份，可省入学手续。学校内除读书外，无大活动。间时虽有跳舞俱乐等，然远不及美国学校之有生气。

来英后需知

英国的房东有房出租时，只登报声明，而不自挂“Furnished Rooms”① 等广告于窗前。故来英游历者，抵伦敦后，可在车站买《伦敦时报》一份。该报载房屋出租等广告最多。如来英留学者，可直接往校中见教务长，因彼必有学生寄宿处之表单，得表单后，可往各家询问。此法租房不但最易，而且极妥当。英国例规，住房者每星期付房金一次。先住房，后给钱，与美国习惯不同。切不可与房东定一月或长久的合同。房间租妥后，应随即携护照及三寸半身照像二张往巡警局挂号。挂号费一先令。英国欧战后的新章程，凡外国人在英逗留过三月者，必需于到岸后三月内往巡警局挂号，否则一经查出，必受罚英金百镑，或被监禁六月，切不可忽视。英国交通为右来左往，与美国的反相正，到英后即需留意，以免道路上发生危险。

英国的饭菜极不可口。肉食以牛羊为主，小菜则只白薯及青菜二种。一年三百六十五日，换来换去，少不了这几样。其味尚不及美国的菜食，而价目则较美国的尚贵。伦敦的“中国城”比纽约尚不如，然英国人无特别汽车往该处游览。所以本地人虽

---

① 带家具之房屋。

知其为伦敦极不堪之部分，旅客往该处参观者尚不多。

英国人外面极和【气】而有礼，不若美国人之直进。内中如何，当能窥悉。现在在伦敦的中国学生极少，不过在纽约、科伦比亚的数目十分之一。大学教授脑中对于中国学生的印象颇不佳，盖真正读书者太少也。盼望清华同学多来几位，或者能将此种不好的印象废除。伦敦的名胜地点极多，如 West Minster Abbey、Tower of London、St. Paul Cathedral、Windsor Castle① 等皆不可不见识。博物、美术馆之多无处可比，内中庚子年抢去的中国宝物尤不可不过目。英国生活程度虽高，工资只美国二分之一。无业游民以万计，街上乞丐之多不亚于中国。故欲来此作事者可早打消此主意。

兹将由伦敦至欧洲各大城市二等轮船、火车价目列左，以便来欧者豫算用费。

Paris	二镑四先令
Berlin	五镑五先令
Geneva	三镑七先令
Genoa	五镑
Naples	五镑十三先令
Rome	五镑十九先令
Monte Carlo	五镑五先令
Marseilles	四镑十三先令
Venice	五镑三先令
Vienna	六镑三先令

由伦敦至上海二等船票价目为六十八镑。由马赛至上海六十四镑。西伯利亚铁路现尚不便旅客行走。

六月以前来伦敦者，兄弟当尽力设法招待。六月以后恐怕就

① 威斯敏斯特教堂、伦敦塔、圣保罗大教堂、温莎堡。

要动身回国矣。

住趾［址］及通信处如左：

T. H. Huang, Esq.

73 Warwick Road

Earl's Court, S. W. 5

London

电话 Western 3722

（《清华周刊》，1925年2月20日，第336期）

卢延英来信[①]

（1925年9月18日）

总编辑先生大鉴：

自清华转学欧洲章程实行后，同学将来欧求学游历的想不乏其人了。延英留英已三月，从交接游历中，受了些新见闻，发生了些新感触，愿写出数端事实，借贵刊报告，以备同学来英者参考。

（言语）英人讥讽美人的"nasal Twang"，而美人讥讽英人的"Throaty Gurgle"，大概美人口音轻薄，而英人口音宽而重。英人拼音能使Vowels有完全的价值，例如英人的Round O，Broad A，无音的末尾R，其特点也。此在英国南方更甚。又如地名同钱数名，有的音缩短（好字典多指出），如以下数字Half-penny、Twopence、Threepence，其拼法是Hapenny、Tupence、Thre-pence，在买车票时或吃饭时，这特别名字不可不预知。（中略）

（饭食）最方便、价廉公爱的饭铺有三家，伦敦到处都有分支，一名A. B. C.（= aerated Bread Co.），二名Lyons，Express Dairy，Co.，三名J. P. Restaurants，全是常拥挤的。（中略）

① 卢延英，1920年从清华毕业，具体赴英国留学时间不详。

（礼节）英人多夸自己比美人知有礼节，真假姑不论，但伦敦的巡捕不惟能尽职，而且有礼。初来新客的好指导，普通论，在饭店或问事时，“If You Please”是常用的一个句子。英人的礼貌有的地方不如他国的繁琐，如英人只遇妇人，或在有妇人在的Lift（elevator）内时，方作撤帽礼，但在铺子、Cafe、银行、阅报室、博物馆内，帽子仍是带［戴］着。

（学校）英国有四个求学问地方，全有名，就是Oxford、Cambridge、London University、Inns of Court（法学）。前三个各有许多连属的Colleges。文理二科全有。入Oxford或Cambridge的学生，当在入学之前半年就得办要求入学的手续，因过期不收。就是伦敦大学也得在开学（十月初）的前三个月将入学程格手续辨［办］清（Applieation［Application］Blank Form）。Oxon［Oxford］同Cantab［Cambridge］的费用，（学、宿、膳、杂费）一共一年用四百镑颇有余（其现行的章程内载的数目不可靠）。伦敦大学学费，文科一年二十几镑，理科多些，无有必定在校住宿之规定。习法律者也可入Inns of court，以替别的平常法政学校。内有演讲［室］、图书室、聚餐室。学员在Called to the Bar以前，必得受考试，并且在每学期内（Term）到厅吃六天的饭。如此经十二个Jerms［Terms］（约三年）方有资格。听讲、吃饭、考验费共约一百镑，只交一次。以外交一百镑的保证金，此项在告退时退还。平常宿膳必须在外边自便。英国大学全承认Harvard、Yale、Princeton、Columbia诸大学。在此毕业或转学，入英校可免入学考试或Responsions考试。不过总得两年方可得一学位。得一Diploma，有一年可以行。

卢延英鞠躬上

（《清华周刊》，1925年9月18日，第351期）

皮名举访刘驷业先生[①]

（1927 年 10 月 28 日）

履　历

经济学系教授刘驷业先生，福建福州人。曾肄业上海圣约翰大学。一九一九年自费赴美，入 The Wharton School, University of Pennsylvania[②]，得经济学学士位。一九二二至一九二四年入 Northwestern University[③]，得硕士位；同时在芝加哥城大陆银行实习。一九二四年夏，转学欧洲，入伦敦大学 School of Economics, London University[④]，得博士学位。并在 Barclays Bank[⑤] 实习一年。今年四月始返国。

伦敦大学

伦敦大学系聚许多学院而成，各学院均各自为政，大学仅管理考试及赠授学位事（参看本刊第四百十五期一四三至一四四页）。学院分散于市中，如今之京师大学校之各科然。我（刘先生自称，以下仿此）系在经济科学校研究院读书，故各学院的情形不甚明瞭。今且讲一个大概罢。英国大学以大学生求学当有自赖能力，故极主放任。上课随便，班上全系教授演讲，很少讨论机会，又从无月考、季考。在此极端放任之下，学生认真读书者固多，然敷衍了事者亦必不少。故每年大学举行之考试，学生不及格者颇多。闻去年考试，不及格者占百分之九十有奇。

入大学院手续，非常麻烦。如从美国著名大学——如哈佛、

---

① 原标题为《刘驷业先生谈话，皮名举笔记》。皮名举（1907—1959），湖南善化人，皮锡瑞之孙。1923 年 8 月至 1928 年 7 月在清华学习。1928 年 8 月赴美国留学。

② 宾夕尼亚大学沃顿商学院。

③ 西北大学。

④ 伦敦大学经济学院。

⑤ 巴克莱银行。

耶鲁、本薛佛尼亚毕业来的，大概无问题，若从二三等大学来的，则伦敦大学不愿收留，即或收留，也须经过严格的特别考试。大学院学生取录后，即由大学指定一教授为该生的指导员。大学院并无何种必修科，全部必需工作就是一篇论文。学生选论文题目时，指导员尚帮帮忙，选定后，他简直也不管。在两年至四年之间，学生论文做好时，可请求与博士考试，但须缴纳考费若干镑。于是大学派定二位考官，审查该生论文。其中一位考官照例是该生的指导员，另一位是校外的专门家。由他两人决定该论文是否合格。倘二位考官意见不一致时，则大学另派一人以决取否。有时考官以该文有不尽善处，则将论文发还该生，重加修改，六个月后可与第二次考试；但又须缴纳考费，不过较第一次稍少。论文被认为满意后，尚有口试，问题系与论文有关者，然间亦涉及论文以外。总之，只要论文无问题，口试并不十分重要，大约及格的成分，靠论文者十居八九。

伦敦大学学生的课外作业，最有趣者为一种摩［模］拟议会（Mock Parliament），每年开会数次。学生中分为政府党和反对党，如某某为总理，某某为财长，某某为反时［对］党首领。开会时，各党议员发表政见，所有一切方式，均取法乎真正议会。然我们不可认此举为学生干政的表现，盖摩［模］拟议会不过一种参政练习而已。

政党大概

英国历来只有两个政党，故一党当权，则他一党在野。从前是保守党（The Conservative Party）和自由党（The Liberal Party）两者竞争。但近年来，工党（The Labor Party）的势力日增，已取得了从前自由党的地位。自由党所以衰败，有两大原因：第一，政见不定。保守党代表右派，工党代表左派，而自由党居于其中，不左不右。譬如对付中国的方针，保守党主张采武力手段，可以得到一部分英人的赞同；工党主张用和平方式，也可得另一部分英人的同情；惟自由党的态度不左不右，失掉一般人的信仰心。第二，内部不统一。自由党本身分为两派，在 Lloyd George 与 Asquith① 二氏领袖之下，两派各不相容，自相轧砾。一班人既不信仰自由党，故加入该党者日益少，甚至该党党员亦多转入其他二党。在此内忧外患交急的环境里，自由党必难复兴，而其消灭之日则益近。现在保守党的首领即总理 Balwin 氏，工党首领即 McDonald 氏。该二党也有左右派之分，但不像自由党那样明显就是。

大罢工

欧战前英国煤销行于大陆诸国，为英国输出品之大宗。战后因各国工商业尚未恢复，故英煤贸易大减。在去年上半年，矿主极力裁减工资，工人不服，是以罢工。这不过是资本家和劳动者之冲突而已，然而资本家后面却有政府暗中鼓气，工人方面又有工团联合会（Trade Unions Congress，简称为 T. U. C.）为之助威，工党自然也和他们表同情。矿工罢工很久，仍无结果。工团联合会见矿工势渐不支，乃明目来帮助他们，于是宣布大罢工。一时交通断绝，秩序混乱。当时我住在伦敦乡下，因火车不通，不能进城。政府以此等罢工，实扰乱社会治安，所以一方面压迫工人，一方面召集义勇队（Volunteers）作工。居然一时火车也开了，工厂的机器也动了。工联方面因罢工人数太多，经济上无法维持，所以没有几天，就无条件地屈服了。政府方面尤不甘心，更在议会里通过禁止含有政治性的大罢工法令，以剥削工联之权力。

经济情形

英国的财政情形非常之好，然经济情形则反是。所谓财政情形好，即国家的支出收入，可以两抵无亏。经济情形不好，即工

① 劳合乔治、H. H. 艾斯奎斯。

商业还没有恢复到欧战以前的状况。其最大原因，即资本与劳动二要素不能合作，去年的大罢工，即是一种的表现。

英俄绝交

英俄绝交的时候，我已离开英国，故所知不详。推其主因，不外下述三点：第一，俄国的远东政策，使英国在华权利及在印度的地位动摇。第二，英国是世界有名的资本主义和帝国主义的国家，而俄国的主要目的是打倒她，故两国互相猜忌。第三，大罢工时，俄国曾汇款接济工人，使一班守旧的英人怀恨。既有上述三因，又加上别的导火线，故有绝交的事发生。

大英帝国

现在大英帝国各部的关系，已由政治的而趋于经济的。以前英国人还有用政治方法团结各邦的梦想，后来看见事实上不可能，也就放弃了。但他们以为政治方法既不能团结各邦，惟有用经济方法或可达到这种目的。今年的帝国会议对于这方面进行颇力，如改良各邦之关税与交通即其著者。但我们不能因英帝国各邦不能有政治的团结，就想到她的分崩。在事实上，各邦多系自主，然而在文化上，她们的关系非常密切。譬如欧战时，大家都以各邦必不助英国，然而他们却能同心一致打败德国。

留英学生

中国留英学生以华侨子女为最多，他们来自新加坡及其他英属殖民地。所学的多系法律与医学。因为英属殖民地政治和教育等事业，华人不能染指，惟有律师与医生，是比较适用的职业。他们虽没有到过中国，有的连中国话也不会说，然而他们爱祖国的热忱，实不亚于国内同胞。来自中国内地的留学生也不少，然在放任制度之下，多留而不学。所以我以为留学英国，最好进大学院。在大学读书，除空费金钱和光阴外，更有旁的危险。

伦敦都会

伦敦无城墙，占地甚大。街道比美德诸城市的差得多。房屋很矮，据说该处地基不稳，不能建筑高楼。伦敦可供游玩的地方有三种：一是博物馆，二是公园，三是古迹，如 West-Minister Abbey 和旧王宫之类。伦敦的天气极不好，常有大雾，雾来时，因煤烟羼［掺］杂其中，变成黄色；空气若不流通，竟至久而不散，往往相离咫尺，不辨人物，故其难过实甚于北京之沙尘。

伦敦的生活程度，比美国大城——如华盛顿之类——略低，较之美国二等城则差不多一样。以上所述，不过一个大概而已，详细情形，实非一两点钟所能说完的。（此稿经刘先生校阅）。

（《清华周刊》，1927 年 10 月 28 日，第 418 期）

未名来信①

（1929 年 4 月 13 日）

听说今年大四同学准备留法者颇多，并且有许多同学忙着打听法国情形。昨日我接着一位留法同学来函，关于留法情形，述说备详，兹特公开，以备留法同学一个小小参考。

——剑

……前奉手书，承以各种情形见询，适我正在草《预备留法学生之参考》一文，拟刊登《时事新报》，因未即复，并因老弟欲确知巴大化学系情形，此科我无一人认识，只得请初识之朱君代为打听，过四日后去讨回信。朱君适卧病未起，尚未往问，只得稍待。次又得书，知弟近患病已入医院，极以为念，幸现已痊愈，正在调养中。惟不知日来可自由否，今年当自不返家矣。兹先将我之《留法学生之参考》一文先行寄上，并将我自另一朋友打听到的化学系情形，略为分述如下。

法国化学，向颇著名，教授均为科学界知名人士，实验并不

① 作者不详。

甚贵，约七百五十方（佛郎）一年，大概三年毕业（当然看人之资格而定）。现在我所知者，仅此而已，详情容朱君回信后再说。又将我所草一文中老弟所问而未说及者略加答复。

（一）由西伯利亚来法只须三百余元（办护照并不麻烦，惟需几国签字，所向询问人自己忘记，云可向寰球学生会打听），较船费须廉二百元（上海购船票），有大学毕业文凭，可打八五折，约仍需三百三十余元，路中用费七八十元（费约四百元）。

（二）学费每年二百方。生活费最省，一年华币七八百元。

（三）不谙法语，至少须一年方可入校听讲。

（四）比国年约六百元，可以维持生活，闻稍苦耳，又比国系用两种文字，一系比国自创之文字，一系法语，后者较不普及。

嘱寄法文杂志，因我现在专门看报及死读季特教授之关于合作各书，不知有何种杂志较为浅近，容后打听后当选购一二种寄阅。又昨晤黎兄，彼于化学系情形尚熟，已请彼详函告弟矣。我在此补习法文已有三月，昨日起入“法兰西学院”College［Collège］de France 听季特所授合作课，极为难懂，幸有同乡彭君同座，遇不懂之处，可以询问。彼马上译写我看，故尚能听到五六成。我上课时间已到，下次再谈。即颂痊安。

仲明顿首　二月四日

预备留法学生之参考

年来国内学校，以政治影响，办理欠善。有心向学者，群致不满，遂趋谋国外。最初大多留学日本，迨后风会所趋，留日者渐少而留美学生激增，近又以美国费用太大，又有改来法国之势，尤以今年为特多，自沪赴法邮船，每次平均中国学生至少二十人。据最近有人统计，今年抵法学生已达五百，人数之多，向所未有。细考其故，有最大缘因：

（一）费用较廉　法国生活程度较美几廉一倍，而欧洲各国，除比国外，英、德等国亦远不如。余未出国时，尝闻人言，留法年七百元足矣。有谓竭力节省六百元，亦可勉维生活，斯言未免过甚，出国后始知其不尽然。

（二）入学较易　从前凡来巴黎求学者，大学毕业，只须持一纸文凭，可直接入巴黎大学博士研究院，中学毕业者，亦可免试入大学听讲，国内学绩之优劣，法文程度之深浅几全不问。因入学之简易，更促留法学生之增加。但今年情势一变，入学者手续之简易，远非昔比。

余抵法已近三月，兹将个人经验及调查所得据实报告，或可供预备留法诸君之参考。

（一）费用　（甲）膳宿。留法费用以伙食一项为最巨，普通西餐，每顿约六方（佛郎之简称），中餐约七方左右，每人每月至少须四百方。次为房租，每月至少亦须二百五十方。余居虽只一百，但此等房子目前决难寻得。曾问过二十余友人，彼等之房子最费者有达四百，最廉者亦二百五十，二百者三二人而已。且以觅屋者太多，房价均逐渐增加，故应至少以二百五十方为标准。（乙）书籍学费。法国书籍向来便宜，乃年来生活程度加高，书价亦随之大涨，平均每本新书约在三四方左右，因此每年书籍费至少应备二十方。学费较廉，年二百方，另加考试费数百。（丙）杂费。洗衣、理发、邮票、车资等费，每月至少一百方，年需一千二百方。

综计各款，一人费用应备华币千元，方可敷用，如欲极力撙节，则当以八百元为最低限度（按国币一元合佛郎十二或十一有奇）。因此可知国内所得消息，未必尽确。出国以前当先解决经费问题，并宜以千元为标准。因法国生活程度，逐年增高，此时未必仍即彼时之费用也。

（二）入学　巴黎大学新章，中国学生之请求入博士班者，持不甚知名之大学文凭均遭拒绝，中国著名大学毕业者，如北大，从前之东南、复旦、中公等校，则概入大学本科三年，听讲一年，经两次考试及格毕业，称 Licencré ［licencié］。法国大学本科即法文之 Licence，按法国学科，大学只须三年毕业后可入博士院。中学毕业来此者，除查验文凭外，均须经过入学考试。（附告：中学文凭极关重要，即大学毕业，亦须同时呈验中学文凭，否则不得入学，来此者务须注意。）

费用确数、入学手续既如上述，兹敢再以管见所及为预备留法诸君一述之，俾出国以前有所考虑：

（一）外界引诱力大　巴黎繁华，甲于天下，丧身败名之事，不待一己之探求，即将自至。淫逸之风，不下日本，青年血气方刚，极易失足（实际失足流落巴黎者，大有其人在），因此年纪太轻、意志不坚者，还以不来为妥。

（二）生活程度日高　法国生活程度逐年均有增涨，此来法稍久者大都知之。据余所知，同样伙食，一年前四方一顿者，今非六方不可。一样房间，据友人说，在一年中增价二次。即以余抵此三月时间，牛油和面包亦曾涨价一次。故预备留法尚未成行者务须打听明白，宽筹接济，然后放洋，以免到此进退维谷。

（三）补习语言不易　国内学校除少数法文学校外，大都注重英文，来此者心理以为通英文学法文甚易，其实不然。欲求通谙一国语，殊非旦夕所能速成。中人之资，来此加倍努力听讲看书，至少非一年之预备不可，作文□难自不待言。

（四）入学须经考试　此于前文已经提及，试问初来法者或来法仅半年者即考试，无论如何资质，绝非可能之事。故以语言一端而论，费时多，金钱、时间两不经济。故留学者，究以去英美或来法为宜，务须详加考虑。须知来法国较英美为廉，但外加补习语言时间之金钱，恐亦所差无几矣。

（五）无工作可资贴补　凡有预备来法半工半读者，余绝对劝其不必存此奢望，因法人自己失业者已多，更有何位置安插异邦人士？况法国薪水极低，闻所入仅敷日用，费时失学，似尤太愚。

另有附带声明者，吾人远赴异邦，求学之外，彼邦风俗习惯，亦应细心研究以资参考，并以自勉。但法人国民性除少数优点，如人民和易等数点外，吾人目中所见街道之污秽，三等车之积垢，贿赂公行，所在都是。如火车搭客，间有不购车票，只须于出站时，给查票者以数方酒资即可通过；轮船码头，旅客带私只须行贿关吏，亦可不查。此外人民大多好酒寻欢，均不足为吾人效法。凡此诸端，均宜慎重考虑，一一求其解决，然后行止可定。愿预备留法尚未成行者，读此文后，加以研究，权舆轻重，然后放洋，以免重蹈前人覆辙，是所深愿！

此稿待寄时，又得确息，巴黎大学今年九月新章，凡持有大学及中学文凭准入大学三年级者，亦须经过考试，是则更多一层困难矣。

（《清华周刊》，1929 年 4 月 13 日，第 456 期）

章熊来信[①]

（1930 年 4 月 22 日）

巴黎人

巴黎的活动，不分昼夜，清晨自星月仍在空际发亮，东方犹未现白的时候起，电车上、地道里，便已是人山人海，拥拥挤挤，这一日就开始了。殆到黄昏而后，各业停止，便有那戏院、影院、咖啡馆、跳舞场来继续夜间的活动，一直闹到明日的清晨。在这昼夜不息之中，巴黎在奏演着人生的悲剧和喜剧，舞台上的演员，当然就是巴黎人。

---

① 章熊，身份不详。

约摸着阳光放暖的时候，公园里便有些母亲或保姆，手推着车中的爱儿缓走地踏进园里去，这些天真烂漫的小天使便在银白的喷泉边或是金黄的黄沙土里嬉弄，在这大自然环抱之中，过他们那浪漫生活。有时或是做出来无意识的举动，在远处窥望的母亲，只向他一笑，他便立时放手，也还她一笑。母子之爱，在这自然中流露毕尽。直到饭时，便又缓步踏出园外。直到午饭过后，依旧地回转原地，他们还是照旧地玩他们的，母亲手不停地做着针线，这样的一直候到天将黄昏，才收拾回去。

咖啡【馆】里，昨夜的陈秽不过刚刚地收拾干净，没有好久，巴黎市又开始他昼间的活动，咖啡馆便是第一个聚集的所在。来咖啡【馆】用早点的人，有些是衣冠整洁，手提公事皮包；有些头带小帽，衣服也很整齐，手里边拿着几册书。有时几个人遇到一伙，便大声地说笑。有些手提用具，身后背着个布袋，衣服不很整洁，这些人都参差地站在一起。役者便脚手不停地来侍候。有的便是一杯咖啡，或是一杯牛奶，牛奶加咖啡，或是红酒对白酒。台子上的点心可以随便取吃，吃完自己报告数目，役者来算账，付款后，随说一声“Merci”。[①] 来来往往，川流不息地闹到九点多，才渐渐地少了。以后来的，便多是来闲坐的。买好一份报，要了一杯咖啡，他许起码要坐一个钟头。

将近正午了，一些工人下了工厂，无论男女，手里都拿一个或是一块面包。面包的种类颇多，有的一尺多长，五寸宽一寸厚的；有的便是三尺长二寸宽的；也有二尺多长，一寸宽厚的。衣冠不整的工人如此，头带［戴］绅士帽的也如此。这时饭馆都大有人满之患，役者虽是在冬季，也要为汗淌下来。

咖啡馆的生意，不广［光］是整年的，恐怕也是整日的，每天什么时候，都要有人来坐，会朋友、谈闲话、写情书、作文

① 谢谢。

章、找野鸡、吊膀子、画画、下棋，都是生活。巴黎人的生活，除去做工而外，一半的时间，都施在咖啡【馆】里。特别是在星期日，咖啡【馆】里边是人山人海，咖啡【馆】外边，也都满着。天气寒冷，便在露天生了火炉。这时里边音乐开始了，有的静心来听，情人们互相倚偎地密谈着；野鸡们正在用力地眉来眼去向座客里边送情，时东时西地来换她的坐［座］位，好使人们注意，只要你稍向她注意，便可以随便谈话。

晚工散了，无论男女都拿块面包回去。住在乡间的便乘火车回去，而同时电车、地道车又忙了一阵。车站里有的夫妇同在候车，彼此互相拥抱着，有说有笑，谈到了高兴时，彼此便如猫如狗地大吻一下。巴黎男女接吻的机会多得很，大街上、火车里，时常听见吻声喳喳，自己并不以为不好意思，在人们看来也不足为奇。巴黎人的说话，带了十足的表情，高声不算，两手不停地左指右画，眼嘴也时常的一张一闭，活像舞台上的演员。

一些大公司的女售货员，打扮得花枝招展，脸上粉白，唇上朱红，眉上浓黑，化妆得好像是人头画。他们所带［戴］的帽子，很少式样相同。身上所穿，里边多是一身薄绸衣，外边是件带皮领的外套。足登高跟鞋，脚上穿的高腿肉色丝袜，是［走］起路来一摇一晃。脸上修饰得虽然很漂亮，可惜，有时嘴上配上点胡子。身上虽然穿得很华丽，可惜时常发出点狐臭味，这美中微有不足。女子对人，总是满脸有笑，双目含情，很少看见板着面孔哭丧脸的。他们手里都拿着一个小提包，里边多是化妆用品，无论在路上或是在人前，不断地拿出粉扑擦擦脸，拿出胭脂子来涂唇。大家闺秀是这样，做工的女人也相同，饭可以不吃，化妆品和穿带［戴］不能不买。

夜间开始了，各种游戏场，有不可思议的活动，便成为巴黎之所以为巴黎。在夜静人稀的时候，大街上时常见到有女子向你来使眼色，或是竟不客气地拉你一下，有时便说：“Monsieur uenez a uec nrai?”假使你回话稍迟，或是稍为表示好感，她便有主了。有时街上冷清得很，还在马路边上，身无所主的来站着。她们为什么要这样，无非为生活所迫。此间的男女，不拘有无婚姻的关系，两人可以同住，几时感情不佳便一散，有时也许彼此动起了手枪。

饭馆吃饭，时常遇到一两个音乐师，手持乐器进去奏一两曲，奏毕向饭客要一回钱，或是继续再奏一次。还有许多画师，自己没钱租地方开展览会，便在马路边道上摆了个摊，把自己的作品陈列在里边，任人赏鉴。如果有人喜欢那一张，就卖掉那一张。艺术家多是在茫巴纳斯 Montparnasse 或是在腊丁区 of uartiev Qatin［Quartier Latin］，他们的生活是绝对浪漫的，衣冠不整，偏［边］幅不修，有钱时随便用，没钱时候，便忍饥受饿，可谓乐其所乐，处之泰然。

文明国的人，底［的］确文明，乞丐的方法也巧妙。他们时常到饭馆里，或其他的公共场所，把小纸片上写了几句吉庆话，装在信封里递给饭客，如果接受了，便要把佛郎回敬。有时有个老头坐在街边，手拿小铜笛，放在鼻子上来吹，假若留心静听，乃是一曲一曲的音乐，欣赏的便给个钱。路上常见有喝醉酒或有神精病的，便时常在街上指手画脚，大演大讲。少了一个臂，缺了一只腿的时常看见，双腿都没有的，坐在一个小车里，自己来转动，这都是战神所赐。

巴黎人的黄金时代，只有青春，青春一过，生活就欠丰满润泽。如果老年将要垂死的时候，更觉无味，说话的时候，旁人没不［人］愿意理，举止迟钝，旁人不高兴看。假如青年时没有积蓄，也不能不做工求活。老年的父母给儿及女当厨房［师］，或干其他事，以此为交换条件，也是常有的事，权利义务分得清。这种情形，司空见惯，故也不为奇。

附函：

朋友们：

我近况如故，无甚可述。不久就要搬家，原因是房子稍贵。巴黎的冬天总算过去，最冷的时候不过是中国北方的初冬。现在将入春季，可谓风和日暖，花木都在发芽，据说巴黎的春天最好，不下雨，没有风，非常好过。这时间，不久就将到临，只好恭候罢。你们的信，来得不踊跃，想必是因为太忙。三月三日是法国的节，叫 Mardi Gras[①]，那天无论男女老幼，都化妆起来，带［戴］上假面具，彼此在大街上，可以任意地开玩笑。在巴黎虽然也有人如此，据说远不如乡间的热闹。近来法国中部闹水，不知你们在报上见到吗？我的新通信处：

Monsieur H. Chang

27, grande rue

Bourg-la-Reine (Seine)

France- Via Seb'erie

章　熊

三，十三，于巴黎

（《清华周刊》，1930 年 4 月 22 日，第 486、487 期）

① 狂欢节。

陆征祥致刘符诚手札（四）

崔　彤　整理

一六三

（1947年1月13日）

黼斋老弟如握：

月之十日，奉到七日巴黎来书，藉悉一是。今日接到比都金大使转到夫人所赐美制新笔一支、皮夹一件，拜领之下，曷胜感谢。今日开用写信，快愉之至。

赵劳园健康，亦有佳伴，为之欣羡。令婿Muller①君来法迎伊夫人，举止少年老成，尤为老弟贺、为金龄庆。世福在家庭，人生惟此乐耳。曹润老及颜骏人地址望示知，以便通信，致谢一切。报传美俄接近消息，大局或有转机矣。匆匆。顺颂双绥。

小兄　陆征祥手启

三六、一、十三灯下

一六四

（1947年1月20日）

黼斋老弟如握：

十八日接读十七日手札，领悉一是。颜、曹、徐三地址，细

整理者：崔彤，大连交通大学马克思主义学院讲师。法文由近代史研究所助理研究员任雯婧翻译。

① 穆勒。

查地址簿，三君似未移居，端甫兄处，当另加短简。

兹将天津、上海来电两件附上，以资接洽。天津电有 Chefs du Pays[1] 字样，未知中文何如。我弟办事迅速，足见精神充足，故能得心应手，津津［井井］有条的进行，将一切报告，一气呵成，则自快自慰，何等快愉。服务如我弟勤且敏捷，不多见也。为行务得人庆，贵同事必铭感于心中而默志勿忘矣。金龄赴奥后，贤夫妇左右之寂寞可想而知。盖二月之盘桓，其热切作伴之乐处，真难得而难逢，乃天假之缘，惟有感主谢主耳。夫人能得一教师作伴，妙极妙极。昔年在海牙，先室教钱使夫人法文，并出门作伴，游园散步。钱夫人能说能写，其进步之速，得力于此。教师作伴，两者并行，意美法良，不出三月，我弟可高枕而卧矣，预贺预贺。

另封奉赠本院《瞻礼表》一本，并将老弟生日、先夫人生辰、金龄生日、先夫人周年日期表出，以便届期代为祈祷。如承将夫人生日示知，加入祈祷，司铎区区意，聊表感忱耳。本年主保 Saint Antoine[2] 之历史，颇有趣味，倘老弟能代购 La Légende dorée par du Bienheureux Jacques de Voragine Librairie académique Perrin à Paris[3] 一册寄下，则感谢不尽矣。此书虽系前圣先贤之行实，其内容实与小说同一笔法，令人读之不能中止释手，老弟亦可自备一册，以资销遣。安当前圣奉至一百有零，附上剪报，阅后与电件缴还可也（可发一笑）。

我弟近年各处旅行，留有相片否？如能赐寄副本，虽在院中，亦能神游，亦客中一快事。数年来寄下各片，汇集一册，时时翻阅，饶有趣味。二月十日巴黎五国签署和约，三月在莫斯科

① 国家首脑。

② 圣安当，又译圣安东尼。

③ 雅克·德·沃拉吉纳著《圣徒传》，巴黎佩兰学术出版社。

商议德约，但未知日约何日结束耳。匆上。祇请双绥。

小兄　征祥手启

三六、一、廿灯下

一六五

（1947年1月26日）

黼斋老弟如晤：

廿三日奉到廿二日手札，读悉一是。附缴电报、剪报，亦均收讫。分神代购 La Légende dorée 一书，感感谢谢，谅不日即可寄到，刊件寄递较迟耳。

近拍相片，承检齐重印见赐，特先道谢。修士生活，与世隔绝，有一二至亲随时通讯，见寄纪念，为居静中之快心事，亦祈祷中之好纪念也。

兹有一事奉恳，如荷便中约钱大使一谈，尤为铭感。刘媚媚乃紫老独一女儿、法籍夫人之爱女也。小兄不独与紫升情同手足，且与伊夫人亦视同兄妹，细说起来，小兄识伊夫人 Mme Couturrau① 在紫升之前。许文肃学习法文，能与小兄法文通讯，即 Mme Couturrau 之教法高明，收此数月之速效也。故紫升法籍夫人即文肃公之女教师也，其渊源之深可想知矣，故小兄之视刘媚媚如同己女也。奉上来信二件，现在 International Sewing Society② 行将结束，此女地位如何安置，深为挂念。可否商请钱大使保荐王部长，安置外交部，作女雇员。打字系此女之专长，部中添置一打字雇员，且系前外交次长之女儿，未知能办到否？紫老为人介直，当时小兄在部时，曾与讨论安置媚媚之办法，一设法介绍青年子弟，然屡试屡失，先室亦代注意；二即

① 库蒂罗女士。

② 国际缝纫机协会。

以媚媚作本部雇员，紫老正色拒绝之。迄今回想，亦正可惜失此机会也。嗣紫老即与上海法国友人接洽，得此地位，外人知情，反过我而无不及。迄今廿余年如一日，屡屡淘汰冗员，而刘媚媚之地位不动，实法友重视紫老之托孤也，我为之汗颜不置矣。可佩亦可羡，更可感矣。直告我弟，亦可见忠实之人天不弃，先人之恩泽，较诸遗产更可靠也。现适老弟在法，故敢将以上细情奉述，并恳婉婉转达阶使。紫老在法数年，伊夫人以法籍，颇受社会欢迎。当时华人娶西妇罕见之事，巴黎社会不无好奇之心，不知不觉中，对华看法，稍稍改变，亦过度时代之借光，言之可笑，乃事实也。我弟或亦感觉而经历之耶？匆匆奉恳。祇请双绥。

小兄　征祥手启

三六、一、廿六

附来信二件，恳代示钱大使尤感。倘有一线之希望，可否恳托代作函稿，得阶使同意，由小兄直接推荐，何如？祥又及

一六六[①]

（1947 年 2 月 4 日）

罗马之行，原为晋谒宗座，面谢一切。目前精力困顿，苦难如愿。惟有中心默祷，感谢天主宏恩耳。

黼斋吾弟惠存，并恳多多代祷。

如兄　陆征祥寄赠

时年七十有六

三六、二、四

① 此封为明信片。

一六七

（1947年2月7日）

黼斋老弟如握：

月之五日奉二日详信，为媚媚之事，既向阶平大使面商，复为从长考虑，代人谋事之忠，曷胜感佩。此事实出我之热心，媚媚并无一言之表示也。我弟料事之神明，尤为钦服。他日媚媚或有请求，我二人事前代谋往过，亦不妨直告，并非卸肩，实出关怀之热忱耳，此为伏笔耳。

致［至］电报来院一节，并无不便，兹将此间赴罗马日期奉告，以免彼此相左。现拟于三月廿五日离院，廿六日搭车赴巴黎。是日午后（爱铎偕行）拟往访贤夫妇于旅店，廿七晚搭车赴罗马。回比之日，尚无定期，须看罗马接洽各事之顺乎或否。三月十二日本院接待公教妇女青工会外，其他日期均无不便。

承赐相片十七张，感感谢谢。文忠在美植树之照，得之甚为宝贵。缘昔年但知植树之事，现得知日期年月并得相片，何幸似之，快慰快慰。在此十七张相片中，既重见老弟、金龄，复得识家敏夫人及 Casstim Muller① 君、桂龄二小女等，快慰难以言喻，世间现福在家庭，并二三至友耳。

承购赐 La Légende dorée 三册已收到，谢谢。今晨寄上《受职礼节纪念册》第一本，挂号，免遗失故耳。又上海同乡卫青心君，号景奘，十五年前一鼓勇气，步行至罗马，自新嘉坡发脚，可谓公教健儿，行期二年，到达永城朝拜。圣年 année jubilaine② 蒙宗座比约十一召见奖励，亦一逸事也。近来院访问，一见如故。兹寄去介绍片一纸，该君年三十余，来见时，望我弟加

① 卡斯丹·穆勒。

② 圣年。

以训勉。伊现收集材料，开始作小兄廿年苦修纪念册，其情甚殷，未免却之。一切文字，先寄敝处校阅，然后由徐神父修正发表，当无错误。于斌主教之陆某言论集错字太多，故未便送人也。

我弟回华以前，未识能赴罗马拜见刚大主教否？此行于私于公颇有关系，尚祈大酌施行为祷。巴黎、罗马有卧车，往来不至十分劳顿也，幸勿交臂失之。匆复。祇请双绥。

陆征祥手泐

三六、二、七

吴公使于一月廿一日抵罗马，一家十六口，廿二日全家到伯多禄大殿，由罗光咨议做弥撒，公使亲自辅祭。其信念之点［热］可想而知，一时外交界及社会传为美谈，盖从未前见也。我弟可交之友。

一六八

（1947 年 2 月 24 日）

黼斋老弟如晤：

廿二日接巴黎廿日手札，细阅之下，不禁感主谢主不置也。回想入院以来，足足廿年，所得于老弟之帮助者，不胜枚举。盖弟能为我谋，且所谋为我计，周且尽矣。老弟成全我者，非过言也。来信所说“劳碌之事，最宜小心，勿使过劳”三语，当作我座右铭，未可一日忘也。

自去年五月十八日，南文院长奉罗马通知“宗座擢升陆修士为伯多禄院名誉院长”。此电宣布后，全院欢贺，我忽忘我之老，而处处过劳而不知小心节制矣。八月十日授职典礼之准备，六、七两月间，征求比友，院长应有之礼服、礼帽、礼靴、法杖、指环及胸前金十字架等，研究礼节、演习礼节，精神奋发，然肉体困顿，讨论减短礼节，以节劳顿，复由医士开示补剂以充精。

罗马之行，原定去秋随南长前往，后改在今春。经此严冬，精神为之大减，现与爱铎同祈 Sainte Thérèse de l' Enfant Jésus[①]，代求上天佑助，或可成行，特先奉闻。三月初睡车应早通知作退，退车后再告知老弟。匆复数行，以资接洽。祇请双绥。

如兄　陆征祥手启

三六、二、廿四

金龄能来巴黎，老弟可专心料理公务，慰慰。

一六九

（1947 年 3 月 3 日）

黼斋老弟如握：

九日敬礼，廿八日礼毕，三月一日即由爱铎函告 Cook 退去卧车罗马之行，并在永城过复活圣节。此愿异日精力加进，天主默佑，再行考虑进行，目前暂作罢论。年逾七旬，忽欲作此远行，自问难以自解，故求圣女德肋撒代我解之。今蒙光照解疑，受恩多多矣。匆匆奉告。祇请双绥。金龄世妹已抵巴黎否？念念。

如兄　征祥手启

三六、三、三

一七〇

（1947 年 3 月 10 日）

黼斋老弟如晤：

八日奉六日手札，欣悉一切。行务得此两行分工合作之结

---

① 圣女婴儿耶稣小德肋撒。

束，可喜之至。董事会委弟回沪面协，足见两行之信任，贤者多劳，洵非虚语也。然此构［沟］通双方之任务，非弟莫嘱［属］也。行期四月十五，搭荷兰船先赴美，由美赴沪，匆匆就道，又多一番跋涉之劳矣。目下料理私事，修理牙床，亦觉匆促矣。

此间复活节避静严斋前后四十日，老弟及夫人能于四月五日午后莅临，六日、七日盘桓二日，从容接洽一切，八日遄回巴黎，以便搭十五日荷船，未知合式否？此间由爱德华司铎向女修院代留客房，为夫人住居，相离步行十五分钟，午晚两餐在本院用，未知合意否？修院生活简单，一切随随便便，未能周备，反觉不安不恭，叨在情重手足，两不客气，尚祈格外原谅。匆复。祗请双绥。

如兄　陆征祥手启

三六、三、十

一七一

（1947年3月20日）

黼斋老弟如晤：

昨奉十七日手书，欣悉一是。得悉拔牙后精神照常，慰慰。七年前亦经牙科拔去上唇之牙，装配假牙床，用之甚便，已经七年之久，早已习惯矣。

承示夫人来比办法，此间准备悉听我弟与夫人议定办理，总以便利处处愉快。Bruges[①] 有 Taxi，随时以电话雇用。比都金夫人如赴英国，代办瞿常夫人亦必欢迎也。一切候示遵行，毫无不便处，叨在知心，情逾手足，万万不客气。匆复。祗请双绥。

如小兄　征祥手启

三六、三、廿

---

① 布鲁日。

附上火车行程时刻。

一七二①

（1947 年 4 月 1 日）

黼斋老弟如握：

昨晚奉廿九日手书，欣悉一是。Bruges 客店名 Grand Hôtel rue Saint Jacques②，已由电话代定二榻房一间。纯孺大使尚未回比，金夫人谅在伦敦与子女过复活节矣。爱铎与祥恭候驾临，无任欢迎，良晤在即，余容面罄。祇请双绥。

如小兄　征祥手启

三六、四、一

一七三

（1947 年 4 月 6 日）

天降贵子，救赎世人。黼斋老弟留念。

陆征祥谨题

三六、四、六，复活节，1947

一七四

（1947 年 4 月 9 日）

黼斋老弟爱鉴：

顷奉比京八日手札，欣悉贤夫妇七日四时抵京，八日十时莅临先室墓地赐花默祷，存殁均感。

Salu③君仁厚君子，实难得也。惜伊子于去年间声明抛弃继

① 此信为明信片。

② 圣雅各路大饭店。

③ 萨鲁。

承权，故伊本业移归伊婿 Jacobs[①] 君矣。我弟面交夫人献仪，拜领之下，当为献祭三十台，附上《生存者的弥撒》小册子，可知司铎祈祷之功效。二十年来在院所祈求者，祖国翻身、公教广传二大端，先以修士立场，后以司铎地位，然祈求之功则一也。

回想石孙、劼甫面劝回华续娶之美意劝告，不为所动者，幸叨主佑。先经文肃之口戏言入耳为主，所谓先入为主耶？故祥之一生行为，先为文肃预告预定，今日追忆，能无心感神佩耶！为弟告知，不可为外人道也。此次两日畅谈心曲，并蒙家敏夫人宠临，喜出望外，实有不知老之将至之慨。人生在世，所谓世福者，惟家庭耳，父子、夫妇、兄弟耳。我国加以朋友一伦，此乃孔子所赐，所谓四海之内皆兄弟也。故我国视朋友如兄弟者，孔子之道也。

此次所谈，无一言涉及内政外交，非忘记，实因无从谈起，彼此谅有同情也。兹奉赠邮片各种，加以题词，以便心领神会可也。匆匆先复。祇请双绥。

如小兄　征祥手泐

三六、四、九

一七五

（1947 年 4 月 21 日）

黼斋老弟如握：

十七日奉十五日巴黎手札，欣悉一切。承示夫人表示一节，当代祈祷，未可望速，盖速则不达，上主自有安排也。

“吾日三省吾身”出《学而》第一章，曾子之自省、自修、自励，即公教所谓自救自赎耶？此间所需系绿茶，红茶易得故耳。

---

① 雅各布。

致［至］健康问题，当分为精神、肉体二部，诚如尊论“精神脑力增旺”之语。目前当注意者，即肉体方面，故静居安适为最要。此间环境举目皆亲爱可宝之物，且卧室、书室、小经堂等互相生活，互相为命，实一快心悦目之处境也。乃上主所赐，非可求而可遇，出诸天予，无可疑也。故有三慎堂之立，如承老弟代为征求“三慎堂陆”四字横额，又“慎思慎言慎行，思主言主行主”对联，裱成黑白六言寄下，俾悬诸卧室，加以横匾，触目惊心，自修自惕，庶有益于身心焉耳。人生起点固当慎，而终点尤须慎，此乃先师文肃之遗嘱，当恪遵而效。耶稣听命钉死，而钉死于十字圣架上焉。

兹附上卫生衣裤图样，倘承购赐 veston，blouson，chausson① 各一件，又 caleçon et gilet② 二套，均系绒织物，足够七八年之用矣。或在法或在美购备，听弟作主。购寄金大使名下，当无税关之麻烦。现当百物昂贵，所费当在数千方，此心实觉不安耳，求主代偿以百倍于万一耳。

回国行期有定日，示知为祷。另封寄上各件，哂存作念。专复。祗请双绥。

如小兄　征祥手启

三六、四、廿一

对联横额尺寸以小为妙，乞酌之。

黼斋老弟如晤：

本日寄上一函，另封刊物多种，谅可先此达览。顷接少川大使四月十五日来书，欣悉前托我弟转交相片等件均已收入。兹将

① 西式外套、夹克衫、软底鞋。

② 男士短裤和针织衫。

原函二件附上，以资接洽。老弟此次由美归国，纽约与华盛敦近在咫尺，似不便过门不入。敝意少川系我二人多年老友，相知有素，似宜偕夫人往访，以叙旧情而敦友谊，尚祈与夫人商酌行之。

又《勒赛夫人日思录》译成十四国文字，华译乃第十四译也，并以及之，以见此书之蒙上主佑庇推行也。专此。祇请双绥。

如小兄　征祥手泐

三六、四、廿一灯下

附上陆师傅墨宝刻板翻印本二纸（忘其谥法，吾弟知之否），称“宗仁兄”三字，因同姓，固无足奇也。其可奇者，先父之期望也。为吾弟述之，饶有趣味：祥年八岁，先母见背，父子二人不知所归，影行相对，寂寞异常。一日先父告曰：“汝年八岁，尚无官名，今日当为汝取名。我闻苏州有一新翰林，姓名陆润庠，故我名汝为陆增祥，非望汝为翰林，但望为读书明理之君子耳。”民元归国，闻陆公尚存，充宣统师傅，特往拜之，颇受青眼，并面恳为先父、先师、先室作相片联语以追念之，公欣然乐允，并愿亲到敝处目睹相片，中堂以便目击生情，庶得真实真切。兹将题赠先父、先室相片摄影，另封寄赠，望老弟哂存作念。

一七六

（1947 年 4 月 28 日）

黼斋老弟如握：

廿五日接巴黎廿三日手札，领悉一切。归国行期改缓至六月廿四日，赴美约在五月中旬或下旬。金龄能在法为夫人作伴，为之欣慰。

承老弟直告，前次过美访问少川大使及夫人失礼态度，读之为顾氏惜，盖顾氏、颜氏均系上海绅士故也。惟伊此次来信，字里行间，似有觉察歉罪之意，未知吾弟读信时有此同情否？朋友有过，能纠正之，亦爱友之一道，孔教、耶教同一主张也。他日在沪见面，亦可叙旧，表情不急急也。

前承觅购美国新式水笔，但未知有无连带之内筒否？昨日拟加充墨水，与爱铎细读其方单，似有连带之内筒，以便更换之用。现将其用法方单附上，可否请金龄侄女译成法文掷还，并恳老弟详示为感。

莫都会议无结果，和局势难早日成议，老弟在欧物件及新购汽车，乘机运回中国为上策。老弟牙床合用否？昨日进城赴牙科，亦为改装新牙床故。思及之前失指环，谅已配新环矣。老年稍瘦，不足患，此中国人看法，西人素以 Vieillard sec[①] 为干老人必得长寿，未知确否？匆匆拉杂。祇请双安，金龄侄女问好。

如小兄　征祥手启

三六、四、廿八

一七七

（1947 年 5 月 14 日）

黼斋老弟如晤：

顷间接奉巴黎十二日手札，领悉一是。原子笔用法译法，感感谢谢。附上 Parker[②] 老式广告乙纸，足证货实耐用，有目共赏。

回国船期一再改迟，亦意中事，沪方同人盼弟早返，凡我旧雨，谅有同情。总之，早日东归，此乃上策，且在法公私均有眉

---

① 干老头。

② 派克笔。

目，更无迟延之必要，亦小兄所日夜祈祷者也。

兹有恳者，法国耶稣会士出版之新杂志名 *Rythmes du Monde*，译为《世界音调》，未知恰当否？兹将地址寄上，如荷便中代购六册掷下作宣传品，感谢不尽矣。专此奉恳。祇请双绥，金龄妹问好。

如小兄　征祥手启

三六、五、十四

承赐相片十纸，感谢难言。久未见钱使夫妇，大慰饥渴矣。Mlle Borry① 美秀可爱。

一七八

（1947 年 5 月 23 日）

黼斋老弟如握：

顷奉廿二日巴黎来信，欣悉近日忙碌各事已有头绪，我弟办事津津［井井］有条，且能应变，足见精神、经验与年并进，可喜之至。细想我弟居法，自留学至入银行服务，差不都半生事业及居家即在巴黎。在此短期时间，怂恿［从容］料理一切，同时接洽行务及回归船期，并将零星事件更令金龄来法料理善后，布置甚为妥帖，盖我弟此次离欧，可设［说］告一段落。一、国际形势如何发展，未敢推测；二、国内局面如何转展，亦未敢预料。惟有付诸命运及托诸天助耳。直质我弟，谅以为然也。

我辈在世，以良心作事，“诸恶莫作，众善奉行”八个大字。入院以来，回溯往事，过恶猬集，善愿未行，故对此八个大字，疚心难以自慰。嗣后当力作补赎工夫，庶不至获罪天主，有

---

① 博里小姐。

负本笃会祖耳。望弟多多代祷，亦必为贤夫妇虔诚祈求也。

兹附赠汽车保安圣牌一块，业已祝圣，可钉入车内，藉作小小装饰品耳。先复数行，余容续布。祗请双绥。

如小兄　征祥手启

三六、五、廿三

钱大使前便中代谢，茶叶二罐寄到，已拜领矣。

一七九

（1947 年 5 月 29 日）

黼斋老弟如握：

前上寸笺，附以行路保安圣牌，谅登计室。每晨上祭，必为虔诚祈祷。

南文院长昨日来电，起程赴 Trinidad[①]，大约有二月之耽搁。彼岛分院久未巡视，南长此行为个人，虽有跋涉之劳，然改换天气，借旅行亦可略资休息，公私两便也。我弟行期确定否？念念。

近接吴德生公使屡次来信，索取《圣经》译汉书签六纸，内有《若望福音》等。兹附上一纸，余已寄罗马，不必掷还，留在弟处作念可也。目蒙手颤久矣，不用毛笔作字，吴使再三坚请，不得已练习数日交卷，未知合用否？

兹有奉恳一事，爱德华祖坟在本城公墓，前年避居城内 Baron Ryelandt[②] 家中，曾约爱铎同往公墓，瞻仰伊之祖坟。曾许缮赠题词，以作追思纪念，今晨写出“君室静安”四字，另纸附上，如荷回沪后代办铜牌（四方式），照纸样加填黑字，寄下转赠为祷。吴使、爱铎二人专重亲笔，不喜代笔，原拟各书签拜托

① 特立尼达。

② 李澜男爵。

大使馆瞿纯伯代办代笔，盖印交卷，彼等再三再四坚请，故勉为涂鸦，贻笑大雅矣。附上顾大使 Hinlan（世兄、世妹）来函，阅后便中缴还，不急急。世界不安，人心不定，青年心根未定，不知适从，Directeur spirituel① 缺少精神上之引导，为憾事耳。拉杂。祗请双绥，世妹问好。

如小兄　征祥手启

三六、五、廿九

一八〇

（1947 年 6 月 4 日）

黼斋老弟如握：

前奉寸笺，谅登计室。六月十六日为预定第三次拍卖之期，又读来书，称已决定六月初旬起程赴美，则我弟不能候拍卖后赴美，此事即可委金龄代办矣。

兹附上原子笔用法原件，如荷老弟在美代购 nouvelle cartouche② 新水筒二枚，以便更换为祷。又桂龄由美来信 Mrs. Isabelle Louis 43 Cross St. ann arbon, Mich③，地址名姓录下，未知确否？并恳示桂龄夫姓名，又祷。临行前忙碌可知，望在途中见复可也。匆此。祗请行安。

如小兄　陆征祥手启

三六、六、四

承寄下 Rythmes du Monde 收讫，谢谢。夫人前请安，金龄

① 精神领袖。

② 新水筒。

③ 密歇根安娜堡交叉路口 43 号，伊丽莎白·路易女士。

问好。分赠比友均已读过，而为祖国祝进步。

一八一

（1947 年 6 月 6 日）

黼斋老弟如握：

四日奉巴黎三日手札，并缴还顾夫人函。惠兰夫人既有皈依公教之愿，当代祈祷，俾上主赐予洪恩，乃顾氏全家之福也。

我弟偕夫人同飞美，由美回沪，甚慰甚慰，当代求祷一路福星。承示令婿因军用票而受嫌疑，据爱铎看法，此种冤枉不难水落石出。盖西人侦探之术经验之多，加以战后假造伪票叠出不穷，当局早在查办故也。

罗马宗座近日发表对于时局之惊［警］告，剪报寄读，阅后缴还可也。专复。祗请双绥，并祝海阔天空之康乐。

如小兄　征祥手启

三六、六、六

圣祭中当代求主从早解除金龄世妹及伊夫之被冤，望转告并慰之。

一八二

（1947 年 6 月 15 日）

黼斋老弟如握：

法比罢工风潮时起时落，出门行旅者诸感困难。此次我弟偕夫人、金龄南行，未知顺利否？深以为念。

此间一切照常，安居静养院中，一切廿年中目接耳闻，早已习惯。加以卧室传声机之设立，可免进堂之劳，又觉舒适，晚年得之，欣幸何似，惟有感主谢主于无穷期焉。

回想复活节得与我弟暨夫人相聚之乐，海外作客者获得我主宏赐，能一日忘怀乎？此境此情，同在目前，我弟赐与我者，惟有求主代偿耳。巴黎拍卖经过如何？令婿近有信否？本月廿一日之行期有变更否？临行前诸杂务谅已委托金龄代劳矣。

近来少川大使通信，较前似觉殷殷。惠兰夫人皈依公教之动念，或已通告伊夫。此系个人信仰之自由，虽亲如夫妻、子女，往往难得同情，远隔天空，难以测度，惟有求主降福成全耳。

每晨祭献中，必代贤夫妇及刘、李家族存亡虔诚祈祷，聊表感忱耳。行期在即，诸务珍摄，勿过劳碌为祷。匆此。祗请双绥，金龄侄女问好。

如小兄　征祥手启

三六、六、十五

一八三

（1947年6月17日）

黼斋老弟如晤：

今晨七时上祭，特为贤夫妇虔祷，一路福星高照，荣归祖国，神驰左右而心向往之矣。早点后执笔涂鸦寄赠，作临别小纪念，哂存是幸。

窃思我弟毕生事业，为国为家尽忠尽孝（天津点主之礼未忘），爱人如己，知足能忍，品格高尚，素为钦佩。既识荆于海牙，复同部于北平，继结为异姓兄弟，幸何如是，乐何如是。天心厌乱，世运早回耳。

昨接十一日南游中倚装来书，欣悉旧地重游，快慰之至。承示雷显华兄家庭详情，感感。“中华卧狮猛省”处处发现于留学界，更可显见，可喜可贺。中国前途希望无限，三四十年后之中华，其昌盛光辉，实有令人不可思议者也。质诸我弟，当有同感也。匆匆布臆，以代面晤。祇请行安，夫人请安，金龄问好。

如小兄　征祥手启

三六、六、十七晨

一八四

（1947年6月29日）

黼斋老弟如握：

廿八日奉纽约廿四日信，可谓迅速。欣悉贤夫妇此次由英飞美，平安无恙，欣慰至极。古人有临别赠言之老规矩，搜索枯肠，聊表寸衷，渥蒙过誉，惭感交集。

既在美国修理牙床，更可得彼邦之精手，可喜之至。牙科乃美人之专长，老人得此牙床，饮食便利，胃纳必可加增，我国老人从此多得百岁之庆矣。承赐寄带袖、无袖绒衣二件，径寄金大使转交，甚感甚感。毛棉参半之内衣，亦足御寒，如能得一二套，已足八九年之用矣。

本院食堂念饭书，全部《圣经》当念七年，周而复始。1947重行开念，默求天主假我七年之寿，则可听毕，当在1954年矣。我主有求必应，且求为听福音，必不拒绝，且可悦主心，求之有道矣。质诸老弟及家敏夫人，以为何如？匆复。祇请双安。

小兄　征祥手启

三六、六、廿九

一八五

（1947年7月18日）

黼斋老弟如握：

月之十一日，接奉金山六日发信，详述过英郑大使招待参观情形。廿一日飞到纽约，七月一日复飞米什干[①]，住大学校舍桂龄处，三日、四日午后飞旧金山。此行均搭飞机，行程短而旅费轻，科学所赐多多矣，可喜可贺。在金山候船回沪，承示代觅厚绒内衣，一再劳心，何弟爱我之厚耶？感感谢谢。

南文院长十六日由美回比，本年九月罗马选举，本会总会长 Abbé Primus[②] 又应亲往参预，故不克分身亲往巡视四川分院，特派本院 Monsieur Dom Jean Delacroix[③] 前去。定八月九日由伦敦飞往 Kunming[④]，十一日由 Kunming 飞重庆，到达成都，留住约一月，接洽院务。九月廿三日由重庆飞南京，晋谒于总主教，小住三日。廿七日由南京飞上海，小住五日。十月三日由上海飞香港回欧。以上行程，已函告于总主教、陆英耕兄、徐懋禧将军，又徐家汇王叔若、吴江秋两神父，以资接洽而便招待。惜徐润农兄业于六月廿日逝世，故特通知王、吴两神兄，以便引导指示徐汇事业。

细思我弟到沪积案清理，公私之忙可想而知。上海可观大事业只有公教关系者，即徐汇 fondation[⑤] 及陆伯鸿先生 les oeuvres hopitaux[⑥] 等。一由陆英耕兄招待指示，一由王、吴神兄代劳，故我弟倘能抽闲见一面，略尽寒宣［暄］，或于启程回香港前一送或一晤均可，尚祈酌行为祷，并与陆、徐、王、吴四君接洽，拜托照料，俾 Dom Jean[⑦] 到沪有人接待，不致寂寞，不过奔走，颇得实至如归之乐。至宴会一节，大可两免，便饭便茶。Dom

① 即密歇根。
② 总会长。
③ 让·德拉克洛瓦教士。
④ 昆明。
⑤ 基金会。
⑥ 慈善救济院。
⑦ 让教士。

Jean 一切修士生活，非南文院长 comme du monde（如同世界一样）可比也。望弟昭告诸位，总以简单两便为主。匆此奉恳。祇请双绥。

如小兄　征祥手泐

三六、七、十八

一八六

（1947 年 8 月 6 日）

黼斋老弟如晤：

兹寄上徐文定公列品诵，请求本院全体修士祈祷小启，相师纪念，又比荷剪报两纸。

现今[1]遍各国，杀人为口号。罗马宗座六月二日有宣言警告世人曰：“一九四千［七］年呀！为后世所歌诵耶？抑为后来者所咒骂耶？”今人追思此二语之意义，不可忽视而不加思索也。为我弟述之，盖我国处于两大之间，左右为难，当有决断，择定方向，勇猛前进。极峰镇定，胸有成竹，全国上下拥护服从，最后胜利必嘱［属］中华民族。世界幸甚！人类幸甚！专此布臆。祇请双绥。

如小兄　陆征祥手启

三六、八、六

一八七

（1947 年 8 月 18 日）

黼斋老弟如握：

连奉寸笺，谅可达览。接陆英耕兄来信，俟首座神长 Dom Jean Delacroix 到申，伊当竭力略尽东道之谊，介绍同见上海惠主

---

① “今”后原信被挖掉两字。

教。顷间想到老弟新备汽车，未知运到上海否？如能按期运到，装配齐全，我弟方面无须伴同参观一切，即以汽车一事供伊在申之便利，则既可尽谊，复可省事，彼此两便，弟意何如？尚祈与王叔若神父、陆英耕兄接洽进行，为感为祷。

昨接刁作谦兄来信，甚极恳致，令人感篆不置，晤时代为致候问好。伊夫人及侄儿安否？念之。匆此。祗请双绥。

如小兄　陆征祥手启

三六、八、十八

一八八

（1947 年 11 月 15 日）

黼斋老弟如晤：

十一月四日奉十月廿七日来书，读悉一是。今秋皮肤发痒，较往年加甚，且发现斑点。就医诊治，目前斑点退尽，惟皮色尚未复旧。前读《曾文正家书》，得知文正老年患癣疾，或即同病。今得西医诊治，并得良方，亦一幸事，乃得西药之妙耳。据医云，此症颇难绝根，须随时敷药，以免于天气变更时复发，然得此良方，随时防御，亦药为之也。

德神长回院，带到“君室静安”铜刻四字，不独爱铎全家、三姊与伊四人之感动，院内修士、南长、其他同仁之见此四字者，莫不感动，足证我国文化有独到处，行将流传于西方耶。三慎堂之匾联，即请老弟大笔一挥，俾我留一亲笔纪念，宝贵之至。吴德生公使偏重亲笔墨宝，不在书法，实得我心，深有意义，我二人亦可改变陈见矣。

承示巴黎装箱家具、汽车等妥到上海，正在办理报关提取，欣慰之至。国内物价之高，令人忧虑，不知何日始可平复。王仁生神父来院畅谈，如见徐润农兄，凡委托各件，伊力任之，令人可感。盖初次识面，如是亲睦，实难得之人也。

家敏夫人皈依一节，与之接洽，当可渐渐进行，不求急，但求夫人心安耳。托徐汇买书、印纪念等费，求老弟便中向王叔若神父清算为感。仁生神父处已将老弟姓氏、地址面告，伊已在怀中日记上记出。仁生神父系震旦大学化学教授，此次来欧考察教务，人品、学问、世故、人情，可交之友，见解宽大，一切爽快。老弟与之稍稍接近，亦可备一公教朋友，何如？附上 Fatima[①] 圣母像，并送夫人一份。匆复。祇请双绥。

如小兄　征祥手启

三六、十一、十五

老弟及夫人、金龄生辰代祈，又及。先夫人周期亦代祷矣。

一八九

(1947 年 12 月 8 日)

黼斋老弟如握：

昨日奉十一月七日手札，由爱铎面交，得知稽复前函，致弟不安，罪甚歉甚，尚祈爱吾者不我责而谅我是幸。

今秋贱躯所感，不独精力衰微，而且兴趣大减，始尝老境味道。向以迎老为乐者，而今亦以送老为得计矣。虽然于数月默想深思中，上智实给我一大觉悟，俗云"人生如梦"，如戏局，如战场，今我确知人生一大奋斗耳。拟上联语匾额，求弟大笔乙挥，裱成掷下。三尺对联，"一劳永逸"四字匾，"一劳终身人间事，永逸安享天堂福"。尊意以为何如？尚待酌定，为要为祷。求用梅竹花笺，绿色绢为边。

附赠巡游世界圣母像一纸，弟一，夫人一（后寄上）作念。我人一切完全托付圣母手中。匆先略复数行，以舒远注耳。余容

① 法蒂玛。

续罄。顺颂双绥。

小兄　征祥手启

三六、十二、八

一九〇

（1947年12月27日）

黼斋老弟如晤：

圣诞日神驰左右，早夕为刘、李、陆三氏祈求。圣女德肋撒座右铭有句曰：人生惟靠求祷。祈祷功（下缺）

老弟慨助一年之献仪，则一年中之祈求与三方面都可蒙上主之宏恩，俯允所求矣。献仪定价以比币计之，每台廿五佛郎，全年计之约在万方之数。倘老弟能助此款或一部份或全部份，小兄当谨诚祈求，为世界，为中华，为我三氏求主降福而佑庇于无穷期，敢以斗胆奉恳，尚祈大酌旋行。匆此。祇请双绥。

小兄　陆征祥拜启

三六、十二、廿七

附件呈夫人为感。

一九一

（1948年1月2日）

黼斋老弟如晤：

兹寄上罗玛宗座新年元旦接见驻教廷外交团晋贺答词节要一纸，又巡游世界 Fatima 圣册摄影一页，载有每月第一星期六日诵经，以备老弟念诵之用。

春暖，敢烦弟驾亲赴佘山圣母堂，代为朝拜。蒋夫人曾到佘山一游，并面嘱本院副长前往，惜行色匆匆，未克前往朝拜为憾。谅家敏夫人同往一游，必有一番感景生情，而得上主救灵之宠恩也。皈依一节，不可速成，但求心安魂定，偕弟身后同登天国，同享永福。必为每晨圣祭中虔诚祈祷，以表区区亲爱之热忱耳。

王仁生神父来信，据称飞回上海，凡有所托，必为代劳云云。吾弟便中前往一见，日后讲道一节，或可拜托斟酌进行也。上海《启明日记》布面本，如荷我弟购赐一册，以察国内刊物进步，亦客中乐事。专此。祇请双绥。

小兄　陆征祥手启

三七、正、二

一九二

（1948年1月10日）

黼斋老弟如晤：

兹附上剪报一纸，小兄读之汗流背脊，曷胜惭羞，谅我弟读之当有同情也。西人自生以来，即生活于公教环境之内，舍身救人，出于至诚，毫无一丝一毫勉强之处，且有一种乐为之气概，可不敬哉，可不爱哉！

昨日报载美都议会讨论津助欧洲十六国之计划，国务卿以去就争，措词慷慨，读之令人钦佩。回溯昔年窗下读《陈情表》《出师表》之感触，无异乎今日读剪报暨国务卿演词之同情者，无他，出于至诚至情，能勿动心乎？

罗玛宗座对一九四八年之预觉，曾向枢机主教全体声说其重大关系，小兄亦觉本年之重大，故敢以祈祷为挽回天运之工作，避免世界大乱，蒙承意外特宠，惟有诚心加虔之祈祷耳。前函所请之献仪，亦可说区区补救之小计划，惟出爱人、爱国、爱主之诚，谅蒙上智垂鉴，而承老弟采纳也。如荷金诺，可否从速汇交驻比大使馆转下尤感。小兄得之，即可安心祈祷，而无虑[①]青黄不接之虑。盖本年之重大，必有天翻地覆之变更，当无疑义。一言以弊［蔽］之曰：必有钉死十字架而得复活之演剧。我辈公教界人有信仰，故能安度此世界重大难关，此后始见黄金世界之曙光而共相庆祝焉。

家敏夫人皈依一节，亦望老弟注【意】早为之所，幸甚幸甚，然万不可逼迫也。临颍神驰左右。祇请双绥。

小兄　陆征祥手启

三七、一、十

一九三

（1948 年 1 月 17 日）

黼斋老弟如晤：

今晨接到一月九日手札（十六日到），计七日飞程，可谓速矣。圣诞后再值新正，六日三王来朝，献黄金、乳香、殁药于圣婴献仪，聊表敬主孝意。老弟慷慨担任全部，不独表示孝思，且成全小兄爱主热忱，感感谢谢。

承示寄款之难，由弟用非正式手续办理，分作二、三、四次汇下，全听老弟斟酌进行，迟早毫无关系。既经老弟允诺，小兄便中向南长、爱铎轻轻一提，使彼二人欣悉老弟热心公教，尽忠救灵，加增伊等之敬爱，小兄与有荣也。

王叔若神父每次来航函，七日必到，为之惊愕，伊用此法明矣。附上广告，如荷购赐，感盼之至。今年通信用红水，以表欢乐，亦寓追念致命军士之为国牺牲，并代祈忠魂早归天国。祇请双安。

小兄　征祥拜

卅七、一、十七

① 虑为衍文。

此信十七早发。

一九四

(1948年1月18日)

黼斋老弟如晤:

昨奉十二月卅一日沪函，内附 Avignon Château des Papes[①]，读悉，谢谢。前函迟到，致我弟挂念，现已释慰，甚快甚快。人生在世难得者，兄弟同心，夫妇同梦耳，此外，皆世故人情之俗见俗风，未可过责也。

汽车既已提出，嗣后到银行、出门拜客，亦可多一快心事，小兄亦得一同乐焉。运沪各物完全收到，可喜之至，全赖老弟办事周到细心所致，小兄深信无疑者此也。故银行得斯人而信任之，而重视之，而爱护之不已也。天各一方，同心兄弟未克早夕相见，此乃美中不足，能得亲笔墨宝，大慰大快我心矣。

Fatima 来源近乃得之，为弟述之，亦一奇事也。回教 Mahomet[②] 生于 La Mecque[③]，公元五七一，死于六三二年。当时回教强盛，占领葡萄牙全境。有爱女名 Fatima，随父来居葡国境内，女有贤德，人民爱戴，留此大名。现圣母玛利亚显现于该地，得此名称，乃上主安排，更可见我人在世之命运，自生到死，无一事不由在天大父所预定者。盖大父爱人，如家中父亲之爱其子女，父为子谋，亦无事不为打算周到也。质诸老弟，以为何如?

承示国内现情，令人杞忧，惟有信[④]现代之救星耳。世界幸

---

① 阿维尼翁教皇城堡。

② 穆罕默德。

③ 麦加。

④ “信”后原信被挖掉一行。

甚，中华幸甚。祇请双安。

小兄　征祥手启

三七、一、十八

附上剪报乙纸、三王来朝像乙纸。

一九五

（1948年2月7日）

黼斋老弟爱鉴：

三王来朝，献黄金、乳香、殁药，以表崇拜敬尊之忱。献仪之礼，由来久矣，吾弟万方厚贶，必蒙圣婴降福100倍偿之也。小兄受赐多多矣，感甚感甚。难以言语譬喻，惟有彼此心照耳。

小兄　征祥识赠

三七、二、七

家敏夫人赐存：

合淝李氏，中华望族，如蒙天主圣召，全族皈依，祥日夕祈祷，李氏之幸，亦新中大幸。家敏夫人赐存。

陆征祥敬赠

三七、二、七

一九六

（1948年2月7日）

黼斋我弟如晤：

今晨五时起，连复数行，以表感忱。此信一月卅日由沪发，二月六日到达，可谓迅速，快慰之至。承示各节，心领感感。我弟办事津津［井井］有条，此等诚实，忠于事、爱人真如己之居心。斯世斯人，我何人斯，而结为异姓兄弟。然弟之爱我出于至诚，而我之感弟实无以言喻，惟有彼此心照耳。

世界不安，人心不定，今日不知明日事，一言难尽。小兄所以征求献仪而加诚祈祷者，出于悲天悯人之区区微忱耳。或邀天宠而免战祸，世界幸甚，人类幸甚，尚祈代祷，神驰左右。顺颂双安。

小兄　征祥拜启

三七、二、七、五时写

一九七

（1948年2月25日）

黼斋老弟爱鉴：

润老墨宝前日递到，展诵之下，如睹老友，快慰之至。挂在卧室，日夜心维，对越我主，翕合圣旨。庶几近道祈求，乃修士之职。值此世界不安，人心不定，是非不明，善恶不分，难以辨别，莫知适从，我辈公教信友既信仰耶稣，惟有始终随从，救灵，救人，救国，救世界，人类幸甚，文化幸甚。

本年圣祭中，求主降福，民族避免战祸，刘、李、陆三家存亡，求主特别恩佑。神驰左右，诸惟心照。祗请双安。

小兄　征祥手启

三七、二、廿五

一九八

（1948年3月15日）

黼斋老弟如握：

三月五日惠书暨“一劳永逸”墨宝先后递到，喜不可言。悬诸座佑［右］，永以作铭。书法劲秀，大有一番领［临］摹工夫，足见昔年窗下苦攻之一斑。海外得之，如亲丰仪，重洋远隔，天各一方，不知何年何月何日再得把晤一室，促膝谈心矣！

回忆先室病故，文肃遗言如鸣耳鼓，恍若当年受教之日，当即电请辞职，毫无踌躇。且思倘蒙圣召，脱离外交界，进入文化界，以残年贡献民族，显中国之亲，即尧舜文武孔孟先王先哲，广大中国门户，故小兄为国为民之大志，隐寓在决心辞职之一电内，今为老弟识破。读来书“况兄之意志，为国为民，虽在隐退之世界，未忘拯救之心”，此二语将我隐衷揭示泄漏尽净，可谓我之知己，可谓我之益友，可谓我之爱弟矣！海牙相遇，出诸上智之安排。今我二人四十余年之友谊，且结为异姓兄弟，互相敬爱，互相成全，亦非所能预料而逆知者。

承询手抄铭词一节。巴黎和会，追念文忠，至再至四，惜无文忠之威望，失败归国，无限惶悚。到京后，即以追慕之私，作一小铭，敬献文忠在天之灵，以表昔年垂青感忱。先墓迁北平，亲到上海伴送灵柩，曾往拜前驻奥公使李经迈，面赠铭牌。伊深为感动，并说：“当将铭牌恭悬文忠家祠，与前在马关被刺血迹马褂留衣对照，为永久记念”等语。为弟述之，亦一快心事也。

兹有恳者，另封寄上《回忆感想录》英译二册，一册奉赠作念，一册恳面送前商务印书馆总经理张元济先生，号菊生，卅年前海牙使任内认识，当时菊生先生前来欧美考察海外出版品。倘菊生先生能将此英译翻成中文发刊出售，仿照《二年禁宫生活》办法，请伊斟酌办理。盖美国公教司铎来函索取汉译，以便分送华侨子弟之生长海外、缺少祖国教育根底者。望弟一面函询天津曹润老，缘此英译前日曾寄伊处，托伊觅一“英文通”译成中文，送交《大公报》发刊出售，或由商务印书馆办理，或由《大公报》出版，两处能得一处办理。故送菊生先生前，先与润老接洽，不可两处同时进行。润老与菊生先生谅亦系老朋友，我不仿直告润老斟酌办理。总之，此书翻成中文，于我现代歧途青年不无补益，未识弟意以为何如？而小兄爱国爱民之愿，亦可略偿一二于国内社会。和兰、瑞士、义大利、西班牙四国书店争相译成四文。出售较广者，瑞士为最，和兰次之，义大利次之，西班牙又次之。英译三月十二日出版，伦敦书店担任分消［销］美国。据爱铎悬揣，英译消［销］路不下德译，盖丹马、诺威、瑞典等国，均喜读英文书籍故耳。张菊生早已引退，年岁当与小兄相同，送此书以志不忘老友。倘伊能介绍于后任经理者，亦可借重伊一言九鼎之力。尚祈老弟分神代筹，酌定进行。事关刊物，万勿求速，相当时光虽不可少，且多予以时间，刊件更可精善，如伦敦英译为五国之冠，亦一证也。

致小兄精力方面，目前衰微加增，无力立祭，惟能坐祭，罗玛礼仪部业已允准，亦公教司铎晚年之加恩特许。致［至］于饮食，亦见减少，多食胃纳不爽，好在老年戒多食，亦医士所乐劝而敦嘱者也。目力并不见减，思想方面，仍觉奋兴。世界现状，毫不为动摇，盖我乐观出于信仰，而小兄之信仰蒋主席，一如望 Messie①一样，每日为主席夫妇祈祷，一如中华之国父国母也。

廿年来所私心求祷者，亚洲 Albert I^{er}②暨中华 Mercier③。此求蒙主俯纳，前者为蒋公，后者为于总主教。致田枢机一席，乃上主恩上之恩，未敢祈求者也。而小兄之心花朵朵全开，前耳闻教廷将有恩命加诸祖国，未敢深信，现已目睹，何等快愉，何等安慰，何等幸福！小兄实为四万万人民之福人焉。敢告老弟，不可为外人道也。海外桃源，海外福人，此我之“八字”、我之命运，将为祖国之八字、命运也。袛请双安。

如小兄　陆征祥手启

三七、三、十五

---

① 默西亚，即救世主。

② 阿尔伯特一世。

③ 救主。

一九九

（1948 年□月□日）

黼斋老弟如晤：

今晨写信王仁生司铎，介绍我弟夫妇，并恳托遇有机会，引导家敏夫人皈依公教，救灵登天，同弟共享永福。盖贤夫妇不可以信仰不同，而身后不克同享天国永福。此系夫妇大事，不可以不加思虑而忽之也。

王仁生神父年约四十岁，十八岁皈依公教，后入耶稣会，现充震旦大学理化学教授，兼该校精神导师。此次来欧，作中国耶稣会代表，考察教务，晋谒宗座。来院住宿，一见如故，小兄见之如见徐润农兄本人。在华各事，已面托之，我弟有意与伊往拜接洽，亦一可交之友也。又，王叔若神父处有应付刊件零账，望便之清付为感。

窃思一九四八年，即中华民国实行宪法政体，是五千年来莫大之进步。小兄前请之献仪，为数颇佳，然为刘、李、陆三氏存殁之求福，敢望我弟全部担任，在天大父及三氏亡灵必含笑感谢也。此我二人之“孝思不匮”之表示，弟以财力，小兄以心力，二者全矣，尚祈原宥是幸。凡三氏存者，必得恩宠，我三人必得健康，神灵愉快也。祗请（下缺）

二〇〇[①]

（1948 年 3 月 26 日）

月之十一日午后四时巡游世界 Fatima 圣母塑像莅院，全体修士出院恭迎，接入大礼堂，停驻一小时。祥乘机为祖国和平、世界安全加诚祈求，文化幸甚，人类幸甚。

---

① 此件系附赠印刷画片。

附赠圣母塑像摄影，载有宗座庇佑十二世祝文，敬请赐存作念，并颂日祉。国内教士、修男修女祈祷，亦追随甘地之后也尔。

陆征祥谨识

三七、三、廿六

夫人惠存。三十六年圣诞苦难日。

二〇一

（1948年5月13日）

黼斋老弟如握：

奉五月四日惠书，欣悉夫妇健康，大慰私怀。小兄新病之后，初次执笔。停止圣祭，亦五十九天。现在调治静养有效之时，持写数行，以慰远念，万勿挂念是祷。

承示译书及询条件，在比发刊出售等合同，由爱铎一手经理。伊称在中国既未加入板［版］权公约，一切可照现行条律办理，即请老弟全权接洽，并明告张菊生先生，将翻译出板［版］等权完全归商务印书馆独行独断。如有分红，由弟收受存沪，以充零星用度可也。此译目的，全为应付在美传教士之请求，全为华侨子弟之读物，略识孔子孝道为中国上下，自元首以至平民立家立国之根本道德而已耳。

小兄承先师许公之遗教，借此小册子，以修正西人不平等待我中华五千年古文化之意而已耳。敢告老弟，并恳转告曹润老为祷。文肃公曾告小兄曰：“西人轻视中华文化，重视腊丁、希腊并埃及等文化，他日倘有机会，汝当在不知不觉中，调整修正之。勿忘。”等语。今日乃其时耶？匆复。祗请双安。

小兄　陆征祥手启

三七、五、十三

此次病中，恳求玛利亚圣佑庇，并闻润老来信，感感，恕不另复，乞恕乞恕。

二〇二

（1948 年 5 月 14 日）

（前缺）前日打针，以助年老人早日复元，补剂有效，胃纳渐渐见好。院中厨父特别设备食品，每午餐加饮酒少许，盖酒乃老人不可少之牛乳也“le vin est le lait des vieillards”。[①] 此病与十三年前所患之 pleurésie[②] 肋膜炎轻多矣。叨圣母佑庇，不致另生枝节，谅可稳度而延残年也。惟以后于食品、寒暖、起居用心用力，处处加以节制。院中已派学习班二人伺候左右。爱铎一心一意，一变而为我之看护 Garde-malade[③]，其忠诚令人深感而永不忘，亦上智所赐也。恳我老弟同祷谢主。

献祭之款，加以金、顾、谢三大使之款，约计一万七千方。拟请美术家作 Fatima 圣母像，分赠亲友外，并恭呈比国母后及[④]以偿病中许愿，谅可蒙献祭旧友之允诺也。本款原意与院长接洽后，充作慈善会之补助，现以移作还愿谢恩，当蒙圣母慨赐俯纳，而降福于各友之家庭于无穷期也，并已先闻而得老弟之同意，幸甚幸甚。专以布陈。祗请双安。

小兄　陆征祥手启

三七、五、十四

献仪支票收到，深感，谢谢。金大使尚未回比，谅不在远

---

① 酒乃老人不可少之牛乳。

② 肋膜炎。

③ 看护。

④ “以”前原信被挖掉约三四字。

矣。三王来朝献仪之礼与圣婴同生。祥识。三七、五、十四

二〇三

（1948年5月15日）

黼斋老弟至爱：

连上两函，或先达，或同到。细思此次之病，乃上智所安排，令我注意于食品、穿衣、节劳、自卫自身之各节，而勿粗心大意而不自觉也。倘蒙Fatima圣母加以佑庇，则新力更生，返老还童，亦未可知也。

兹读润老来信，欣悉伊留申有四月之久，我弟得此机会，畅叙旧愫，羡羡。润老来信提及译书交《益世报》一节，谅以公教刊件，由公教报出版，当可广销。惟此书之作，实为宣扬孔教，争取文化平等地位。文肃公用意之深且远，令人拜倒者在此。嘱小兄加入修院，晋谒教宗，实为入穴探虎之计。小兄二十年来之联络宗座比约十一世及比约十二世者，以达此目的，先师必含笑于地下也。望秘之而密告润老，以贡供一粲可也。故此书应由商务印书馆翻译出版，免有公教气息，而各界人士反不致以宣传公教之书疑之而一读焉。

爱铎抄示各文之译本一纸，昨函奉上。不出四年，译成五种文字，法文出版达二万八千册，其他英、德、荷、意四文之出版，由各书店之惯例（新书出版之例），谅可达八千或一万之数。此乃上智安排，非人力所能办到且所敢希望者。直质老弟，谅必为之奇异而代祷代谢为祷。润老处代为致谢致意，恕不另启。祇请双安。

如小兄　陆征祥手启

三七、五、十五

润老有意漫游美欧乎？

金龄侄女贺贺，愿代致贺尤感，名正言顺，各国重视也。

二〇四

（1948 年 5 月 20 日）

黼斋老弟爱鉴：

叠上三函，谅登记室。值此实行新宪之纪念日，开五千年之新纪元，立亿万世之磐石基，上下欢腾，中外同庆，神驰左右，同忻同贺。

十五日函内“孔教”二字，应改为“孔子哲学”四字。前恳代觅《朱子读书乐［法］》，未识书店有回信否？念念。《日本半月记》便中购寄尤感。润老处代为致意。新病后每日节劳，未克多写，乞恕，夫人前叩安。祇请近安。

如小兄　征祥手启

三七、五、廿

二〇五

（1948 年 5 月 22 日）

黼斋老弟爱鉴：

我国普通口头说儒释道三教，然孔子哲学家，非宗教家，现所争者，哲学家之平等待遇。辣丁、希腊哲学家与中华孔子哲学家理应平等待遇，故不得不调整者也。

金大使回华述职，我弟当可面晤。献仪一节，谅可面洽矣。特闻。祇请日安，夫人前叩安。病体尚未复元，未知何日重行××。[1]

如小兄　陆征祥手启

三七、五、廿二

---

[1] 原文如此，下同。

二〇六

（1948年6月6日）

黼斋老弟爱鉴：

奉到五月十五日由沪发函，六月二日递到，亦可谓速矣。承示译书、往谒张菊老、润老来上海安葬先人各节，详详细细。老弟办事细密周到，足见精力、经验有进无退，亦一确实寿征，而小兄享用之心感无涯矣。

译书事出于他人之催促，在我可办可不办。我弟进行，如商务印书馆审查后拒之，尚可向《大公报》接洽一试，两处无效，置之可也。

日来发生小小枝节，左耳闻心跳时速时缓，速时在立走时，坐下即缓。医称心部并无裂痕，安心静养，仍以强心针继续治之，另加一药，名Luclriccardine。知关远念，特以奉闻，以释弟念。

小兄进院在学习班时，追念许文肃公、先室、先父母，商请神长俯允，刊印纪念三份。兹捡得旧存之件，加以宗座法的①玛圣母像附上，便中转赠润老。适伊来沪办理葬事，慎终追远，孝思不匮，敬佩之余，敢以奉赠，聊表微意耳。

爱铎看护，日夜敷药，并在厨房注意食品，天主安排，俾小兄得此忠诚同事，既同心同德，复于情逾同院同志中获得良友，令人感激难言。便中来信代致感忱，伊必十分愉快也。祇请双安。

如小兄　陆征祥手启

三七、六、六

① 后又作“法蒂玛”。

二〇七

（1948 年 6 月 15 日 ）

黼斋老弟如握：

九日奉六月一日手书暨相片八纸，捧诵之下，曷胜神往。爱铎看护殷勤，每日上午、下午临睡时复来敷药（止痒之药），帮助上床后，灭灯而去。

承赐相片八张，一一见示，彼甚欣喜。新寓布置，恍然亲睹，此照相术所赐也。佘山巡拜之礼，三家（刘、李、陆）必沾恩泽无疑。老弟此行精神上必增无限快慰。代求病痊，甚感甚感。

承示国内近情，读之甚感。可歌可泣者不独中国，世界各国之内情莫不同病相怜也。

《朱子读书乐［法］》书店觅得否？兹附启明书局《四书读本》《怎样自修英文》，如荷购赐尤感。现在卧椅上以读消遣，亦静养中之乐事也。润老处问好。匆复数行，不尽欲言。祗请双绥。

如小兄　征祥手启

三七、六、十五

二〇八

（1948 年 6 月 29 日）

黼斋老弟爱鉴：

前日接到张大千《敦煌石室壁画》十二张一套，封固甚妥，毫无损坏，得之宝贵。爱铎欣赏之余，往示本院修士美术专家阅之，不忍释手，赞美不置。

奉到六月十一日来信，承寄《日本半月》一册，汇寄尚未递到。《朱子读书法》如在津托人代觅，或可获到。此书前由润老在北平琉璃厂觅得寄下，惜悉毕利交通为战事忽然发生，迄未寄达，遗失半途，无任叹息。便中告之润老，并代达谢忱。承赐一千佛郎，亦未收到，尤感盛情不置矣。读书有缘，此书与我无缘矣，然我必愿一读也。失之于润老，得之于老弟，更加有趣味矣。

承示二亡书室、暂憩轩印戳，并加注解，甚感甚感，当珍藏之也。前赐新寓相片八张，宝之藏之，与爱铎二人细细阅之，恍登楼身历，快愉难言。此相片所赐，较之描写胜万万矣。

贱体近经治心专科复加诊治，并以摄影之法治之，拍出相片显示无裂痕。惟开一新药，名 Achiamide，十九日开始服之，胃纳颇好，堪以告慰耳。匆奉数行，以舒远念。祗请双绥。

如小兄　征祥手启

卅七、六、廿九

二〇九

（1948 年 7 月 4 日）

黼斋老弟爱鉴：

接奉六月廿六日手札，印有“苠忱长寿”“黼斋长寿”“静澄轩藏书”三戳，可宝可爱。当即见示爱铎，彼此欣赏之余，彼欣欣然，特写一书，将病中过去详情报告老弟，当可先此达览。

金纯使上海住址现由瞿代办函告列下：上海辣斐德路桃源坊六十号 H. E. Ambassador Wunsz King, 60 Lane 1295 rue Lafayette。献仪一事，已函托瞿代办详查，已有头绪。此款早已到比，业已登入纯使存款名下，谅在个人私款项下，现由代办去信探问，不日当可得复，划归敝处，转交比京友人矣。

病中躺椅需要活动小桌，以便饮食、看书、写信之用，已由比友觅得代购送来。致食品之需特别备用者，业经爱铎商请支应神父另为购备。医药、医费均由本院供给，会规规定者也。此次献仪，敝处亦向顾、钱、金、谢四大使通知，盖为祖国祈祷，亦蒙慨助，故病中一切特别用款，均有着落，蒙上智默示，甚幸事也。此间一切，爱铎之帮助居多，亦上智□赐也。

致还愿一节，业与比友接洽，伊于前月廿五日携同伊子来院照相，一俟□出，当即寄奉。法的玛圣母塑像拟定铜质者三尊[①]，一尊送比母后，一尊赠我弟作念。此外磁质者约五十至七十尊，分赠中外亲友者，此病中许愿也。计算用费约在一万余比币，我弟献仪之数充用已足，万一欠缺，未知我弟尚能补助否？不情之请，务望格外原宥，幸勿见怪，幸甚感甚。用敢事先奉闻，以征金诺，不胜惶悚之至。专此奉闻。祗请双安。

如小兄　征祥手启

三七、七、四

还愿一节，爱铎看法实为布教大计。小兄×××

二一〇

（1948 年 7 月 5 日）

黼斋老弟爱鉴：

昨日奉上寸笺，略说还愿一节，法的玛圣母塑像铜质者三尊，石膏者五十尊非磁质者，所费约在六千佛朗左右，加以寄费、包固费，非专门包封铺办理不妥，约在一千佛朗左右。现在开列清单。计算石膏者，尚须添塑廿五尊。盖廿余年来，公教教

① “尊”后原信被挖掉约七八字。

育男女学校及慈善事业来函通信者，陆续加赠。爱铎之意，送以塑像，影响不可预量，他日我有所请，必可收回捐款。如荷老弟慨加捐助五六千佛朗，则感荷不尽矣。爱铎以此机不可交臂失之，故敢冒昧上闻也。相老原函及翻板一千份均到，谢谢。祇请双安。

小兄　征祥手启

爱铎之意，病后有所请求，公教①

二一一

（1948 年 7 月 28 日）

黼斋老弟爱鉴：

今晨接奉七月廿日手书，欣审一切。承示国内通货膨胀，物价日升，战事日烈，难民多趋城市，形成社会紊乱情状等语，读之令人杞忧。惟有求主垂怜斯民于水火之中，早日降福，转危为安。全院同事对祖国近状深表同情，并为同祷。罗玛宗座深悉祖国苦难重重，特别垂念，亦代祈祷。

诚如我弟来函所说，中国人向以靠天吃饭，天无绝人之路。公教中人，耶稣降生，救人救灵，证明此真圣。我人信仰此真理，日夜虔祷此日之速临，俾全国上下得安居乐业，从事建国工作。祖国幸甚，世界幸甚。匆复数语。祇请日安，夫人前问好。

如小兄　征祥手启

三七、七、廿八

① 原信模糊不清。

二一二①

（1948 年 7 月 28 日）

黼斋我弟爱鉴：

昨复寸笺，当可先后达览。兹附上复张菊生先生信乙件，如荷亲举玉趾，约期面交尤感。致［至］版税一千万元，可否面商合折书价，出板［版］后作刊物，径寄敝院，以便分送海外华侨子弟之用。我弟慨助五六千方，办法悉照来函遵行可也。特先伸谢。祗请日安。

如小兄　陆征祥手启

三七、七、廿八

二一三

（1948 年 7 月 30 日）

黼斋老弟爱鉴：

前昨奉上两笺，又印刷品大小二包，挂号寄上，谅可先后达览。《回忆感想录》译成中文出版后，以版税一千万国币折为书价，由商务印书馆包固，径寄敝院，到时即以分送海外华侨子弟，了此心愿，并副美国传教士来函索取中译之请。每处分赠，无论多少，俾我华侨径向上海商务印书馆购取，作为子弟课本，亦无不可也。

附上剪报一纸，可否烦弟代购《孔夫子的命》《养生三要》二种寄下尤感。贱体渐渐恢复，实法的玛圣母所赐，毫无疑义。质诸我弟，必以为然，亦所乐闻也。祗请双绥。

如小兄　征祥手启

三七、七、卅

① 此封为明信片。

二一四

（1948年7月31日）

黼斋老弟爱鉴：

回想1935患肺痰［炎］，停祭一月。此次患肺枝管痰［炎］，停祭已逾四月十二日。每晨由爱铎亲送圣体到卧室恭领，近四日能亲赴小经堂恭领。约在十日之内，谅有力量重行献祭，盖天气转暖之故耳。惟须坐祭，腿力不足故耳，目力、脑力十复七八，幸甚幸甚。胃纳在养病中反觉增加，新病人常情如是，不致过度加以节制。惟思食院内未备之品，由爱铎设法托友人代办，送致［至］或交邮寄递，亦无不便也。接见外客，医仍禁止，借医禁令拒绝之，亦可省神而免此烦，以加休息时间，亦两得也。略述近情，以舒远念，余容续陈。祗请双安。

如小兄 征祥手启

三七、七、三十一

润老处便中问候，恕不另启。祥又及

二一五

（1948年8月18日）

（前缺）教友西语称基利斯当①，其义若谓第二基督。详绎之，凡基利斯当，均应以基督之言行为法，实践基督之遗训，表征基督之精神。动静云为，表里内外，一切基督化，一切化于基督。窃尝谓，天主教实如一学校，其中所有教材、教学方案，皆为基督所规定，亦即其一生之言行。凡入学之人，循之前进，贤关圣域，不难跻至。基督不云乎：“吾乃道路、真理、生命。”

① 即基督徒。

循是道而获识真理，因真理而获得生命，此求学之捷径，亦成圣之秘诀也。此学校之教师，耶稣基督也。“尔称我为师为主，我实是也。”学校中有如此之教材，兼以循循善诱之教师，则学生之登堂入室，成绩卓越，夫复何难？

基督一生之言行，载于《新经》之中，故《新经》者，实为此学校之基本课本。后世阐述基督精神之著作，虽汗牛充栋，册页浩繁，然能扼要中肯，鞭辟入里者，惟有《遵主圣范》（亦名《师主篇》）一书。自是书出，届今数百年中，受是书之影响，优入圣域贤关者，实不知凡几，则是书之价值，可想而知，无怪乎世界热心教友，靡不人手一篇也。即以我国而论，所译之版本，至今流行而可见者，已有七种之多，则是书于我国人士之影响，从可知矣。

朱君希圣，热心主道，擅长译著，又将该书重译，易名《大道指归》，取其由是而知道而入道之义，既竟付梓，索序于予。予因是书攸关人生，至为重要，又鉴朱君之热诚，爰书数语如上，所望遵主圣范，亦步亦趋，大道所指，万众归心也。

《大道指归》一书，亦名《遵主圣范》或《师主篇》，香港公教真理会出版。望代购二册，装订黑皮面。书求弟署名盖章，加以年月日。我弟留一册，寄下一册，作我二人残年日颂课本，何如？倘蒙我主默佑，毕业而获得文凭，庶几免入练［炼］狱受永苦。求主援手怜悯，救赦罪恶而享永福，则我二人在世在天，永不分决，美哉！善哉！[①] 以贡一粲。即颂日祉，以显主荣。夫人前叩安。

书内加红、绿二丝带，以便记页，书背加书名《大道指归》四字（银色）。

如小兄　陆征祥手启

三七、八、十八，圣母升天后三日

① “以”前原信被挖掉数字。

二一六

（1948年8月20日）

读《师主篇》劝

书贵乎读，固已记云：“虽有嘉肴，弗食，不知其旨；虽有至道，弗学，不知其善。”然读之不善，亦何贵乎其读也？善读者玩索而有得焉，身体而力行焉；不善读者，反是如瞽者之视五色，耳聋者之听五音，口爽者之啖五味，无所得焉。《师主篇》一书，犹五色之于目也，五音之于耳也，五味之于口也。不善读之，耶稣圣贤之善表不见焉，警觉劝抚之大训不闻焉，醇厚甘美之道味不知焉。且不心领神会、躬行实践，则书是书，而我是我，诚无贵乎其读矣。

昔有贤士历回邦，王延观国贵，出兹书示之曰：“贤者，知是书乎？理神灵，集众善，修治内心，得成大圣。朕珍藏之，视若宏宝，贵逾连城。”贤者答曰：“王尊之而不从，奚裨耶？”不善读兹书者，犹是回王耳，不大可惜哉？余故弁此数语，以为读是书者劝。

右抄《师主篇劝》，以贡黼斋老弟一粲。如我二人读兹书而不力行，则多增二回王矣。一笑。此间尚有《轻世金书》《遵主圣范》二书，朱主教言有十种①，恐难得见余种，谅必售罄久矣。倘老弟向徐汇印书局询索，或可觅得一二种，未可知也。得之作藏书，亦一幸事焉。祗请日安。夫人前叩安。

如小兄　陆征祥手启

三七、八、廿

① “朱”前原信被挖掉约十字。

亚物玛利亚，满被圣宠者，主与尔偕焉。女中尔为赞美，尔胎子耶稣并为赞美。天主圣母玛利亚，为我们［等］罪人，今祈天主及我等死候。亚孟

本年八月十日、廿六日，先在安德肋圣堂受院长职，后在伯多禄大堂受名誉职，念圣母经文。黼弟留念

小兄　陆征祥寄赠

二一七

（1948 年 8 月 26 日）

黼斋老弟爱鉴：

回想十二年前患肺痰［炎］病，承亲驾莅院访问有加，曷胜感篆。当时停祭四十天。此次病后，精力远不如前。八月十五日圣母升天大瞻礼，勉强登台祭献，幸有坐祭特许，不然势必中止矣。五个月内，征医三位，对症下药，转危为安。法蒂玛圣母庇佑之恩，何能不感谢至我死辰耶！现医放弃药饵，专用食品资养充补，恢复原气，一大幸事。致养疴时期缓而长，不计较矣。付诸圣母之手，而信任仰望至归天之日矣。密告我弟，不可为外人道也。

医云："le vin est le lait des vieillards"[①] 酒乃老年人之乳，并嘱每日午餐饮 Bordeau[②] 红酒一小杯。最好买 Château Medoc[③] 之产品，缘该村居民服此酒者，往往长寿。致陈旧之酒，取其温醇，无论何处产品，均有益于老年人也。倘老弟能得中国绍兴酒，装成玻璃瓶十二瓶，寄瞿纯伯代使名下，向税关提出转下，则感激不尽矣。昨日函恳钱大使代觅 Château Medoc 一二瓶寄

① 酒乃老年人之乳。

② 波尔多。

③ 梅多克酒庄。

比。比境贵家颇喜法产，凡有酒窟，大半为德、法、英、美军队为之一空也。

现在养疴中，回想先君翻刻善书，分送亲友之遗嘱尚未实行，现拟托我弟代购朱柏庐先生《治家格言》小册子一本，又老子《道德经》一小册寄下。《四书读本》《英文自修》均收到，谢谢。附赠《黼斋长寿图》相片一纸，哂存作念。近日上海天气何如？念念。祇请双安。

如小兄　征祥手启

三七、八、廿六

Medoc 上海酒店谅有旧存者，老弟亦可服用，夫人口味能合，亦可充补品也。上海旧同僚骏人、伯桑、子楷、凤千等均在怀中，晤时代为致意为祷。祥又及

二一八

（1948 年 8 月 31 日）

黼斋老弟爱鉴：

《四书读本》唐文治前辈序内有下述一段，为弟录之，以贡一粲。

“数十年前，英公使朱尔典回国时，福州严几道先生流涕送之，以中国之阽危也。朱公使语之曰：‘中国无虑危亡，可虑者，吾欧洲耳。’严讶而询之，朱曰：‘中国有宝书，发而读之，治平之基在是矣。’严询何谓宝书，朱曰：‘四书五经是矣，而四书尤为要。’”

回溯先师许文肃公语祥曰：“昔赵普以半部《论语》佐宋太祖得天下，汝能仿而行之，无虑书之少读也。读书虽多，而未克实行，成一书呆子，或一活书柜，无用之人也。”今证以朱尔典之语，不独古今有同情，中外有同证焉。呜呼！朱、许二公尊视

经籍若是，而我国忽焉不讲，岂非大惑而不解者耶！质诸老弟，以为何如？

兹有恳者，《新中国对照本》《伊索寓言对照本》《托尔斯泰故事》《茶花女》《庐骚忏悔录》《美国小说集》《英国小说集》《英国故事集》《法国小说集》《法国故事集》《圣安东尼之诱惑》《罗玛故事集》《日本小说集》《日本故事集》《希腊故事集》《印度故事集》《西藏故事集》，以上十七册，皆启明书局出版，可否求弟代购，并将地址告该局，包装挂号寄下为祷。

敝体渐渐恢复，以年岁关系，恐不能完全复元，或十之五已属幸事。行走非用手棍不可，终日与躺椅为友，饮食代药品，亦一大幸事。牛乳饼颇合宜，五时红茶一杯，亦甚相宜。幸在修院终老，处处服侍周到，虽不进堂参预，在卧室听经，恍若进堂，乃传声机所赐也。拉杂附陈。祇请双安。

如小兄　陆征祥手启

三七、八、卅一

前日寄赠前比王纪念册，又棉织肖像一幅，到时哂存作念。书面重裱，尚可合用。祥又及

二一九

（1948 年 9 月 5 日）

黼斋老弟爱鉴：

昨接金大使一万比币支票，当即转比友 Mr. Ernest Salu[1] 收入流水账内。又昨接钱大使委派秘书送到法国陈红酒四瓶、茶叶、酱菜等，甚为得用。凡此友谊之表示，出于上智之宏赐，能不感铭肺腑耶？倘若先室谢世后不投修院事主，今日孤孑一身，不知

① 厄内斯特·萨鲁。

老病之后，手无寸铁，其境遇不堪设想矣。致［至］我老弟成全之处，更感我主垂怜之无涯，而非言语所能表达，伸其感篆于万一耳。此次病后，精神远不如前，饮食起居尚能对付，已觉大幸，敢告老弟，为我代谢主恩无穷期。祷甚祷甚。祇请双绥。

如小兄　陆征祥手启

三七、九、五

二二〇

（1948 年 9 月 6 日）

黼斋老弟爱鉴：

昨奉寸笺，谅已达览。来书所说“死路逃生”，深佩卓见。小兄个人经历所得，亦以此四字为秘决，即许文肃公“吃苦”二字遗训。

兹附上蒋总统圣诞演词法译，在比分赠亲友，聊表爱主爱人微忱，藉以自救自赎耳。质诸老弟，谅不以迂远而难行，空言无补于时局而见责也。日来印就五百份，加以蒋公肖像，以便分赠来院过客。爱铎切嘱寄一份于老弟。适奉来书，有“死路逃生”字样，与蒋公演词若合符节。既承爱铎切嘱关爱，未敢延迟，望弟秘之勿宣，恐国人难了解而生误会，未知润老能谅解否？未敢必也，俟诸复活节可也。五千年旧邦，一跃升天，非易事也。小兄入院廿年，祈祷得见此日，死亦瞑目矣。祇请双安。

如小兄　征祥手启

三七、九

二二一

（1948 年 10 月 8 日）

黼斋老弟如晤：

接奉九月廿八日两页长信，环诵之下，曷胜快慰。国内新币发行，政府命令将黄金、美钞送中央银行兑换金圆券，处此唇亡齿寒、共存共亡之危，老弟决然坦然将毕生积蓄、养老金全数交出，兑换金圆券，此举令人钦佩不置。同事、友人多能照办，不独造福于个人，且造福于他人。我国俗谚：“祸福无门，惟人是造。”老弟之真福在此，实自造之而造人之福，大哉此举，敢不拜倒而为称贺耶！

夫人劳累过度，致患心脏症，当为虔诚祈祷。日来读《养生三要》，内有“善养延年”“古今异寿之理”两节，颇有所得。置长烛于风中，获短烛于笼中，一不善养，一能善养。上古之人皆度百岁，今时之人半百而衰。古人饮食有节，起居有常，不妄作劳，故能形与神俱终其天年。今人反是，加以酒色不知节制，耗竭其精，务快其心，不明自爱自全之道，故半百而衰也。

承弟分神购置启明书局书十二种，甚感甚感。尚有一书求代购寄尤感，《增订命理探原》，九江路七五七号袁宅出售，能得精印大字本以省目力，则感篆不尽矣。附上相片一纸，吴译《四福音》及《新经》全部快读一过，大获眼福，出版后求代购寄，大约明年始能问世。剪报我弟读之[①]，可剪送西友一读，何如？祗请日安。[②]

二二二

（1948 年 10 月 13 日）

黼弟如晤：

细读长函，深佩老弟捐献积蓄，既忠于国，复忠于事，末忠于人。前题“三省堂”，今可改为“三忠堂”，何如？

联合大会闻有两月之会期（大约延长到圣诞节），西人

---

① 附法文剪报：*Je suis sur la route de la vraie joie*（走在通往快乐之路）。

② 刘符诚旁注：“一九四八年十月八日发，十六日收。”

习惯，一年佳节，当团叙家庭为快也。致［至］会议结果，悲观者多数。回溯国际联盟中日满洲问题，实为国盟之致命伤，目前仍以满洲加以柏林问题，恐巴黎大会之命运不出于此二焦点。质诸老弟，以为何如？祗请双绥。夫人近体何如？甚念。

如小兄　征祥手启

三七、十、十三

二二三

（1948年10月16日）

黼斋老弟爱鉴：

罗马吴德生公使《新经》全部译汉事毕，特遗［遣］蒙席罗焯炤携带全稿前来，敦嘱校阅。精力虽未复元，未便拒绝，事关公教前途，已允担任。好在全稿业经焯炤君会同吴使逐译妥帖。德使之意，谅欲小兄参预其间，借一出世修士之名，以资宣传之助，虽未明言，亦可测知。是否悦主，出版后始能证明也。质诸我弟，谅有同见也。

宗座因病来电安慰，德使通知之美意，小兄得之，精神一振。南长于星期日宣读来电，以告全院，亦表关爱。慈父之心，藉以可知。小兄之幸，亦中国之光也。但觉内心不安，欠德故耳。附上电稿，谅老弟亦愿一读为快也。密告润老同感。宗座之垂念病人，耶稣在世，救活罪人，今复见矣。加诸本身，更加亲切，一电之力，胜于兴奋剂，实出意想之外。得之惟有自惕，不负主恩，亦惟主是依耳。祗请双安。

小兄　征祥手启

三七、十、十六

二二四

（1948 年 11 月 6 日）

黼斋老弟如晤：

连日报传国军失败，令人杞忧，日夜加诚祈求上智庇护祖邦镇静，稳度此空前难关。《圣经》云：“欲入天丰之国，必历万劫而后可。”今日难关重重来临，人民涂炭无以复加，不知何日天心厌乱，拯救斯民于水深火热之中耶。附上罗马宗座及传信部长来函抄稿二纸，以贡我弟一粲。匆此。祗请双绥。

如小兄　陆征祥手启

三七、十一、六

二二五[①]

（1948 年 11 月 9 日）

钱能欣秘书、卫青心雇员、唐祖培秘书，九月四日午后三时来院，代表钱大使、凌公使访问，带到红陈酒及各种土产乡味等，次晨回法。

二二六

（1948 年 11 月 18 日）

黼斋老弟如晤：

久未接来信，加以国内消息紧张异常，曾函致巴黎总行，探听我弟近日健康，嗣得复函，为之大慰。现接八日长信，更为快慰，且夫人病体康复，尤为愉快。

兹附上剪报一件。世界不安，和平条约尚未签订，其中阴谋，读之略可测之一二。深恐数年之内难见光明之日，第三次世

① 此封为明信片，注明“11，9，1948 寄”。

界大战难以避免。奈何奈何！惟有日夕求主垂赐佑庇耳。

老弟来信，虽系一幅黑暗图画，可说写真情景，不谓过也。何责之有，责天耶？责地耶？责[1]？庶几近矣。终有水落石出之一日，世人方能醒悟也。匆复。祇请日安，夫人前问安并祝健复。

如小兄　征祥手启

三七、十一、十八

① “责”后原信被挖掉两字。

华北抗日杀奸团史料

霍耀林 译

说明： 1937年北平、天津沦陷后，华北地区出现了一支以青年学生为主的秘密抗日组织——抗日杀奸团。该团先后策划实施了刺杀伪北平市商会主席邹泉荪、伪北平市公署工务局长舒壮怀等多起除奸行动，影响甚大。1940年8月，北平伪政府警察署破获并逮捕了包括团长李振英在内的42名抗日杀奸团成员，同时搜获内部手册及资料。该资料经日本驻北平领事馆事务官田中整理，刊登在1940年12月出版的《外事警察报》第221号上。这些资料对于了解和研究抗日杀奸团的历史，特别是其组织、训练状况均有重要的史料价值。今据原文译出，以为研究参考。为保持资料原貌，文件中的"蒋政权"、"党军"、"共产军"、"满洲事变"、"北京"等用语均原文照译。页下注释均为译注。

调查统计局系抗日团的破获

重庆军事委员会下属的调查统计局在国民党军内外扮演着秘

＊本文为国家社会科学基金一般项目"日本外事警察中共调查研究资料的整理与研究（1921—1945）"（项目编号：21BDJ083）的阶段性成果；广西壮族自治区哲学社科规划研究课题"日本馆藏有关新桂系的档案文献翻译整理及研究"（项目编号：20BSS001）的阶段性成果。

译者： 霍耀林，青岛大学外语学院特聘教授。

密警察的角色，是蒋政权抗战力量的重要组成部分。重庆方面曾放出豪言，依该统计局的活动能力，可以轻而易举地击溃共产军。各种抗日战线内的该系统组织网都足以让人震惊。北京警察局苦心搜查，破获了属于该系统京津地区的抗日团（现仍持续搜查中）。该团影响至大，状况如下：

一、要旨

（一）8 月 7 日北京特别市警保局探知本年 1 月以来数次行刺中国方面要人的渝伪军委员会调查统计局天津区北平抗日杀奸团的所在，逮捕了其中一部分人（7 人）。之后，在北京宪兵队本部与该警察局取得联系，将北平抗日杀奸团长以下 36 名一齐抓获。调查结果显示，该组织在卢沟桥事变后由渝伪军委会调查统计局天津区长曾澈组织，作为北平抗日杀奸团及铁血锄奸团第 21 支队，在天津区的领导下进行抗日锄奸、策划放火等搅乱后方的地下活动，竭力招募、培训团员，扩充强化其组织。本年（1940 年）1 月以来，北京特别市公署工务局长舒壮怀等 7 人被杀伤。该组织现正为达成下期工作目标积极活动。

（二）除犯罪轻微及投降者之外，11 名嫌疑犯于 5 月 24 日被送至华北方面军军律会议检察官处。

（三）此次一举破坏了敌方谋略团的组织及将来的恐怖企图，同时也解决了本年 1 月以来北京市内频发的恐怖事件。

二、逮捕的经过

北京日本宪兵队本部鉴于本年 1 月以降北京市内恐怖事件频发，遂与中国警察取得联系，竭力搜捕嫌疑犯人。8 月 7 日北京警察局特务科得到暗杀团的线索，逮捕了 7 名嫌疑犯，之后进一步搜查逮捕了北京大学工学院建筑系一年级学生、北平抗日杀奸团团长李振英（时 23 岁）及其他 42 人。

三、事件的概要

（一）一般状况

北平抗日杀奸团于昭和12年11月与天津抗日杀奸团先后在渝伪军委会调查统计局天津区长曾澈的指挥下，以北京市内燕京大学、贝满女子中学等大、中学校学生为中心组织。之后该团孙大成、李振英等成为负责人，在天津区的领导下积极扩大、强化组织的同时，以抗日杀奸为主，企图暗杀日中要人，对主要政府建筑物等进行放火等。为对团员进行训练，实施谋略行为，还进行各种预备调查，杀伤北京特别市公署工务局长舒壮怀等7人，并进一步为下期的目标积极准备，期间还由区委任指挥铁血锄奸团第21支队，专门以恐怖行为搅乱我军后方。

（二）活动状况

1. 北平抗日杀奸团（略称王正则）

北平抗日杀奸团于民国28年6月由天津区任命孙大成就任团长，之后从市内北京大学工学院、育英中学、宏达中学、贝满女子中学等招收抗日积极分子20余名为基本团员，进行培养，同时与原团员合并，整顿组织。当年9月，以李振英为团干事组成杀奸团第4、第5、第6小队，各设小组，并以组长为骨干，以抗日杀奸为宗旨，每周一次召开小组会议，通过重庆广播的新闻，以蒋军胜利的战况、日本国内的状况等进行反动宣传，以此激发团员的抗日思想，并以天津区发行的团员训练手册等为基础，实施团员必须的教育，同时进行将来对日中要人的暗杀、谋略、放火等的实地训练，还对此类目标实施先期调查。本年1月17日，接受区命令，欲暗杀北京市商会主席邹泉荪，但是却误伤其夫人及司机。以此为契机，积极对下期工作进行准备。2月，孙大成回重庆任职，李振英接任团长，继续进行前任未完成之任务，指挥第5、第6小队。之后在天津抗日杀奸团干事王宗铃的领导下，每月领取1000元的工作费，并接受区委之任，指挥铁血锄奸团第21支队的同时，致力于改组强化团组织。以执行区指令及实地训练为目的，对华北政务委员会委员长王揖唐、日中各机关银行会社科（部）长级以上（包括日本人）195人及陆军监狱、市内主要政府建筑物、剧场、市场等60个主要场所进行调查。3月至7月，依照区命令，杀伤了暗杀目标9人，其中包括北京特别市公署工务局长舒壮怀在内的4人，还向北京市立第一、第二女学校校长发送胁迫文书，诘问带领学生慰问日军军医院之事。同年7月，为避免镇压，进行了改组，并装备了联络用的无线电机，购买暗杀用的手榴弹等，竭力强化组织。正在谋划9月以后进行大规模的日中要人的暗杀、文化设施的破坏等工作时被抓获。

2. 铁血锄奸团第21支队（通称铁血锄奸团北平行动组）

本组织是在蒋军直系原忠义救国军第6路军司令郑恩普的领导下，于民国28年8月，孙大成接受天津抗日杀奸团团长曾澈的命令，纠合原忠义救国军成员组成的。李振英本年2月就任北平抗日杀奸团团长，接受孙大成的委任，同时领导该队，并接受区的委任，每月领取四五百元的工作费（固定薪俸300元）。4月中旬，接受暗杀华北政务委员会教育总署代理署长方宗鳌的命令，并获取暗杀用的手枪。5月3日，方宗鳌被狙击，身负重伤。虽然该组织也在积极购买暗杀用的手榴弹，但是由于队员暗杀方次长而未获得赏金4000元，之后并无积极的活动，直到本次该组织被破坏。

3. 北平抗日杀奸团第4小队

本小队于民国28年9月，由孙大成任命罗苹为小队长组织而成。孙大成归任重庆之后，与李振英领导的杀奸团断绝联系，之后其组织工作状况不明，目前还在继续搜查之中。

4. 招募团员方法

招募方法依据天津区发行的《手册》及《入团须知》，采取劝诱的方法招募。候备者由团长进行考查，决定其能否加入。合格者按照规定填写志愿书，并宣誓，成为正式团员（参考入团志愿书）。

5. 团员的训练

小组会概况

向新团员培养民族、国家的自尊心，充实个人的体育、学识的同时，为灌输抗日思想，传授破坏、暗杀工作等知识，几乎每周一次在市内中央公园、北海公园、国立图书馆等地召开小组会议。会上收听重庆的战况广播，阅读政界情势报告书、天津发行的各种手册等，对团员进行基础教育。还传阅由李振英撰写的檄文，召开临时讨论会，煽动抗日意识，积极推进工作。

实地训练

一般团员均兼有将来接受区命令，暗杀日中要人，谋略、放火等任务。主要利用召开小组会议时，对指定的特殊人物、文化设施、地点等进行跟踪、潜伏调查等，并将调查结果制作成卡片，在下次小组会议上提交照片、示意图、要图等进行展示。同时还组织团游会、远足等，以锻炼身心，培养团员之间的亲睦关系。

6. 通信联络状况

区、团之间的联系除直接由团长或特使联系之外，还利用备用的秘密通信用药品，在普通信件的背面记录秘密通信文字。正面书写“某某先生钧启”，以“钧”字表示秘密通信文。① 团内的联系原则上采用小组会议形式。暗杀工作由团长对直接行动者下达指令。

7. 工作经费状况

北平抗日杀奸团的工作费每月约五六百元，团长李振英就

① 即故意少写一笔，作为暗号。

任以来，每月从天津区领取1000元，给铁血锄奸团第21支队固定支付300元，其它杂费共计四五百元，团干事刘永康生活费50元。一般团员既不付工作费，也不付生活费，余额均用于团装备的扩充、购买无线电配件、团机密材料、存放资金的手提金库及手榴弹等器材装备、其他团员的旅费、聚餐费、文具等消费。

8. 未来的计划

团长李振英正在稳步推进如下计划：

招募新团员、强化组织；

组织行动组，暗杀日中要人；

补充手枪弹药、获取计划纵火用药品；

团员渗透入各机关；

破坏日中各文化设施；

开设用于团通信联络的文具店；

整备暗杀日中要人及计划目标的相关调查资料。

四、北平抗日杀奸团组织系统

渝伪军军委会调查统计局首领为戴笠，其领导下的天津区拥有天津抗日杀奸团、北平抗日杀奸团、铁血锄奸团21支队三个团。天津抗日杀奸团团长李国材，干事王宗铃（王汉奇），总务部长王文诚（刘烈）。北平抗日杀奸团的团长即李振英，干事刘永康（刘杰，华北中学三年级）。铁血锄奸团第21支队由李振英指挥。

五、起获物件

手枪、弹药及手枪收纳包、联系用无线电机、无线电暗号书、计划放火用药品、手榴弹、秘密通信用药品及其他。

六、被逮捕者的经历及抗日工作的概况、没收的手册及译文等见后。

七、本次逮捕与教育界的关系

北平抗日杀奸团的组织，其组织分子限定在学生群体，易于识别，按照学校摘记如下：

私立燕京大学	1名
国立北京大学工学院	6名
北京市立第一中学	1名
北京市立第二中学	1名
北京私立华北中学	1名
北京私立弘达中学	1名
北京私立大中中学	1名
北京私立志成中学	3名
北京私立志达中学	1名
北京私立育英中学	4名
北京私立汇文中学	1名
北京私立女子贝满中学	13名
天津私立新学中学	1名
上海复旦大学附属中学	1名
其他	3名
总计	39名

团员主体是事变前接受彻底抗日教育的北京志成中学、育英中学及天津新学书院、耀华中学、新学中学等在籍学生（包括已毕业者），同时还包括外国系学校，如辅仁大学（2名）、燕京大学（3名）及协和医院护士学校（在学中2名）等将要入学者，对此须加重视。各学校的抗日、排日教育表面上已经绝迹，但是满洲事变前后接受的排日、抗日教育已经深刻渗透到彼等学生的思想。鉴于如今市内教职员的大部分均在满洲事变前后接受过彻底的抗日教育，教育当局正适时对这些教员进行人事调动及“肃正”的同时，将迅速将相当数量的日本人日语教师分

配至各校，并对外国系学校进行严格监视，对于不符合我国国策的教育方针进行改正，致力于改革教育界。目下各地派出机构正在考虑对策。

志愿书①

余基于爱国热诚，志愿加入抗日杀奸团，从事工作。一经入团，绝对服从命令，当然严守秘密，遵守本团一切规定，与诸前辈共担救难重任。

兹谨发誓将此身献给国家，任何牺牲在所不惜。

若违反此言，甘受任何严罚。

志愿人：　　　　拇指印

介绍人：

中华民国　　年　　月　　日

团训

抗日杀奸　复仇雪耻　同心一德　克敌致果

开会仪式

一、全体起立

二、对抗日殉难烈士默哀一分钟

三、传达上级命令

(1) 口头传达

(2) 文件传达

四、政治报告

五、文件报告

六、工作报告

---

① 以下为没收的抗日杀奸团手册及资料，原文均为日文。

七、工作配置

八、讨论

九、临时动议

十、全组默读团训

十一、散会

抗日杀奸团工作基本规则

第一章　秘密①

一、必须牢记团工作中心，遵守秘密规则的责任与执行团的总目的责任相同。严守秘密与保障组织生存同样重要。

二、诸君严守关于团的秘密乃当然之事。团的秘密不能告诉任何人，包括诸君的朋友，妻子、父母也绝对不能告诉。如果告诉父母或妻子，他们可能会无意识地泄露团的秘密。

三、随意高谈团之事属违反团规。各同志保守组织秘密，会让敌间谍潜入我内部，企图破坏我组织或调查我方工作的工作变得困难，这是非常重要之事。

四、关于团之事，除自己负责的工作之外，不必知道其他。诸君除自己担负的工作以外，可能还知道很多其他事情。欲知悉更多而向其他同志打听团之事，是决不允许的。特别是绝对禁止打听同志的姓名、住所，团机关所在地、组织成分等。若诸君向同志打听团的事情，导致我等组织被破坏，我等不仅无法判明破坏的原因，也无法发现潜入团内的敌方间谍。而且诸君向同志打听团的事情，会被误认为是敌方的间谍，从而必须自己承受怀疑，导致无法发现真正的间谍，所以绝对不能向同志打听团的事情。

五、关于团之事，若出于自身工作需要可以询问，但是其它

① 此件只有第一章，似为节录。

工作绝不允许向同志打听。

六、各同志必须对自己的姓名、住所等严格保密。其他同志的姓名、住所等除直接询问长官外，绝对不能彼此询问。在此意义上，同志必须有假名，且必须切实使用之。

七、不仅不能询问其他同志的姓名、住所，自己的姓名、住所等也必须严格保密，此为最大原则，亦是工作关系上往来的重要要求。

八、无论任何时候、任何事情，诸君自己的住所内不能留有任何关于同志的记录（暗号除外）。若有需要，必须提前记住。

会见同志的时间、地点等必须记住，决不留任何能作为证据的东西。无论何时，判别对方是否为同志时，必须使用暗号。

若要书写此暗号，必须使用小纸条，并妥善保管。若突遇检查、检举之时，应立即销毁或吞入腹中。如此才能首先让自己脱离危险，又能使同志摆脱被逮捕的危险。

九、重要的材料及工作上的材料必须撕成小碎片，或者必须全部销毁。若此等材料撕成细长条有被敌人发现的危险，则必须烧毁。如可能有烧不尽之时，必须要亲自烧毁，烧毁后揉成灰状。决不能任意放弃或丢弃纸屑。

往往有不注意撕碎丢弃原件的行为，此类行为会给组织带来危险，有害组织，必须特别注意。

十、文件、档案等的销毁必须自己负责，不能留下任何关于团的秘密。制作文书之时使用吸水纸，桌面上放两张厚纸是决不可以的。

十一、街头碰见同志之时，决不能搭话或者问路。

十二、参加集会及碰头会，或去团的办公地点时，必须细心留意身边是否有人监视或尾随，此时绝对不能表现出神经过敏或慌张的样子。过街之时亦相同。自己未注意而被敌人察觉，被盯上，将会导致秘密工作被暴露的严重后果。

十三、无论何时，必须要注意诸君的行动、态度。着装应选择恰当的，不能选择容易引起别人注意的。现在乃危机时刻，应保持警惕心理。脸色不能一会儿青一会儿白，必须保持沉着冷静。

十四、各位同志必须牢记有前后门的茶馆、旅馆、商店，以及前后可以通过的胡同、比较拥挤的道路等，以便在被跟踪之时方便逃走。

十五、跟在同志之后行走，既不符合严守秘密的规则，也是违反团的纪律行为。比如，若有跟在同志之后走路者，在被其他同志看到时，会让其他同志产生疑惑，以为该同志是否有其他意图。

若诸君知悉很多同志的住所也是有害于组织的，所以要绝对避免跟在同志之后行走。

十六、自己若被跟踪，无论是否摆脱跟踪，都不可以直接回自己家或去同志的家，也不能回和自己有关系的地方，尤其不能回组织机构所在地。

十七、诸君若在英、法、意租界被敌人跟踪之时，必须设法摆脱跟踪。若无论如何都不能摆脱跟踪时，应装作向巡警问路或报告的样子，以摆脱敌人跟踪。

十八、敌人在跟踪时绝不可能是一个人，诸位在被跟踪时，一定要注意左右是否还有同样的人。若诸位在摆脱第一个跟踪之人时，必须要注意前后左右是否还有同样的人。诸位必须要知道，敌人在跟踪时一定是数人循环跟踪的。

十九、工作结束之后，不能径直回自己的家、同志的家或者组织机构所在地，以及有关系的地方。

二十、工作结束之后，去向上级报告情况时，必须注意前后是否有监视者，即使没有，也不能直接去目的地，必须去活动照相馆、戏院，或者公园之后再去目的地。

二十一、无论在任何环境都必须保持沉着的态度，依据社会形势随机应变是秘密工作最需要的。若违反此原则等于自己告发自己。

诸位同志必须特别留意此点，必须要加强训练。无论哪一阶层的人物，必须要进行相应的训练，对待乞丐就变成乞丐，对待无赖之徒就要成为无赖。必须要根据形势习得各自的特征。

二十二、若被突然搜查、无暇逃跑，必须以沉着的态度应对。原因是敌人并不能确定你所在的地方就是你的居所或你的机构所在地。敌人也许是根据环境来搜查的，也许是为抓捕鸦片犯而来的。此时，若诸位自己恐惧，惊慌失措，等于告诉对方自己是团员。所以此时沉着应对是非常重要的。

二十三、交通工具中也有敌人的密探潜伏，决不能通过邮件或电话向组织的内部及住所发通知或者报告。

二十四、在街道上行走时，无论与任何人发生吵架，都要忍辱、谋求圆满解决，应极力避免此类事情发生。因敌人不知道诸位乃真正的团员，但可能故意以吵架为诱因，逮捕、任意搜查诸君的一切。

二十五、诸位应牢记时刻注意自己的后方是否有人。在广场及人少的街道，最容易发现是否有跟踪者。摆脱跟踪者最好的地方是繁华的街道、市场、公共场所。

二十六、会议场所，依照组织命令出去工作出发前，必须要考虑好如何应对盘查，必须避免一时的无措。

在汉奸的门前监视之时，巡警可能会问：“尔等站此做甚?”又开会之时，或问：“尔等在此干嘛?”等，必须要提前准备好并立即回答。

二十七、各同志若有轻率的举动，将直接、间接地使组织遭到破坏，阻碍组织的发展。各同志必须时刻检讨自己的行为是否合适。

二十八、必须用秘密的原则使各同志团结一心，吾等必须运用秘密原则在合适的时间、场合训练自己的活动。

团员惩治条例

第一章 总则

第一条 提交抗日杀奸团志愿书的同志均受本条例约束。

第二条 过失行为有情可原时，减轻其罪。

第三条 对于犯罪未遂者，酌情减轻处罚。

第四条 自首或救助急难行为者减轻其刑。

第五条 教唆犯从犯减轻其刑。

第六条 刑罚分以下各项：

死刑。

停止工作。

徒刑。

苛责。

警告。

罚站（或站立一定的时间）。

第七条 接受团停止其工作处分的同志，团对其在处分期间的一切行动不负责任。

第八条 对三次以上罚站者，给予一次警告处分，三次以上苛责者，处以短期徒刑。

第九条 累犯者加重处分。

第十条 同时发现多重犯罪事实者，加重处分。

第十一条 刑罚执行机构如下：

死刑、停止工作、徒刑由团本部报告最高上级，得到许可后执行。苛责、警告则由团本部执行完毕后报告上级。罚站由队长、组长执行，报告团本部。

第十二条 本条例自公布之日起施行。

第十三条　本条例若有不完备之处随时修改。

第二章　刑律

第一条　有如下情形者处以死刑：

一、受敌人诱惑者，出卖组织及工作秘密者。

二、故意泄露秘密，给本团组织及工作造成危害者。

三、违抗命令导致同志死亡者。

四、加害同志致死者。

五、故意破坏组织，动摇组织基础者。

六、自由行动导致领导同志死亡者。

第二条　有如下情形者，停止工作：

一、意志薄弱，缺乏紧张精神，确实在团本部没有接受训练方法者。

二、数次泄露秘密者。

三、不服从命令者。

四、阴谋破坏组织者。

第三条　有如下情形者，处以徒刑：

一、泄露秘密未造成重大影响者。

二、遇事不服从命令者。

三、有意谋害同志者。

四、对外放流言、引起他人注意，给组织安全造成危害者。

五、未经组织许可，参加其他组织者，或长期离开工作地点者。

六、精神松弛给组织造成影响者。

七、自由行动破坏工作计划者。

八、过失吸收敌人参加组织者。

九、欺瞒上级、工作失误者。

十、对组织经费及用具有私心者。

十一、受三次以上苛责者。

第四条　有如下情形者，处以苛责：
一、无意识泄露秘密者。
二、有相当的情形，不服从命令者。
三、欺瞒上级者。
四、拖延公务导致材料失效者。
五、缺乏紧张精神懈怠公务者。
六、陷同志于危难，未造成损失者。
七、未被减轻徒刑者。
八、受三次以上警告处分者。
第五条　有如下情形者，处以警告处分：
一、偶然或无意识泄露秘密者。
二、不能服从全部命令者。
三、欺瞒上级者。
四、迟滞公务者。
五、无故不参加会议者。
六、处以苛责未能获得减刑者。
七、受三次以上罚站者。
第六条　有如下情形者，处以罚站：
一、开会或集合谈话之际，无故迟到者。
二、犯轻微过失者。
三、处以警告，未获得减刑者。

团的秘语

团部	公司
交通处	邮政局
上级	老师
同志	同学
组长	大哥

敌人	老鼠
汉奸	王八
特务	狗
巡捕	棍子
宪兵	兔子
汽车	胶皮
号码	钱
手枪	书包
子弹	书
刀	毛笔
发火剂	车证
炸弹	墨水
文件	讲义
命令	信
报告	习题
左边	昨天
右边	前天
前边	今天
后边	明天
宣誓	举手
入团	上学
开会	诸客
集合	见面
盯梢	拜访
监视	陪着
调查	看看
制裁	打
行动	玩

宣传	唱歌
破坏	剪断
开除	绝交
警告	勤勉
恫吓	鼓励
检查	寻访
吸收同志	介绍朋友
工作顺利	成绩优良
工作困难	成绩不佳
敌防森严	校规森严
敌防不严	校规不严
某同志遇险	某君返里
与某处取得联络	某女士进行婚约

团员守则

忠勇为爱国之本
孝敬为家庭之本
仁爱为接物之本
信义为立业之本
和平为处世之本
礼节为治事之本
服从为负责之本
勤俭为服务之本
清洁为健康之本
助人为快乐之本
学问为济世之本
恒心为成功之本

抗日杀奸团组织规程

甲　总则

一、名称　本组织定名为抗日杀奸团。

二、宗旨　以抗日杀奸为唯一宗旨。

三、特质　本团为工作上之便利及不受外力阻碍，是绝对秘密团体。

乙　组织

一、制度　本团采取事权集中制。

二、干部团员　为促成本团的成立，同志均为干部团员。基本团员取得特殊成绩，经团的上级决定，晋级为干部团员。

三、基本团员　有志青年有从事本团工作之志，忠实服从且成绩表现合格者，为基本团员。

四、团员　有从事抗日杀奸之志，有能力从事此种工作的爱国青年，不问性别，均可成为本团的团员。

五、机构

1. 本团设有总务、组织、行动、宣传、技术、交通六组，总务组下设文书、会计两系。组织组下设训练、调查两系。

2. 本团有团直属的大队、中队、小队、小组。小组每组设组长一名，组员四名（非干部团员不得担任队长，非基本团员不得担任组长）。

丙　纪律

一、有违犯如下事项者，视为违犯纪律：

1. 泄露秘密者

2. 背叛本团者

3. 不绝对服从命令者

4. 公务失误者

5. 迟缓懈怠工作者

6. 破坏组织者
7. 自由行动者
8. 其它。

二、违犯纪律之团员，视其违犯情形，加重如下惩罚：

1. 死刑
2. 停止工作
3. 徒刑
4. 警告
5. 其它惩罚

详则另定。

丁　附则

一、另订吸收团员办法。

二、本团干部及基本团员有责任发挥党团作用。

工作要纲

一、组织工作

1. 吸收有抗日意识，保守秘密，服从命令的优秀分子参加本团组织。

2. 组织外围团体，发挥抗敌力量。

3. 取得正确的思想联络，使得有社会关系的爱国分子能够发挥社会关系。

二、训练工作

1. 培养个人的民族自尊心。

2. 充实个人的学识，锻炼个人的体魄。

三、宣传工作

1. 秘密宣传正确的抗敌思想。

2. 秘密宣传中央建设的伟业。

3. 注入人民抗敌必胜，建国必成的信念。

四、调查工作

1. 调查自己所处的周围环境。

2. 调查关于本团的一切状况。

3. 调查本团的优劣分子。

4. 调查各地发生的事项。

5. 调查敌汉奸的阴谋及其他活动。

五、破坏工作

1. 破坏敌人的建筑物。

2. 破坏敌人的金融及生产机关。

3. 破坏敌人的军事设施及运输给养。

4. 破坏敌人的伪组织。

5. 分化敌人的力量。

六、其他工作

1. 不买卖日货。

2. 不与敌人合作。

3. 提倡节约运动。

4. 实行新生活。

同志训练要纲①

第一条　本要纲由新组织的小组实施。

第二条　新组织的第一周训练。

一、训练有如下项目：

1. 离开会场之际，注意是否有人跟踪（此际由前辈同志跟踪）。

2. 离开会场后，练习本人或住宅被官宪发现之时的应对。

3. 练习加入组织后，不将本组同志的真名、住所、学校等告诉他人。

① 本要纲内序号依照原文翻译，似为节录。

二、材料的散发及入团须知

1. 背诵团训。

2. 背诵暗语。

3. 物色有前后门的旅店、饭店、商店等。

第三条　第二周训练

一、训练

1. 指出第一周训练的错误之处。

2. 选择背诵团训，进行暗语实验。

二、分发材料

1. 组织规程（传阅后返回）。

2. 发展要则。

三、工作分配

1. 绘制指定场所的配置地图。

2. 讲求方法招募团员。

四、常识的训练

1. 撰写报告书。

2. 崇拜领袖及党团旗。

第四条　第三周训练

一、训练

1. 对前一周的训练进行提问，改正错误。

2. 绘制的地图有误时，进行改正。

二、分发材料

训练接受调查时的态度。

三、工作分配

调查政治、经济、军事、社会及其他状况，以书面报告。

第五条　第四周训练

一、训练

指出并改正报告内容的错误之处。

二、分发材料

被官宪跟踪时，摆脱跟踪。

三、工作分配

指定一住所，详细调查该住所、居住人。

第六条　第五周训练

一、训练

1. 要求报告，并进一步接受指示。

2. 跟踪其他组员（此事绝对秘密）。

二、分发材料

谈话。

三、工作分配

一定的时间往返旅馆及政府等，调查汽车的号码。

第七条　第六周训练

一、训练

指出纠正跟踪监视时的问题。

二、分发材料

秘密通信法、文件的资料。

三、工作分配

运用隔书法、空格法、暗语等制作文件。

第八条　第七周训练

训练

就文件资料内容进行提问。

二、分发材料

译出电报暗号。

第九条　第八周训练

一、训练

传看手枪。

二、分发材料

研究手枪。

三、工作分配

携带危险物。

小队长工作必须具备的常识

1. 小队长是组织的中坚，联系上下级的轴心。小队长担负领导、教育、考查等重任，是团体的主要骨干。

2. 小队长须具备独立决策能力，不能有依靠上级的思想。即使没有上级，也必须领导一小队，下达命令，继续一切工作，决不能将工作委任组员。

3. 绝对服从上级的命令，尊重上级的意志。必须谋求团的扩大，若有疑问，应立即提出建议。对下级必须提供工作示范。

4. 训练组长的手段对团有至大的影响，原因就在于组长是组员的模范。毫无疑问，训练小队长的手段对组织发展亦非常重要。

5. 从小队长监督的地位上看，小队长可以代表上级，故对组员的私生活担负监督责任。

6. 自己的部下应视作自己的手足，部下的急难视作自己的痛苦，部下的失态即自己的失态，必须努力挽回损失。

7. 应特别考察所属同志的思想、信仰、能力、学识、态度、行动、谈话、习惯、家庭等状况，并向上级报告，以资工作。

8. 做事之时必须以长补短，必须与组长保持密切联系，争取奏效。

9. 必须赏罚分明。西洋有“勿以人畏我，勿以人爱我”。此言虽然有点过于残忍，但必须做到。

10. 小队长必须特别重视自己的修养，口才与知识是人物重要之表现。

组长心得

同志若被任命以组长之职者，必须特别注意如下事项：

一、以本团不与其他组织产生联系为原则。小组的组织与原则不合之时，小组必须想方设法协调精神、统一工作。所以在某些时候，不得不组织小组。小组长必须尽最大努力不使全组与其他组织产生关系，其方法：

1. 对全组同志使用化名（平素开会时亦同）。

2. 各组员的住所、学校、家庭职业、本人职业及社会关系均不能透露给同组其他组员。

3. 聚会必须利用公共场所，不得利用同志的住所。

4. 关于工作的联系，必须尽可能自己联系。

5. 各组员的住所必须牢记在心，决不能留下任何的记录。

二、小组是组织的基本，小组长的任务极其重大，一切任务不问生活、精神、工作、学业等，必须以领导的态度进行。

1. 必须以友爱的精神对待同志。

2. 对待工作必须服从命令，严守秘密。

3. 对待上级，必须遵守纪律，忠实服从。

三、接受组长的任务后一周内，必须提交两份对工作的感想及意见的报告。

对组长工作的认识

1. 组长在组织内负有双重责任：

A. 内务

（1）联络　（2）生活指导　（3）考查

B. 教育

（1）各种训练　（2）工作指导　（3）工作分配

2. 组员的士气振与不振均在于组长的领导能力如何。组织团内的中坚分子，其士气振与不振直接影响到团体的士气，故组长必须首先认识到自己对组织负有重大责任。

3. 组长必须接近组员，对于组员间产生的各种问题，都必须当做自己的问题，使全体组员一心一体。组员是否一心一体是组长的责任。

4. 组长训练一般高级组员的同时，也必须训练下级组员，培养人才。

5. 命令组员工作之时，组长必须带着热情去做，否则将影响组员开展工作。

6. 组长和组员间最忌意见的疏隔，组员只要见机发表出来的意见，应尽可能采纳。

7. 向组员发出命令之时，先必须认识到自己的意见。

8. 给组员安排工作之时，必须要给予一种安慰。

9. 组长对待组员无论如何严格，必须依情况讲求随机应对。

A. 精神及思想训练要宽；

B. 训练技术时要严；

C. 执行命令分配工作时要严；

D. 平素指导生活时要宽。

10. 组长自身的修养是一组之本，应特别注意不能出错。

特务工作概要

各位同志：

敌人已经全面侵入我领土，特别是华北受大规模的侵略，一般民众都忍辱生活在水火之中。

我们的工作是包围敌人及汉奸。我们必须更加努力，甘冒风险，达成愿望。从事此工作是我等的使命。

现在是全民族抗战之时，所有中国人都有献身的义务，故我等同志必须觉悟，舍弃生命。为展现工作效果，必须对敌后方造成威胁。能够保守秘密，独立工作者才是健全的、真正的抗日杀奸战士。

为补充同志的知识，这里再继续介绍特务知识供参考，期望聪明的同志能沉着、勇敢完成非常之事业。

同志哟，起来吧，成就壮烈的牺牲。

一、盯梢（监视）

盯梢是调查的初步，一般都是在盯梢中发现珍贵材料的。

盯梢的目的是对敌机构的所在进行外线的调查。此盯梢工作的成果，依靠工作人员的技术熟练状况，各位同志有研究的必要，应对此进行彻底的研究了解，方能产生工作的效果。

甲　盯梢人员的选择条件

1. 机警（有临机应变能力者）。

2. 胸怀宽广，细心者。

3. 视听聪颖者。

4. 四肢健全者。

5. 面容无特别特征者。

乙　盯梢的要点

1. 必须穿软底的鞋或皮鞋，但是皮鞋不能打钉。

2. 着装以普通衣服为主，不能穿太引人注目的好衣服，也不能过于衣衫褴褛，引起别人注意。

3. 身边不能放任何文件，防止被逮捕时泄露秘密。

4. 防止成为被搜查的对象，衣服尽量不佩戴装饰，不携带暗号，不携带武器。

5. 必须做好适当的准备，随时应对敌方特务的检查。

丙　盯梢的分类

1. 正盯梢（又称追梢），通常采用此方法，与对方保持两丈远的恰当距离。只是偏僻之处，容易被对方发现，导致脱梢，需要注意。

2. 侧盯梢（又称静梢），此种盯梢在道路的一侧监视、跟踪道路上通过者，要尽量注意不被对方发现，尤其是穿过繁华的市街时容易脱梢。

3. 远盯梢（又称劳梢），此种盯梢至少要与对方保持十丈以上距离。去村落的田野及边僻之地，如果过近，容易被对方发现。

4. 随盯梢（又称听梢），此种盯梢的目的主要是为了听取对方的谈话材料，难度非常大。此种盯梢若非有多年经验的工作人员很难成功。

5. 交换梢，交替监视时，应在对方的前后方安排人员，注意对方，利用对方转身的机会交换，若被对方发现，交换监视人的位置。

6. 脱化梢，在被敌方发现之时，按照预先设定的暗号，让别的同志代替，自己脱离。此种情况，不能中止对对方的监视。

丁　脱梢的方法（从监视中逃走方法）

1. 利用人员集中的场所或公共场所，趁人多之时，敌人不注意而逃走。

2. 若地理位置比较明显之时，应利用小胡同逃走。

3. 若时机比较迫切之时，则应进入饮食店、饭馆等，电话通知我方机构。

4. 故意遗留物品，引起对方注意而趁机逃走。

5. 故意乘电车，在对方等待电车的间隙，迅速下车逃走。

6. 改变服装，迷惑对方耳目。

戊　特殊的长期盯梢

固定的场合

监视对方的住宅、机构之时，应注意以下：

1. 来往汽车的号码。

2. 观察来往人物和来往人物的身份。

3. 给对方送物品的商店名称。

4. 内部的计划、实力。

5. 注意是否有门禁。

流动式的场合。

在汽船、火车内长期跟踪之时，要注意所有小型行李的特征。

己　执行盯梢工作之时，应避免如下事项：

心急气躁

无胆量

无正确的计划

盲动

失去激情

特务工作概要①

秘密通信

甲　发信的住所

1. 普通邮件特别是挂号航空邮件必须写上寄信人的住所，然其住所绝对不能是寄信人本身的真实住所，必须写上假的住所。而虚假的地址必须是当地存在的地址，若非如此，会被敌人怀疑，容易被发现。

2. 收信人的住所若写虚假的，则不能送达收信人。但若写真实的，会被敌人发现，有被逮捕的可能。所以为方便收信，必须基于秘密的原则，利用简单的地方，或设置交通机构。

其例如下：

青年会　利用青年会之时，则住在青年会的宿舍或有一名留宿者最合适。若只能在宿舍内留宿两三日的话，则应多给宿舍的服务生金钱，拜托其代收、保管书信。

① 此件似为节录，按原序号翻译。

若一个月或两个月后时机变得不合适之时，则应该另派人化名收取。

旅馆　与利用青年会相同，必须拜托服务员代收、保管书信。旅馆等场所人员较多，不容易被发现。

利用学校、商店、医院　利用学校、商店、医院之时，如前所述，利用小费介绍合适的人或利用介绍的职员等。若是学校，则必须作为学生办理入学。

（四）其它

便笺纸及信封的选择

1. 彼此若居住在大城市，使用中国制或外国制均可，无论哪种，在城市中都比较时兴。

2. 偏僻的地方或村落，若使用过于时髦或西洋式的，则反倒有点不合时宜，应尽量使用和地方相匹配的。

3. 即使在城市，使用与自己相匹配的是非常重要的。比如，藉一家卖中药的店铺之名发信之时，使用西洋式的便笺或信封就是不合适的，而藉西洋式药店或医院之名发信之时，则不能使用中国式信封或信纸。利用情书通信之时，则必须使用华丽的信纸。给乡里或老师发信之时，则应使用白纸。

4. 注意便笺的颜色不能留下残迹，必须使用与秘密药液相同的。

5. 使用新闻杂志代替便笺之时，则应使用与军事政治无关的。

6. 若欲使用日用品时，应该按照如下方法：

若使用饼干盒、烟盒之时，应取下外侧的广告纸，用秘密液在其纸的里面写上通信文，然后再按照原样贴上。此外还可以利用毛巾、包、床单、枕巾等。

国际间谍还会利用以下方法：

鸡蛋壳、妇女的发环、皮肤、信封里面、箱子内部贴的布。

丙 利用器具的通信方法

利用交通从业员或请求他人送达，或伪装成小包裹邮送，或放在行李里面拜托旅馆送达。根据环境必须做随机应变的处置。

举例如下：

1. 利用箱子：利用箱子之时，箱子的周围钉上两重板，然后装入材料。

剥下贴在箱子里的布，其中装入材料，然后恢复原状。

2. 利用奶粉罐：在奶粉罐上烧酒精，拔掉钉子，打开盖子，将材料用布包起来，即使摇晃也动不了。然后将罐恢复原状送出。为防止中途官宪检查，应同时寄送几个真实罐混在一起。

3. 利用手电筒：取出手电筒中电池，将材料塞入其中，贴上厚广告纸。

4. 利用留声机：在机械中放入材料或弹药，然此方法容易被发现。

5. 利用书：将洋装的字典或旧书内部挖空，塞入材料或手枪，用小包裹发送。

6. 利用暖水瓶：在暖水瓶内部装热水的瓶子与外壳之间塞入材料。

7. 利用肥皂：将肥皂切开，其中塞入材料，再恢复原状。

8. 利用皮鞋：双重底或空底。

9. 将钟的内部机械取出，装入材料或手枪。

10. 利用膏药：让别人能明显看出身体的某个部位有伤，在伤口处贴上膏药，其中塞入材料。

11. 利用盐渍的猪肉：将猪肉的骨节取出，其中放入手枪或材料。

12. 利用吞服：将小的橡胶管中塞入写有文字的纸条吞服，后再用泻药排出。

13. 利用生殖器：在女性的月经带或生殖器中塞入材料，肛门内亦可。

14. 其它：（1）口、鼻。（2）瓜及其它果实。（3）轮胎。（4）汽车方向盘。（5）小盒、烟草。（6）被褥。（7）枕头。（8）拐杖。（9）毛笔筒、钢笔。（10）领带、衣服的领。（11）帽子。（12）照片或镜子的里面。（13）邮件上邮票的里面。（14）伞柄。（15）纽扣。（16）收音机、照相机等。

宣传术

甲　宣传术的检讨

一、首先确定主义的基准

二、口号的条件

1. 语句简单。

2. 意义明确。

3. 内容丰富，含义深刻。

4. 有强大的刺激力。

5. 方便进行。

6. 应用宗教性。

7. 不用较难语句。

三、宣传的刺激性

1. 刺激的恰当与否。

材料的选择依据群众的嗜好与习惯。

2. 刺激的强度。

根据群众对环境的反应如何，若有必要进行大规模的破坏工作，则应采取强大的突然的刺激。若有必要进行建设改良，则应采取渐进的刺激。

3. 刺激的次数及其方式应尽可能多，且能随机应变。

四、召集的策略

1. 使用抽象的语言和文字比使用具体的实物效果更差。

2. 社会流行的成语都是有绝对势力之人使用，适当的机会使用适当的成语，很容易起到鼓舞群众的效果。

3. 利用群众的宗教性，在群众的想象力之上构建我等势力，确立我等势力的基础。

4. 世界上最具有爱心、最易感动的是女性和儿童。若利用此等群众激起他们的同情心，其效果比男性好很多。

5. 以敬慕社会的名义，可获得相当之效果。

6. “不矫情、立异、模仿时尚”是一般群众的心理，因此利用此种心理，推进我等宣传是最有效的。

乙　宣传工作

一、逆宣传工作

1. 关于敌国的粮食。

2. 关于敌国的金融组织。

3. 关于敌国居留民的商业经营。

二、国内的宣传工作

1. 宣扬保卫祖国心理，鼓舞热诚抗战。

2. 宣传敌人的残虐行为，即新闻报纸上，捏造外国旅行者的风评；捏造虚假的证据；以真实或虚假的照片进行逆向宣传。

3. 宣传保存食物及其它必要品。

4. 宣传国人踊跃购买战时公债。

5. 禁止敌方间谍的恐怖消息，以免搅乱国内。

6. 消灭失败论及诽谤派的舆论。

三、敌占领区内的宣传工作

1. 宣传战争的恐怖及敌方的不利消息。

2. 制造攻击敌方政府领袖的谣言。

3. 宣传在沦陷区敌人虐待良民的残暴行为。

四、对保持永久中立国家的宣传工作

1. 婉转地说明战争的原因。

2. 诽谤敌人的宣传。

3. 报告本国的抵抗精神及悲壮事迹、军事胜利等。

4. 粉碎敌人对本国的攻击宣传。

五、对具有参加本国或敌国的战争可能性的中立国的宣传

1. 不宣传对本国立场的辩护之类。

2. 夸大宣传敌国的非人道行为的攻击。

3. 宣传敌国的弱点及错误。

六、对敌视本国的中立国的宣传

1. 辩护本国战争的立场。

2. 揭露敌国的侵略行为。

3. 宣传对本国进行意外攻击的解析。

丙　目前必要的宣传工作

一、口头宣传：讲求适合当前环境的最稳妥方法。

二、逆向宣传：采用最有效的方法。

三、再宣传（又云辗转宣传）：

1. 由甲向乙，由乙再向丙、丁等宣传。

2. 散发宣传品，由群众进行宣传。

3. 反驳敌人宣传的逆向宣传。

被调查时的态度

敌人认为我们是穷凶极恶的恶党，无论何时何地均将我们放在心上，欲对我们积极进行公开或秘密的逮捕。

敌人逮捕我们，进行调查之际，采用一切威胁言辞、甜言蜜语、严苛的拷问等手段让我们招供，并将依据供词，破坏我全体组织。

然我们被彼等逮捕调查之际，如何做比较好呢。当然我们在其时绝不能招供，泄露组织的秘密和个人的行动。

坚定意志，缄口不言，必须否认敌人所示之事。亦必须想方

设法，获得敌人的信任，下功夫谋求早日能被释放。

若列举确实的事实之际，我们必须圆满说明其证据，欺瞒敌人，此外还必须坚定意志，缄口不言，任凭敌人的严刑拷打与侮辱，我们必须表现出我伟大的中华民族精神，决不允许畏畏缩缩或屈服，也不能哭哭啼啼，哀嚎失节。

我们为国赴死之时，必须堂堂赴死。必须期待以一滴热血警醒昏庸的汉奸及恶毒的日本帝国主义。

同志等复兴中华民族的责任亦在我们双肩之上，我们亦是中国的同志的代表。

同志诸君！我们能在残酷恶毒的敌人面前屈服吗？我们在卑劣、恬不知耻、卖祖求荣的汉奸面前岂能放弃我们高尚的人格？我们绝不可以！

其次，为不时之需，为资参考，列举一些被调查时的应对方法：

1. 在警察通过侦察获得证据之时，或通过其他被逮捕者指证之时，或任何其他何时、何地，均不承认指证。即使该被逮捕者是同志，也决不能指证为同志或工作人员。因为那些证据只是日本官宪或汉奸通过潜入团内的间谍偶然得到的消息，如若承认，等于自己告发自己，而且也等于出卖了和此类证据相关的同志，同时也等于确认了敌人间谍情报的准确性。所以我们必须预先防止此类事情发生。我们应坚信同志的内部没有间谍。

又，如若此等证据是敌人严刑拷问，或者是从别的同志处获得，也必须否认迄今的陈述，必须要防止暴露。

2. 被逮捕的同志必须时刻以否认敌人所提示的一切罪名为原则。若偶然被捕之时，为方便及时应对敌人的讯问，应事先准备好自己虚假的住所、职业、姓名、年龄，及父母、亲戚的职业、死亡、生存等。

若与其他的同志同时被捕，同时被讯问之时，必须预先知悉彼此的陈述，彼此的陈述必须一致。

倘一方陈述预定之外之事，另一方必须在可能的范围内不做任何回答，必须努力使彼此的陈述一致。

3. 敌人或汉奸经常会伪造讯问记录（模仿本人的笔迹），然后欺骗说本人已经招供；或团内的间谍得到的情报，调查其他同志关于团的事情得到的只言片语，然后对被逮捕者（被调查者）说“我们已经知道了一切”，以巧妙的手段诱惑被调查者陈述真实情况。此种场合下，被捕的同志应坚决说什么都不知道，或不做回答。

4. 被捕的同志不能与敌人说无意识之事或抽象之言，且敌人或监视者无论给何种恩惠，欺骗、同情皆属虚伪，绝不能接受。

5. 被捕后必须采取冷静的态度，且以强硬的意志拿出牺牲的决心，绝不能抱有侥幸的幻想。

当然我们被捕之后，也不能辱骂敌人，或慷慨激昂地表明自己的身份，做无谓的牺牲，应该以悠然自得的态度应对。

6. 敌人对胆小者不会过于压迫。所以对敌人的拷问必须表现出恐怖、畏惧的态度。

7. 被拷问之时，认为招供一点关于组织的秘密会免除严刑拷打是绝对错误的。若稍微招供一点，敌人一定会进一步用更加严酷之刑迫使其供出所知道的全部组织秘密。

即使全部供出，敌人一定不会满足，会继续让我们承认所不知之事、未见之事，也未曾做过之事。

关于承认之后如何处置问题，或杀，或带至广播电台通过广播揭露诸君的“罪行”。当然有些时候可能会被赦免。但是即便被赦免，诸君还有何面目面对国民、亲友、家人、同志？作为国家的叛徒必须得死。

8. 如若单独调查之时，别的同志被拷问，表现出恐惧的态度，或消极地尽量避免自己被拷问。不明确的陈述并不能免除被拷打，相反却可能导致更加残酷的拷问。

9. 敌人或看管诸君之人，故意表示同情，主动代诸君传达被捕的消息，这不过是敌人借机欲探查诸君的组织及住所的手段而已，而且是非常虚伪的，决不能让其得手。

10. 若被逮捕之时，自己身上携带有材料，最佳方法应迅速销毁。若无其它方法，应迅速将其吞入腹中。

密码电报的制作方法

这是从秘密组织内向其它地方传递消息的重要技术之一。我们要将一个消息传递给其他同志，若在同一地方，传递方法比较简单，但是若要传递给千里之外的同志，让其从事某件秘密之事，则相当困难。派人去传达，既花费时间也不经济，也有被官宪发现的危险。如何以迅速、安全的方法实现传递消息的目的，必须得依靠通信技术。

通信有邮寄和电报两种，邮寄通信后面会介绍，此次先就密码电报的制作方法进行说明。若要向军事机构或秘密组织发电报，必须要使用密码。

大家使用的密码想必有很多。大部分均制作有密码本，并给各相关机构备一部，依据密码发电报或进行翻译，但是依据密码本通信之时，也伴随着相当的弊端。其弊端即：

1. 密码本有时会有被发现、被盗的危险。

2. 发电报过多，会被他人发现。

3. 一部分密码会被人知道，可能会将由此破译出的事实公之于众。

4. 汉字的解释耗费时间，不经济。

此处欲说明的方法极其简单，也具备密码电报的必要条件。同志在工作余暇，可用如下编成密码传递消息，非常便利。使用的工具可以用明码（普通电报检出簿）的字与如下数字表：

1	2	3	4	5	6	7	8	9	0
2	3	4	5	6	7	8	9	0	1
3	4	5	6	7	8	9	0	1	2
4	5	6	7	8	9	0	1	2	3
5	6	7	8	9	0	1	2	3	4
6	7	8	9	0	1	2	3	4	5
7	8	9	0	1	2	3	4	5	6
8	9	0	1	2	3	4	5	6	7
9	0	1	2	3	4	5	6	7	8
0	1	2	3	4	5	6	7	8	9

上表中，无论纵、横均由阿拉伯数字 1234567890 组成。利用此表即可拍发密码电报。

用法：

诸君将欲拍发的电文必须先用明码找出其数字，根据明码“抗日杀奸团”为：2123/2480/3010/1169/0957。

将此数字译出，用前述阿拉伯数字制作电文，首先我们在制作电文前，必须先给对方确定任意三个数字为标准。（现在中共采用的电报制度基本为 3 或者为 5 的奇数，尽量避免使用偶数，使用一个号码是最不合适的。）

比如我们使用三个数字 239，我们必须永远要将前述数字表中横行第一行按照 239 的顺序数，纵列第一列按照纵的顺序数，必须数出我们需要的普通电报用的数字。如此纵横都数出后，数字与数字的对角线的数字即为发电时所用的密码数字。

比如抗日的“抗”字，普通电报数字表示的话，如前所述为数字 2123，我们将数字 2 在上表中从横行开始数出，再将我们定的数字在纵列中找出对应的 2，然后两者成直角划线，恰好形成的对角线上的数字为3，这个3就是我们欲使用的密码数字。抗日的“抗”字第二个明码数字如前所述为数字1，用前述方法纵横数字的直角划线，其对角线数字也为3。以此类推，第三个数字为2，对应的则为0，第四个数字为3对应的为4。

按照上表制作出的抗日杀奸团的密码，抗（2123）就变为3304，日（2480）变为4292，杀（3010）则为1138，奸（1169）变为2340，团（0957）变为2799。

如此，我们在电报局发电报之时，用3304，1138，2340，2769即可。

此数字按照普通电报簿检出来的字为“瀓唃夷拥埭”，电报员无论如何都检不出，容易欺骗彼等。

但是此类电报我等在接收后如何释读出来，我等必须牢记事先定好的数字。纵列的2开始往下数3，然后往左，左侧第一行字即位明码的2。然后3开始再往下到3向左得到1，如此9开始到0向左弯为2，再从2到4数字继续向左弯为3，如此即可得到明码的2123。此方法非常简单，可以迅速快捷地将电报译出。

我与各位同志之间使用的数字为（537），按照前述方法将以下译出。

6387	4042	9436	5323	3320
6418	1349	7745	6007	5064
2643	7111	4508	4062	8924
6818				

手枪的使用方法

同志们，在如此险恶的环境中要完成我们神圣的抗战使命，手枪就是我们的助手。积［消］极点而言，我们必须要它的保护（或让我们实现最后的忠勇）。从积极方面而言，我们以之打倒欲杀害全人类的敌人。我们必须驱除中华民族中所有的恶徒。我们必须要用之为全民族开拓生存的道路。现在向各位同志教授手枪的一般知识。同志们，期待各位的切实研究。

一、手枪的种类

种类虽然多，但我们日常使用的只有三种：毛瑟枪，射程最远，装弹快，但是携带不便；勃朗宁，携带方便，照标准确，但是装弹慢；六连发枪，适合暗杀用，但是装弹慢。

二、手枪的保存方法

1. 手枪不用之时，应该把子弹拆出，弹匣的托弹簧失效，其它各部则恢复常态。

2. 手枪不能放置在潮湿的地方，也不能放在高温地方。

3. 因为手枪内部火药有碱性，为防止腐蚀，必须每隔 6 小时清理一次。若时间比较长，则应该打一发子弹，然后进行清理。

4. 紧急情况下，应该将手枪涂上凡士林，然后用油纸包上，投入水中，可以保存 10 年。使用之时，将之取出，洗掉凡士林，涂上薄油。

5. 为防止危险，手枪应该枪口朝下携带。

6. 一般应将手枪和子弹分装两处。

7. 必须时常清扫，为防止生锈，即使是新的也必须时常清扫，因为其中的油会凝固。

8. 注意决不能让枪口内生锈，否则子弹容易打歪。

9. 注意检查弹药、注意弹药的颜色和制造厂。

三、分解及清扫

熟知枪的部分构造。这不仅能防止走火，也让自己可以发现故障，能够及时修理，及时进行拆解。

1. 拆解之时，在桌子上铺上白纸，万一有小部件坠落，能够马上发现。

2. 难以拆解之时，以木槌轻轻敲击，切记不能用坚硬的东西敲打，避免造成机械损伤。

3. 拆解的零部件按照顺序组装之时，需要按照顺序组装，防止混杂。

4. 拆解之时，如果事先知道第一步容易着手之处，则会更加容易拆解。从枪柄或安全装置之上开始，很多新式的则是从枪口开始。

四、枪的性质及使用前的检查

1. 枪有各自的特质，使用前必须熟悉，为防止不正确射击，应时常练习。

2. 使用前装上弹后，应数次检查是否能取出。

3. 击针与击铁是最重要的部分，使用前要特别注意击针。

4. 使用前要注意是否有哑弹现象。

五、射击之时

1. 射击之时身体微倾，伸直胳膊，眼睛从照天至照星，瞄准目标。

2. 射击时沉着勇敢，要有先发制人的心理。

3. 射击之时若有不良弹，应立即取出重新发射。

4. 直接行动者应该至少预备两支手枪。所谓暗杀就是要迅速夺取对方性命。

5. 为自己保身，发射之时，应预留一两发子弹。

六、枪的优劣区分方法

1. 制造国　德国制造的最好，西班牙制造的其次。

2. 腔径　枪虽小，腔径则越大越好。

3. 机械　螺丝越少越好，但是枪柄除外。

4. 年代　制造年月日越新越好。

5. 效力　回转式大连发最好。

七、弹药的检查方法

1. 普通的柏光（毛瑟枪）的弹药新的为纸黄色[①]，背部有蓝印的为最好。

2. 毛瑟枪六连发的弹药后部附字，不良弹呈灰黄色，弹壳有凹陷。

技术人员守则一

1. 绝对服从组长。

2. 无上级命令不可乱制或使用。

3. 若有新的发明，必须申请许可或公开，认为合适之后才能制作并推广应用。

4. 技术室所在地不能被其他同志知道。

5. 工作前必须要进行三分钟的默哀。

6. 若发现有工作倦怠等时，应立即停止工作。

7. 工作场合不可谈笑。

8. 应修理用具，药品不能乱丢弃，防止危险。

9. 每回制作及实验的东西必须进行详细的记录，作为改善的参考。

10. 实验的方法、时间、规则应由组长指示。

技术人员守则二

1. 技术室的工作人员绝对不能和其他组发生横向关系。

2. 为方便采购化学材料或电气材料，应当预先安排人员讲求购买方法。

3. 工作必须遵守静肃。

4. 技术组长担负与上级的联系责任，组员绝对服从组长的

① 原文如此。

命令。

5. 工作必须在恰当的区域，以长补短。

6. 训练短时间完成需要的武器，经常进行零失误的实验。

谈　话

工作进行的成败与谈话的技术有密切的关系。我们在准备宣传调查工作之时，只有讲求谈话的技术才能完成使命与任务。我们应该如何熟练此项技术呢？

第一节　如何与他人接触

与自己想接触的人用理想的语言进行交流，并非易事。所以我们必须先学习谈话的方法。必须学习如何做才能引起对方的注意。

相互之间通过谈话建立工作基础，可以参考以下办法：

一、大家皆抱有无论何时不接近陌生人的想法，必须首先打破这种想法。接近陌生人之时大多数都会有羞耻、性格不合、畏畏缩缩、拘束等，所以不愿去接近。大家在接近人之时，首先不能抱有如此观念。

无论如何必须锻炼，就算是见到素不相识的人也必须以笑脸相迎。

向人问路、问时间之时，抓住当场发现的新事物，以谦逊、自然的态度开始谈话。特别是接近人时，以温和、亲切、诚实的态度“由浅入深”。

二、了解对方的日常生活、服装、习惯等，同时也必须努力让对方了解自己。

三、与人交谈时，预先准备好自己的过去所做之事，以及现在所从事之事，姓名、别名、家族、人数等。谈话之时，必须保持言行一致，勿让对方起疑心，如此方能得到自己想要的内容。

四、某种场合下，必须利用与他人的座谈、用餐、休息时间创造谈话的机会。比如借火柴、报纸、询问道路，或聊聊关于时局的话题等。此时必须表现出一种积极的表情，让他人愿意接近自己。

第二节　如何与他人开始谈话

一、第一次谈话之时，判断不出对方的态度，自己只发表简单的意见，不表明自己抗日或反日的态度。站在第三者的立场列举一些现实问题，让彼等对此类问题作出解释，寻求简单的结论。最需要注意的是，不抢对方的话，必须表现出自己已经知悉的态度。也不能过度赞赏对方，引起对方不安。即使对方所言不正确，也不用说太多，以温和的语调列举简单的例子让对方了解。

二、谈话必须亲切、通俗。必须谨慎引用文言。必须要用语言进行具体的说明，避免说出的话轻浮狂躁。谈话之际必须要注意对方的学识程度及意志、态度等，必须注意不要勉强。

三、被人问及之时，应表现出亲切的态度，决不能轻易地提出要求去人家里。即使是彼此变得熟悉之后，也不能装腔作势表现出傲慢的态度。

四、对他人不能提出物质的要求。若提出物质的要求，会被人轻视，自然就会疏远。当然若对方是真心的招待，那就不能推辞。

注意：本篇写的工作对照是从对工运活动熟悉的某特殊人物入手的。其中几项是从同志处获得，作为谈话方法使用亦无不可。同志们读后可以进行实际练习。

七七告同志书

李振英

七七、七七、七七，第三次悲痛的七七纪念日来了。在此悲痛的三年中，中国全民族抗战在蒋委员长的领导下日益猛烈、坚强。为了自由平等，为了不当奴隶，几多英勇的将士鲜血洒满战场。沦陷区几多同志因为工作而牺牲。尽管如此，又有几多冷血、兽心的敌人投机为敌。对于万恶的汉奸，我等又岂能默认，让无耻之徒继续猖獗？

我等热血青年在敌人的区域内，要构筑如钢铁般坚固的堡垒，枪口应全部对准彼等无耻之徒的头，若有机会必将进行制裁。这只是我等以赴死的精神求生存。

只要我等生存一日，中国就绝不会灭亡。

通　令

七月七日卢沟桥纪念日，凡我等同志，当日皆吃素餐，且在上午六点进行三分钟默哀，以之表示纪念日之意。

被检举者一览表

姓名	身份	地位
李振英	北京大学建筑系一年级	北平抗日杀奸团负责人
刘永康	河北中学高级三年级	同　干事兼副团长格
叶干良	北平市私立志成中学毕业　辅仁大学入学考试合格	同　团员
王肇坑	志成中学毕业	同
周庆涑	北京大学工学院一年级	同　第五小队长
张家铮	北京私立大中中学高级二年级	同　团员
孟庆时	育英中学高级二年级	同　毅组组长
马晋东	北京市立第二中学高级一年级	同　团员
曹绍惠	贝满女子中学三年级	同　第六小队长
朱慧玲	贝满女子中学毕业	同　蒙组组长
李澄溪	北京大学工学院一年级	同　团员
应绳厚	同	同
纪树仁	育英中学高级一年级	同　联络员
纪凤彩	贝满女子中学选科生	同　同

王知勉	北京大学建筑系一年级	同　团员
张　昭	原中共第一旅第一团副团长	铁血锄奸团第 21 支队员
张县云	原中共第十三支队军需官	同
李坤培	同　军医官	铁血锄奸团联络员
宋建轩	原冀察绥靖公署中尉副官	同
傅春泽	北京警察练习所班长	
王文诚	昆明联合大学政治系二年级　中退	天津抗日杀奸团总务组会计
郑统万	上海复旦大学附属中学三年级	同　团员
郑昆仑	贝满女子中学一年级	同
龚肇机	北京私立志成中学毕业	同
曹淑真	贝满女子中学毕业	组长
章燕机	同　燕京大学入学考试合格	同　团员
魏文彦	贝满女子中学三年级　在学中	同
魏文昭	同	同
乐青天	同　二年级	同
缪　达	北京大中中学毕业	同
李家诠	天理志远中学一年级	同　通信员
曹康年	天津新学中学三年级	同　团员

为事件送检者。其他被捕者犯罪轻微且发誓投降。

北京田中事务官

葛敬恩自传

王丽方 整理

编者按： 葛敬恩，字湛侯。1889 年 7 月 30 日出生于浙江嘉兴柴场湾一个布商家庭。早年毕业于浙江武备学堂、北京陆军大学和日本陆军大学，清末参加光复会、同盟会。1911 年 11 月，参加领导杭州新军起义。后参加浙二军，任援助南京起义军支队参谋，协助支队长朱瑞攻克南京天堡城。民国成立后，曾任浙江陆军第一师参谋长、国民革命军总司令部参谋处处长、青岛特别市市长、国民政府建设委员会委员、参谋本部次长、航空署长兼航空学校代理校长等职。1945 年 10 月赴台湾参加接收和受降工作，任台湾行政长官公署秘书长兼前进指挥所主任，后任“制宪国大”代表、立法委员。1949 年 5 月，会同上海、香港等地 50 余位立法委员通电拥护中国共产党。新中国成立后，历任民革中央委员，上海市政协委员，第四届全国人大代表，第四、第五届全国政协委员等职。1979 年 10 月 10 日在上海逝世。本篇自传系统回顾一生经历，虽简而要，可为研究参考。原件存家属处。

一　家庭

我于 1889 年清光绪十五年的旧历七月初三日，出生在浙江

整理者： 王丽方，清华大学建筑学院教授。

省嘉兴北门外柴场湾的老家。父亲名炳文，祖父留给他一些店产，因不善经商，家境也随着中落下去。我母亲盛氏，出身读书之家，苦心支持家务，教养许多儿女，在我七岁那年，就是甲午中日战争的第二年，留下我和二兄一姐和三个弟弟而离去人世。继母沈氏，又生二妹一弟，所以我家人口繁多。在父亲去世（1920 年）后的三年，就分家各自谋生。

1919 年，我与无锡陶蕴玉女士结婚。她比我小四岁，家庭与我差不多。她父亲读书勤苦，但去世早，兄长经商维持家庭生活。她很早毕业于北京女子师范学校，之后担任学校教师。我们结婚后生有三男二女。长女名允怡，毕业于上海圣约翰大学，曾在重庆及台湾工作数年，又在金陵女子大学任教三年，于前年（1949 年）秋与王端骧君结婚。女婿现在华东工业部电器工业处工作。次男名天惠，毕业于上海交通大学，之后在资源委员会及台湾机械造船公司工作数年，后去加拿大造船公司实习，又转英国利物浦大学深造，后又在英国蓝烟囱轮船公司实习，于本年（1951 年）11 月 13 日回到上海，现在中央重工业部船舶工业局工作。三女名允三，上海圣约翰大学化学系毕业，在国内工作二年后去美国伊利诺大学及北达柯塔大学深造，去年回国，先在金陵女大任教，现在上海民谊药厂工作，本年（1951 年）12 月 1 日与郭敬孙君结婚，女婿在上海中华铁工厂工作。四男夭折。五男名元欣，毕业于上海交通大学，毕业后进中国航空公司工作，去年随该公司在香港起义回国，随后奉派北京革命大学学习，去冬毕业，派回民航局在上海工作。六男名公恕，今年毕业于上海圣芳济中学初中，现参加军事干部学校，在青岛学习。

我的经济生活，靠祖父经商余荫和我年轻时工作的薪给，稍有节余，结婚后我妻亦略有积蓄，在抗战前谨慎使用，足以维持家庭生活。我在杭州江干五云山之麓开垦些荒山，经营一所“五云农场”，种植果园，培养苗木，渐有成绩，但在抗战中无力经营而售去。

我除任职军政业务之外，一向喜爱农业，得暇就去研究，并且也深觉为人应当劳动生产，素惭不耕而食、不织而衣的生活。但反观我一生经历，却事与愿违，并未能做到我的认识，这是我常常深自抱憾的。1949年上海解放后，于去冬从青岛买来几头乳牛，从事畜牧，因为正值土改的时候，我没有可以使用的牧场和设备，只好借用本市梅林畜牧公司寄养乳牛。现在我虽尽力使用我的农业畜牧的知识和技术，然究恨我年衰，体力不够，我妻亦衰老，除家务外，亦仅能供给一部劳力，另外仍须雇用工人二名帮助工作。目前我的家庭，除靠儿女工作收入帮助外，也靠乳牛的生产来维持生活。

二　学历

我的学历，从我六岁的时候开始，以下简单的加以说明：

1. 幼年期。1894年（甲午）我六岁的时候，就在母舅的家馆中上学，次年又请母舅门生倪君来我家坐馆。这年秋天，我母去世，我的读书就暂时停止。又次年，我家请一沈姓先生教书。那人教我们死读四书五经，另外什么也没有给我讲解过，打骂学生是其专长。如此天昏地黑地我由八岁一直读到十二岁。那时满清政府的腐败专制，帝国主义的猖狂侵略，所酿成的1898年戊戌政变和1900年庚子义和团运动，我都在似懂非懂中听着些。虽在幼稚柔弱的心怀中，也竟发生了对清室的恶感和对帝国主义者的愤恨。1901年我十三岁，改就邻近朱仲翔先生处读书。他在那时比较开明，教我一面温读旧书，一面选读浅近课本国文、算术、史地等。半年之间我也能写作短文了。下半年他被聘开办我乡第一所小学，我也随了他进小学读书。这时很读到些有革命思想的书籍，如黄黎洲的《明夷待访录》等。同班有比我长四五岁的龚薇生、董绍祺，连我三人作为头班，只读了半年，就在秀水县方知县监考之下毕业了。次年，那方知县又创办了我乡第一所县立秀水中学，我又随同朱先生进了这中学。各地来的同学不少，教师多数从上海、杭州请来，一时学校风气很见开明。可是好好地读书到那年秋天，校中就因一美国教士来校擅打上课钟而大闹风潮。我虽年幼，却同几个年长的同学坚持要美国教士陪罪及校长认错，否则坚决罢课，终被校方开除。连我共八个学生，其中有计宗型、龚薇生等，也有些没被开除而自动告退的。后来年长的都到上海或外国去读书。我是个不足十四岁的孩子，很孤单地回到家中，更受到家庭的许多责备及苦痛。在无聊万状中却阅读了些那时革命人物梁启超、邹容、章太炎等所著的书文，增进了我对时势的认识。

2. 浙江武备学堂。1903 年即光绪二十九年正月我考进了浙江武备学堂。那时我号称十五岁，实足还不到十四岁。照章程资格，必须十八岁以上才能进校，幸靠那时的学堂总办（校长）伍兰荪先生。他是前清翰林，文学非常好，他虽做了满清官吏，思想很前进，在学堂暗暗鼓吹革命，见我这样年轻去投考，他拒绝日本教习的反对（甲午战后，全国各省兴办武备学堂，大多请日本军官为教习），录取了我。我身体素弱，在学三年，身体尚未发育完全，虽在讲堂的课程都还过得去，而体操及外场功课往往不易及格。每期大考后，日本教习总是提议开除我，都被伍总办保留下来。直到第三年换了旗人三多为总办，一个精明的做官者。他知道那时全国革命思想的不可遏制，尤其是武备学生的情形，所以他一进学堂就说他是蒙古旗人，用不着被革命党人作为对象的。他不但给我毕业，也留我在母校作区队长。那时正值 1904—1905 年的日俄战争，有一个顶凶恶的日本总教习姓斋藤的已先回日本去了。到我这班毕业后，我们就想种种方法，将校中日人多数打发回去，大部教课由自己人来担任。

3. 北京陆军大学及日本陆军大学。经过五六年工作之后，我深感自己的学力不足，早在辛亥之前，就已准备进大学。经过辛亥革命战役，更感到深造之必要。我就在 1912 年（民国元年）夏，赴北京投考陆军大学。但该校因革命初定，那年不招新生，我就请求先在该校旁听。次年冬始考进该校正科第四期，1916 年冬毕业，先后在校计有四年半。在此期间，国内有二次革命及讨袁反对帝制等运动，当时我都向学校告假并参加，事毕又回校上课。同时在国际方面则有第一次世界大战，到我毕业时，欧洲大陆还正在激战中。

日本陆军大学本不许外国学生入学，惟因第一次世界大战的演变，中国亦参加了协约国，向德奥同盟宣战。日本为协助中国参战，才应允中国选送军官进其陆大学习高级兵学。当时中国第一期学生有陈仪、王孝缜等八人。我为第二期，于 1918 年 1 月渡日。因开学已过期，到是年 12 月才入校。同期共有十人，虽说都由北京考选录取，实际由北洋军阀选送，多数依靠势力。故第二期学生的程度参差不齐，学力比第一期差。我在学三年，正当第一次大战终期，日本军备开始大改革的时候，军事方面的新兴学术，虽时有所闻，但究竟日本是善保秘密的国家，所以我自问实际上并未学到了什么。其时国际间是大战的停战、巴黎和会的五强操纵、我国的拒签和约，以及帝国主义者的出兵西比利亚和华盛顿会议等。国内则有奉、直、皖军阀的互争，五四运动的爆发，中国共产党的诞生等。

综合我的学历，可以说大部受的军事教育，并且往往有日本人担任教官，所以对日本的军国主义政策和他们个人的治学作都有相当认识。同时正是国内和国际政治军事发生大动摇的时代，所以在很幼小的时候，就已发生爱国思想和革命意识，但现在想来，都是狭隘而不明确的。此外在学校教育以外，我对于农业学术的研究，倒不仅是一种浓厚的业余兴趣，只要稍有余暇，就很热心地去进行实际工作，从来不肯稍自放松。

三 经历

我的经历可以从我十八岁开始，现在分做几个时期，加以说明：

1. 从1906年到1912年。我于1905年冬，浙江武备学堂毕业，次年为母校留用任区队长，后又调任新军下级军官。继续六七年之间，我大部担任军队和学校的直接教育及训练工作。同时也是我很热心革命的一个时期。我最初的军事经验，很多得到浙江新军创办人蒋尊簋的指导，他加强了那时我的自信。1907年夏，我加入了中国同盟会（那年我十八岁）。1911年辛亥的武昌起义，我正在浙江陆军学校做学生队队长。我们已经多年准备，并早与省内外同志密切联系。就在旧历九月十四日那天晚上，明月似水，我们响应了起义，光复杭州。是役，我主持草拟准备发动的计划，并指挥学生队占领火车站，引导军队进城会师。那天蒋介石从上海带来敢死队帮助起事，我开始与他相识。以后浙江的一部军队由朱瑞任司令去会攻南京。当时我也很兴奋地参加了那次攻克南京的战事。翌年1912年民国元年，元旦，我们欢迎孙文先生到南京就任临时大总统。那时我二十三岁。那里我认识了粤军将领李济深。其后我兼任了总统府兵站部交通局事务，处理各路北伐军的后勤业务。到南北和议成功，我又任军事代表，去北京参加军界统一会议。这些事情时间都很短暂的。不久我回杭州，辞去职务，请求进北京陆军大学求学。

2. 从1912年到1921年。这十年间除参加二次革命，反对袁世凯帝制，及于1917年做过浙江军学补习所兵学教官外，差不多全部是我的求学生涯。

3. 从1922年到1926年。这五年可分为两个半期，前半期是1921年冬，我于日本陆军大学毕业后，原打算对祖国的国防和军事建设有所贡献。但回到北京后，正是奉军张作霖一派当权，那种军阀作风和腐化生活，我不愿插足，就回到杭州，又是杨善德、卢永祥一群北洋军阀当权，正在酝酿齐卢战事，我更不愿堕入其中，只好改变方向，就在杭州江边创办了“五云农场”。那地是一块荒山坡，我带了妻儿，雇了几个工人，就在那边垦荒工作，三年渐见成绩。我从各地引进了许多优良苗木、种子、种禽、家畜等，还把它们传播到各地去，因此在农业方面得到好些朋友。浙江大学有些农科教授也时常带了学生来我农场实习。那时我对园艺畜牧的研究很专心、有兴趣。正值蒋介石在广州创办黄埔军校，他先到上海来请教官，他托我的朋友邀我去参加，我都没有接受。

后半期是齐卢战争之后，孙传芳入浙，陈仪被邀任浙江第一师师长。我被陈邀而放弃农业经营，出任第一师参谋长。我们将部队整顿充实之后，打倒了霸占江南的奉系军阀杨宇霆、张宗昌部队。连着追过长江，一直追到徐州、海州以北，才与奉军对峙。陈仪被任为徐州总司令，我亦兼任参谋长。其后国民革命军大举北伐，我因代表陈仪及东南，几次去武汉、湘赣联系，终被蒋介石坚邀加入国民革命军工作。那时总司令部蒋的幕僚人手太少，就硬拉我担任参谋处职务。这是 1926 年冬天的事情，我实足三十七岁。

4. 从 1927 年到 1933 年。这六七年间从表面看来好像我同蒋介石很接近，总应当有些重要经历可以记述的，其实却并不如此。因为我并非国民党党员，除纯军事事务外，许多重大事件都不可能深入与闻，而蒋介石之对我，开始时也很想在军事方面重用我，后来他见我对国民党和他自己的许多作为没有兴趣，并且意见还时常相左，就自然渐渐隔膜起来了。以下分数小段，略为记述：

（1）1926 年冬季，我在南昌初到国民革命军总司令部任事，其时国民革命军正在准备进取沪宁地区，我的主要工作是拟就这期的作战计划和下达进军的命令。命令下达后，蒋介石叫我先到上海觅取联系，我们大军分江左军和江右军，分进长江下游。东路军及东路前敌总指挥部则绕闽皖，经浙江直逼宁沪。各路军在前进中经过若干战斗都先后达成了任务。这时已是1927年的春季，江右军程潜部于到达南京之际，遭遇到日、美、英军舰的炮轰，阻我进军。同时蒋介石正乘决川舰过南京，直达上海。那时南京很纷乱，蒋叫我率领部属先到南京办公。其后，蒋在国民党中策划所谓“清党”运动。我责职专管军事，对于政治党务，向不与闻。并且党政都是蒋自己和他的“党”直接秘密处置，我中途加入北伐，还是局外人，既不得知内情，更复无从劝止。不过尚有大敌当前、外侮横加的时候，何以要出此残酷行为？蒋他们的许多重要作为，都是言行矛盾，我看了太不像样子，心中深不以为然，就于是年夏秋之间，决然辞职回家。当时蒋还要叫我办理迁移黄埔军校到南京来【并】担任教育工作，我就没有接受他。不久蒋因事离职去日本，归来后又与宋美龄结婚。其时虽是龙潭战役击溃孙传芳于渡江之后，而北方各地军阀，却正在准备大举南下，江淮之间形势还很紧急。蒋就在沪宁准备再起，他对我说，我们必须赶快完成北伐，否则那些军阀一旦结合，前途就非常危险。他要我继续参加工作。

（2）1928年初，蒋忽然离沪，他通知我去南京会他。我到南京时，他已去徐州，他留信叫我同邵力子也去徐州。我们到徐州后，又随蒋去开封。在那边我看到蒋冯结拜兄弟的一幕，同时认识了些西北军的将领。【在】开封住了三天，我们回到徐州，蒋叫我担任徐州行营主任。邵力子同我都留在徐州，他自己回南京去了。不久，邵力子先回南京。过些时我亦调回南京，在三元巷重组国民革命军总司令部，我担任参谋处长，开始准备北伐，充实组织，调遣军队。我们草拟作战计划，即下达命令，开始行动。我被留在南京，兼顾调度后方。蒋同第一集团军前进，一路进军，转战到达了济南，即被日本侵略军横袭，发生了5月3日的济南惨案。我军立即绕过济南，渡河北进，终于占领北京。张作霖逃出山海关，被日人炸死在皇姑屯。此时各集团军经过长途急进、多次战斗之后，不免相当纷乱。我主张立即整顿队伍、补充实力，以应缓急。幸其后局势未更扩大紧张，乃转为建设国防军，树立基础工作。在政府军事机构方面筹备成立了参谋本部、军政部、训练总监部等。参谋本部由李济深任参谋总长，我兼任参谋次长。

（3）先是由杨永泰建议编遣军队计划，经审议采用。1929年正月成立编遣委员会，我又被任委员，处理会务。可是当时南京正召开各种建设性大会之际，各集团军司令、各军事首脑之间都互相猜疑极深，尤以蒋与第四集团【军】李、白之间，破裂最深，后来终于开战了。此事我曾竭力向蒋劝阻，以为国内频年战乱，人民困苦万状，国外日本强敌虎视眈眈，才得稍安，又启战端，后果不堪设想。蒋终不肯听，他知我不赞成他之所为，就不叫我随攻湘鄂。又那年国民党开三全大会，我原非党员，却被列为代表，且预定选为中央委员。我一向不关心国民党内事，很觉此事不妥，就向蒋说明，他去通知了党部，才算免了我的困难，并且以后对唐生智、方振武、冯玉祥以及两广战争，兵连祸结，我都不再与闻蒋的作战计划，尤其蒋对中共军的任何大小战事，我都不稍有闻。直到1930年春，浦口石友三之变后，那时我神经衰弱，身体非常不好，蒋见我带病拖延，适值青岛市长马福祥他调，蒋叫邵力子征我继任。哪知我去青岛短短的时间，却造成我同青岛的国民党中一部腐恶分子的激烈斗争。按当时规定，市长必须兼任市党部筹委会指导委员。当时中央党部方面因为我不是党员有些为难。后来他们终于送了一个南京市的普通党证给我，就算硬派我为党员了。我说明自己不是党员，如何可做指导委员？他们说这不过是个名义。好在那边一切事情都有人做的。后来我到了青岛，那边党部果然什么事都不来麻烦我，连我要不要去办公都不来和我商量。我就把市情市政仔细地考察研究之下，决定了一个重要的改革。原来当时的党指导委员中许多——还有李翼中、吴润沧等——都是CC核心分子。他们在青岛专做营私舞弊、反人民、背党国的事情。我去后将市政做一整顿，就大大地妨碍他们各自的营谋私利，所以我不但不可能去为党部筹备指挥，简直我就是党部的敌人。我那时原很想为青岛人民谋些幸福，埋头于市政建设，却被那班匪帮闹得实在头痛，而中央又毫无正当的处置，真是令人气愤。正好那时蒋因拉拢奉张，而由李石曾的献计把青岛市送给奉系，我就此得以辞职。

（4）我从青岛归来，深恶当时政治的黑暗，原想从此回家务农，无奈蒋还要我做参谋次长指导编撰战史。到了1931年初夏，石友三部又在北方发生变动，那边的事情，原应由张学良负责处理，张称病住在协和医院，蒋派去了几个代表都和那边的一些人鬼混。蒋再叫我去北方视察就近处置军事，我就去了一个夏天。石友三的变乱，全是日本人从中捣鬼。后来因为我们对石部三面包围，处置很快，石才投降。那些部队大部为韩复榘改编，实际上都是私通日本的。同时阎锡山从大连乘日本飞机回大同，蒋来电叫我就近去太原。我先和徐永昌、朱绶光等详商，复去河边村与阎详谈，总算把山西的事稳定下来。但那时日本谋我之亟，在平津方面已是公开的秘密。唯独负责东北、华北的人们还在醉生梦死。虽予一再警告，亦都置若罔闻。我接连电蒋，亦得不到他如何注意。我急回南京向蒋详细报告。蒋对如此大事，亦竟不很在意，好像他对那边事自有联系。其时我在北方数月，胃病大发，很需要稍作休息，可是到家没有几天，1931年9月18日的大事变在沈阳爆发了。我立即去见蒋，他问我有何意见，我提出三点：①紧急动员，积极备战，明确表示我们必战的决心。②惩处东北负责将领，严申纪律。③蒋自己及国民党向全国人民谢罪，撤去奸佞，彻底改革政治，以唤起全国人心。他听了默然许久，露出很不自然的笑容。他说："我们现在还不能这样做，我们必须要顾虑到各方面。"我说："日本人这次企图不小，而且他们的行动是很快的。现在整个东北、华北，几等于无人负责，毫无拦阻，万一彼竟急速进展，我们既不能有备无患，岂可不临渴掘井？"他说："我看日本人不敢十分扩大事情的，假使他们竟敢西取锦州、山海关，北犯哈尔滨，我正好有办法了。"他的意思，如此就可怂恿英、美、法出来干涉，还可希望惹起苏日战争，从中取利。我说："我们必须自己有力量有决心，才可希望人家帮忙。"二人谈了半天，意见既相左，就没有结果而散。后来我又去见他几次，都得不到要领。我也同别的位居重要的人讨论（主要是何应钦等），多数不敢有所主张。国是莫衷一是，我真愤慨万分，私想日本人的计谋中国，都发动在他们的参谋本部，我也身居参谋次长，竟如此一筹莫展，徒然忧心如焚，究亦何以对国人。愤怒羞愧之下，我就决然辞职了。

（5）1932 年一·二八战役后，我空军大部受损。国防方面讨论到重建空军，想推我出来主持航空署和航空学校。我那时身体仍旧很坏，深恐如此重任，非我所能胜任，后经多方再三劝说，我想国难当头，也顾不得一切，只好担任了下来。我并无专长可以领导建设空军，不过为良心所鞭策，对此国家重职，决心拼命苦干下去。但是因此得罪了宋子文、孔祥熙、毛邦初、蒋坚忍及一些 CC 死党，以及希特勒的代表德国总顾问佛采尔、美帝代表航空顾问裘威德等，还连到蒋自己。这些事说来恐怕太长，总之蒋对我最不满意的是我反对他调空军去打共产党，此事我与蒋也有约在先。我曾于就职之前向蒋当面说定，空军必须完全用于国防，且要长期训练，训练尚未完成，绝勿用于内战。后蒋不践诺言，屡有争执，我就一再辞职，对蒋的一切作为表示冷淡。另一方面，我却也订立空军建设三年计划，改革军制，严申纪律，更积极训练学生，激发他们的爱国思想。但一年余之间，我终于四面受敌。中间经孔祥熙、陈果夫等到过杭州之后，蒋就给我来了一封准予因病辞职的电报。然他在电报里竟要叫孔祥熙做航空校长，敷衍我，调我为浙江省政府委员。后经各方对孔反对之后，改由陈庆云继任校长，署长则由徐培根调充。我对航空的职务，虽曾竭尽心力，而此次去职，却毫无留恋。

我在省政府原也无事可做，适值 1934 年浙江大旱，我提出有关救灾的计划，实因省政府限于“防共”内战公令，将库银用尽，坐视人民饥荒而不救。当时中央和地方如此施救，我实在痛恨万分，已决心从此不再与闻。正巧那时航空署迁移南昌之后，机械处失慎，焚毁一架旧飞机，蒋就借端叫我到南昌软禁九个月，内有五十天且关禁在军法处看守所，直到中共军突围长征，蒋把行营移往重庆后才放我回杭州。以后我就不去南京，也不再理蒋了。

5. 1937 年抗战起来了，全国一致，十年敌对的国共两党也暂时合作了，许多久已退职的军官都被蒋叫去任职，蒋对我独不理会。我虽自动参加浙江抗敌后援会等工作，却也无可作为。不久上海、南京、杭州相继撤退，我于匆忙中经宁波到了上海。那时我胃病非常厉害，经过许多诊治，尤其是陆仲安大夫，除长期服他中药外，他还叫我四五年之久不吃米饭，仅进面食。其时上海、南京正闹敌伪登场，很有人想找我，我赖有病，得以拒绝麻烦。其后健康稍复，我就埋头研究农业，借地办理蔬菜农场，直到 1943 年夏季，忽接从苏州转来一封很不明了的电报，后来还有一封信（细细打量，似是友人林蔚文所发），要我到重庆去。我欣然准备，好容易设法找到商人为伴，带了长女允怡，于 1944 年春初动身到了重庆。到那边，才知道上年蒋介石因陆大校长蒋百里去世，打算叫我继任，所以托林蔚文设法找我。后来陆大校长已由陈仪担任。我想还好，免得再与蒋多生麻烦。不过既已至渝，总得去见他一次。自从离开航校，已经十年不与他见面了。那天在复兴关会面，他问了好些别后沦陷区的情形，问我愿意担任些什么工作。我说离开军职已十多年，目前作战紧要关头，临时插入生手，恐易耽误，倒是农业方面我近来很有研究，或者还可胜任。他听了很不高兴，就说容再考虑。

6. 1945 年以后。抗战胜利年的 8 月，日本投降，陈仪被任台湾省行政长官，邀我任秘书长，并为准备受降、接收，叫我暂兼前进指挥所主任。我先到南京参加 9 月 9 日全国性受降典礼，即回重庆。定于 10 月 5 日，乘飞机去台湾。到那日我却抱病(体温高至摄氏 40 度)，我仍照预定率领部属和新闻记者，以及少数美军人员，自重庆白市驿分乘五架飞机起飞，傍晚到达台湾，在机场受到台湾同胞的热烈欢迎。离别了五十年的台湾，现在回到了祖国的怀抱，欢欣庆幸，真是非可言语形容。同时日本军民也全部出动迎接，他们神情之间，像是表现了真诚的惭悔与觉悟。我带病忙碌着，经过两个多星期的接收准备工作，陈仪来到台湾，于 10 月 25 日举行受降典礼，把整个台湾接回祖国来。接下去就展开接收和遣送日侨日俘工作。抗战胜利后全国各地在这许多工作中，很普遍的显出贪污、腐化与低能的现象，处处受到人民的痛恨和深刻的批评。对台湾的情形则一般舆论有好有坏，但也不过是五十步与百步。在我直接负到这责任的人，深切感到虽有许多人在竭力想做好，但因事权和人事的复杂，内外意见的分歧，贪污的细菌、坏事的恶因，就会很快乘隙发生。在台湾总算经过艰苦谨慎的进行，也只能说大体上还能提早完成任务。紧接的是忙着废除日本殖民地法制，建立民意机关，发展财经建设，改善教育设施，整顿交通治安等等。直到 1947 年春就发生了二二八事变。

在这里我却要插入一些我同陈仪的关系，因为与那时的工作是很有影响的。我同陈仪是辛亥革命以来的同志、同学、同事。

他为人正直，作事忠勤，热爱祖国，生无他求，可以说是我最友好之一人。我们在浙江第一师时代，真是志同道合，言听计从。到了台湾时，虽然他的政治背景和人事关系已经是多方面，而且比较复杂，在处理政务上，我们意见间或出入，但施政大方针总是一致的。所恨内在是 CC 党阀和特务的种种阻梗，外在是各种恶势力之多方压迫，以致施政推动，困难殊多。至于二二八事件的发生，早经各方面舆论的批评，和实地详细的调查研究，我也是身与其事者，自无用我多所分辩。陈仪【系】负责之人，自然责无旁贷。好在人民的眼睛是雪亮的，台湾人的眼睛更是雪亮。去夏六月中旬，陈仪在他苦心求治之地的台湾为了祖国殉难了。我于 1947 年夏（二二八事件后三个月）为陈仪办理好一切移交之后，离开台湾。至今时时怀念那美丽多难的岛和许多在那边为祖国遭受迫害的朋友。

7. 我自台湾归来。归来后，因邵力子的征询推荐，担任了国民参政员。又曾于 1946 年冬，我被派为“制宪国大”代表。这两次会，我都自最初便十二分希望中共代表也来参加出席，庶几国事或能渐渐好转和平。但会场中长排的许多座位，始终看见在空着，使我增加了无限的感慨。1947 年的立法院选举，我是为了避免【从】台湾回来，蒋再要叫我担任什么军职，同时也怀着不现实之想，希冀或有挽救和平之望而参加竞选的。本来我绝无当选的可能，因为浙江 CC 内部的暗斗才被选出了冷门。在会场中，恶势力弥漫了全院，我除竭力反对“动员勘乱”“扩军预算”等外，也实在没有丝毫其他可以为人民效力的地方，才觉悟到似我之渺小，真是不自量力了。直到南京、上海解放，我同五十余立法院同人坚留上海，通电起义，拥护毛主席的正确领导，竟被国民党反动政府通缉，开除党籍，真是可笑。解放以来，我深深拥护人民政府的各种重要号召，更为实现劳动生产，同时顾到政治目的，先尽我所能，饲养了十余头乳牛，一面供应牛奶给市民，一面研究改良牛只的饲养管理，以期繁殖推广优良的犊牛。因为我年纪也相当的衰老了，惟有畜牧园艺是我一向有兴趣，而且比较还算稍有把握的工作，幸自经营以来，成绩还算不坏。现在我更期待着组成集体农场、牧场，好让我能有更多的贡献。

四　总结

我一向不会社会上的应酬敷衍那一套，心里很想多交些好友，但交友却很不广。在求学的时候，只有些同学们。而学生与部下，也增加了我好些朋友。清朝的末季，我在暗中也想找寻可靠的革命同学，像冷御秋先生就是那时老朋友中之一人。辛亥革命是我更踏进社会的第一步。随着求学与工作的变迁，认识的人渐多，大半还是军人与若干政界的人。以后我垦荒务农，农界的朋友认识也不少。1926 年以后，我的工作比较接近中枢，社交随着广阔了些，但多数还是工作业务的关系。生活了一个世纪的五分之三，故旧像看电影那样过去，年来交游很少。亲族之间，亦只有在上海的几家还常往来，其他散在各处的多数音讯少通。目前我在养牛，畜牧兽医界的人，像蔡无忌、吴信法等，还时常联系往来。

在辛亥及以前的十多年中，我的思想比较激进，情绪常很热烈。经过二次革命的失败，看到那时社会的种种情形，革命领导的消沉无力，我就由此而变为灰心，独善其身的观念却日渐滋长。反对帝制、打倒军阀运动中曾为良心所激动，作了努力，却因官场关系错综复杂，虽读兵学十年，而去垦荒务农。国民革命军的北伐，曾使我的革命热情一时复活，想献身革命。同时蒋本人在军事上也信赖我、重用我。但不久看到蒋介石和国民党之无能，所以我时时求退，常抱着合则留、不合则去的观念，但仍望报答祖国，加惠同胞。

我并不是不求有功但求无过，的确自幼对于祖国愿意有所贡献。辛亥革命虽然推翻满清政府，但对于祖国、对于人民仍是失败的。至于反对帝制、打倒军阀，我虽去参加，但事实是军阀余孽、帝国主义始终和反动政府互相勾结。

我对于劳动同胞一向是寄以深切的同情，跟随国民革命军北伐，以及【任职】青岛市、航空署期间，我虽极力想做好，然终浮沉于旧的腐败无能的政治［府］之中。今后惟有自我学习，尽我余生，努力劳动生产，来回答祖国和人民。

1951 年底

《近代史资料》总148号

主　　编　刘　萍
执行编辑　关　康
编　　辑　李学通
　　　　　张淑贤